Teacher Scaffolding Strategies in Classroom Interaction of College English Listening and Speaking Classes

大学英语听说课堂互动中教师支架策略研究

范蕾 著

WUHAN UNIVERSITY PRESS
武汉大学出版社

图书在版编目(CIP)数据

大学英语听说课堂互动中教师支架策略研究 / 范蕾著. -- 武汉 : 武汉大学出版社, 2024. 11. -- ISBN 978-7-307-24601-0

Ⅰ. H319.32

中国国家版本馆 CIP 数据核字第 2024G8D167 号

责任编辑:吴月婵　　责任校对:汪欣怡　　版式设计:马　佳

出版发行: **武汉大学出版社**　(430072　武昌　珞珈山)

(电子邮箱: cbs22@ whu.edu.cn　网址: www.wdp. com.cn)

印刷:湖北云景数字印刷有限公司

开本:720×1000　1/16　印张:14.75　字数:238 千字　插页:1

版次:2024 年 11 月第 1 版　2024 年 11 月第 1 次印刷

ISBN 978-7-307-24601-0　定价:79.00 元

前　　言

20 世纪 90 年代以来，随着社会文化理论影响的不断深入，教师支架策略逐渐成为外语课堂互动中教师话语研究的重要方面。研究者在教师支架策略的概念及分类、支架策略运用的有效性研究及支架策略辅助新媒介学习软件开发方面均取得了显著成绩。但近三十年的支架策略研究也存在一些不足：学者们对于教师支架策略的考察多采用单一维度标准，多集中于宏观课程设计和中观支架方法的运用，且多停留在对支架策略分类和应用的静态描述和总结。

针对现有研究的不足，本研究从以下三方面进行改进。第一，研究采用二维教师支架策略分析框架，该框架同时包含支架意图和支架方法。第二，研究者采集并分析真实微观课堂师生互动案例，细致观察大学英语听说课堂中师生互动过程。第三，在对各支架策略类型标注的基础上，本研究考察各类策略在支架序列中的动态排列。

本研究主要回答以下两大问题，共五个分支问题：

1. 中国大学英语听说课堂师生互动中，教师支架策略的使用情况如何？

(1) 支架意图(保持目标、构成认知、简化任务、引起兴趣、控制挫败)的使用频率及分布如何？

(2) 支架方法(反馈、提示、提问、解释、传授、示范、搭桥、非言语)的使用频率及分布如何？

(3) 支架策略的两个维度意图和方法的使用呈现何种相关关系？

2. 中国大学英语听说课堂师生互动中，教师支架策略话语有何特征？

(1) 实现支架策略的教师话轮构建有何特征？

(2) 实现支架策略的序列结构有何规律，是否存在优先结构？

语料库辅助的定量统计方法用于回答第一大问题。研究选取我国中部某“985

高校”两名中国教师和两名外籍教师所开设的共四个大学英语听说课堂，于 2019 年 3 月至 5 月分别连续跟踪一个月，主要通过录音记录课堂互动并进行转写，建立共 25.9 小时、166320 字的小型语料库。随后采用自然语言标注软件 UAM CorpusTool 对教师支架策略话语进行编码和二维标注，并对标注后的数据进行频数和分布的统计分析。会话分析方法对课堂互动话语进行的细致质性分析用于回答第二大问题。研究者首先对课堂互动转写语料划分支架序列，随后对各序列教师实施支架策略的话轮构建技巧进行考察，包括教师使用语码、高频支架策略实现的话轮话语。最后考察支架片段的序列结构，包括核心序列和拓展序列，以及序列内部支架策略使用的优先级。

主要研究结果如下：

第一，单一支架意图使用频率从高到低分别为认知、情感和元认知意图。七种组合支架意图中使用较高的是“构成认知+引起兴趣”及“构成认知+简化任务”。支架意图的分布整体没有显著差异，但外籍教师比中国教师采用了更多引起兴趣的情感支架。

第二，教师频繁使用反馈、提问和传授的支架方法，其次进行解释，非言语、提示和搭桥使用略少，示范使用频率最低。在各支架方法的分布上，教师使用支架方法相关系数高，国籍和教学风格对教师支架方法的采用没有显著影响。

第三，教师支架意图和支架方法呈显著相关关系。实现特定教师支架策略意图或意图组合对应高频支架方法。

第四，中国教师普遍在特定情境中辅助使用一语，外籍教师偶尔采用学习者一语，进行支架教学。同时，教师采用特定话语构建话轮，完成对应支架策略。

第五，教师支架策略的序列构建存在对核心序列“提问—回答—反馈”的前扩展、中扩展和后扩展序列。教师在一个支架片段序列中优先采用元认知支架策略，优先采用对学习者支持性低的支架方法，逐级转入对学习者支持性较高的支架方法。

本研究对于英语作为外语的课堂(后简称为 EFL 课堂)教师支架策略的理论发展进行了积极探索，丰富了 EFL 课堂互动和教师话语的本土化实证研究，同时丰富了会话分析机构性谈话的研究成果。本研究对于中国大学英语相关课程教学设计和教学改革具有一定实际启迪意义。研究结果既可反哺一线课堂教学，帮助教师积极构建互动支架策略；又可为大学英语教学改革及相关教师培训提供参考。

研究从选题、设计到落地实施完成，得到了众多专家学者、同仁朋友的无私帮助和支持，在此一并表示衷心感谢！华中科技大学樊葳葳教授、张再红教授、徐锦芬教授、潘璠教授、孙云梅教授以及北京外国语大学文秋芳教授、上海外国语大学雷蕾教授，对研究设计和定位给出了中肯的意见和建议。华中科技大学国际教育学院李梅老师、外国语学院孙俊老师、英语系黄勤主任和夏桃珍书记对研究工作给予全力支持。同时感谢同仁张迎丰老师、施渝老师、吴雪老师、朱浩然老师、王重博士、董淑静博士在本书撰写过程中提供客观细致的修改建议。感谢语料转写过程中我的学生刘杏、胡若愚、刘逸尘以及研究生方芳、王爽、李旭、庄仙侣的辛勤劳动，感谢语料标注处理过程中柯慧雪、吕泽旭、刘芸芸、严爽爽和康辛河细致踏实的工作。武汉大学出版社的谢群英编辑、郭静编辑对书稿的出版付出了巨大的努力。最后，特别将感谢送给我的父母、先生和儿子，你们的理解、关爱与支持，使我能够专注研究与写作，在钟爱的英语教育事业中孜孜探求。

然囿于本人的学识和研究水平，挂一漏万之处难免，恳请各位专家和读者朋友不吝批评指正！

范　蕾

2024 年 5 月 6 日于武汉喻家山

目　　录

图 目 录

表 目 录

1 绪　　论

1.1 研究背景

《大学英语教学指南(2020 版)》(后简称《指南》)指出：为提高我国高等教育质量，必须为高校大学生提供优质外语教育，而大学英语课程作为大学外语教育最主要的内容，是大多数非英语专业学生在本科教育阶段必修的公共基础课程，在人才培养方面具有不可替代的重要作用。《指南》强调了大学英语课程兼具"工具性"和"人文性"的双重性质，并且得到了国内外语教育专家同仁的高度认同(何宁、王守仁，2021)。落实到具体课堂教学，《指南》就课堂教学方法给予了明确指导：要体现以教师为主导、以学生为主体的教学理念，使教学活动实现从"教"向"学"的转变，形成以教师引导和启发、学生积极主动参与为主要特征的教学常态。

目前我国高校的外语课堂教学仍然没有脱离传统的以教师为中心的模式，教学过程形式单一，基本上由导入开始，然后是教材讲解和语言知识或结构练习，最后布置作业(束定芳，2014)。这种以知识灌输为主的教学模式不利于学生基本功的掌握以及英语应用能力的培养，导致学生参与度降低，最终无法对语言进行准确、流利、合宜的口头或书面输出，在学术和工作场合很难进行顺畅交流(许红，2017)。要培养既具有英语语言交际能力又具有人文精神和民族精神的各类专业人才，大学英语课堂教学改革任务艰巨。为满足社会对人才培养的需求，改革以教师为中心的传统外语课堂教学模式，推行课堂互动教学，以教师为主导，以学生为主体，创造双向交流机会，提升课堂语言学习效果是亟待解决的问题(徐锦芬，2016)。

处于主导地位的教师改革，一方面在于引进人才，另一方面在于加强现有师资队伍建设。教育部颁布的《国家中长期教育改革和发展规划纲要(2010—2020年)》指出应“探索多种方式利用国外优质教育资源，引进境外优秀教材，提高高等学校聘任外教的比例”(2010：6)。越来越多的高校开始聘请外籍教师讲授大学英语课程，有力提升了该课程的国际化程度(王勃然等，2015)。同时，加强现有教师队伍建设关键在于更新教师教学理念，改进课堂教学教师话语。教师需要在与学生的互动中，积极搭建话语“支架”，尽可能引导、辅助学生完成最佳、最大化语言输出。

课堂互动对于语言学习具有极其重要的作用，Long(1983)认为语言是“the vehicle and object of study”，即语言是学习的工具，同时也是学习的目的所在。课堂互动处于语言学习的核心地位，学生在课堂上参与的所有语言学习活动都是通过各种形式的师生互动、生生互动来完成的。van Lier(1996)认为，互动是课堂教学中最重要的事情。但课堂互动同时又复杂灵活，其扮演的角色、发挥的功能不一而足，涉及的影响因素亦复杂多样。目前，课堂互动所受到的重视并不充分。在教师教育、教师培训项目中，绝大部分时间被用来讨论教学方法和教学内容，对于课堂互动过程的观察和分析不足，对于如何使用语言与建立、发展、促进学习者理解之间的关系，即言语互动如何促进理解，而理解又如何反过来影响互动中语言的使用，重视远远不够(Walsh，2013)。中国的英语教师和学习者人数庞大，已然成为世界上规模最大的英语教学主体。据搜狐网最新数字统计，目前，我国在校大学生超过 4000 万，是世界上最大的英语学习群体(2020)。但国内外语课堂互动实证研究严重不足，当前相关研究发现还不能为有限的课堂互动教学时间提供有效系统指导(徐锦芬，2015；李异飞，2014)。要使课堂教学变得有效，教师首先需要充分认识和理解课堂互动过程，其次要在此基础上对互动过程有方法、有步骤地进行改进。

课堂教学的目标就是帮助学生学习，有效即意味着互动过程能促进学生的二语学习。Walsh(2002)认为，有效仅仅意味着使用语言来帮助而不是阻碍学生的学习过程。对于中国高校英语学习者来说，囿于语言环境，最主要的学习场所是英语课堂，学习绝大部分在课堂师生互动的过程中完成。基于师生之间的语言文化知识和语言技能差(从 K+到 K-)，教师在英语课堂中扮演了语言文化知识的传授者、语言技能的示范者、课堂活动的组织者和引导者等多重角色。而对于学习者来说，在英语课堂上与教师互动在其英语习得过程中起到了举足轻重的作用。在其他条件相同或相似的情况下，师生互动得越频繁、越顺畅，越有利于学习者的英语学习。

根据 Walsh(2011)的定义，互动的过程即师生使用各种语言及非语言形式进行理解协商的过程。在此过程当中，双方需要共同努力，来构建理解。在实际课堂教学活动中，由于各种听、说或认知障碍，师生构建理解的过程中可能出现各种偏差，需要教师及学习者通过话语对语言形式或意义理解进行辅助、支撑，力图达到主体间相互理解，使互动交际在双方的共同努力下继续进行。无论从互动认知理论视角下的可理解性输入(Krashen，1982)和可理解性输出(Swain，1995)来看，还是从社会文化视角下的互动社会性和学习共建性来看(Vygotsky，1978)，理解在外语课堂互动中占据了核心地位，是通向语言习得的必要条件。为了达到主体间的相互理解，促进学习者输出，教师根据学习者即时表现，采取的一系列解决障碍的话语措施就是“支架”，其概念由哈佛大学 Wood 等在 1976 年首次应用于学习领域。

教师支架话语在 EFL 课堂中普遍存在，是英语课堂教师话语的重要组成部分，教师依托话语在互动中对学习者的语言认知和表达困难给予即时、灵活的支持。教师支架话语几乎贯穿课堂活动的始终。教师通过支架话语来构建语言点理解、辅助技能训练，帮助学习者实现对语言内容和形式的学习、实践。对于课堂互动中教师支架话语的研究十分必要且重要。

课程不同，学习者不同，学习阶段不同，支架的目的和功能不变，但其内容和形式却千变万化。千变万化的教师支架话语并非杂乱无章，仍有一定的方法、策略可取，有一定的规则可循。国外从 20 世纪末开始的早期支架策略研究主要集中于学龄前儿童母语读写课堂，研究者将支架概念等同于具体的教师支架方法，策略研究多为自然课堂观察的经验总结(Roehler & Cantlon，1997)。2000 年以来的支架策略研究仍然集中于母语学科课堂，但研究更加聚焦，如支架学习者具体的学习任务或给予学习者支撑程度的高低(Many，2002；Ankrum et al.，2014；Pentimonti et al.，2017)，且仍将支架策略概念与支架方法对等。Walqui(2006)总结了六种 EFL 课堂教师支架策略，开始将支架意图和支架方法同时作为教师支架策略。van de Pol 等(2010)荷兰学者在综述 1998—2009 年这十年中国际权威期刊发表的师生互动中支架研究基础上，将构建支架的意图和方式融于同一支架策略框架中，为教师支架策略的构建实践及分析提供了可资借鉴的理论框架(刘萍、张雪梅，2018)。

国内支架策略研究起步较晚，近十年才出现“支架教学策略”相关研究。并将其定位在一种教学理念或教学大纲、教学活动的设计层面，不涉及微观层面具体言语支架方法(冯晓英等，2008；周钦，2014；王百鸿，2018；阚维，2012)。在 EFL 课堂中，除了极少数针对具体语言技能和单一支架方法的实证教学研究(杨晓琼，2010；李丹丽，2012；赵妮莎，2012)，本土教师支架策略研究十分匮乏，亟须与最新教师支架策略研究接轨，采用综合性理论框架，从微观层面积极开展教师支架策略实证研究。

1.2 研究内容与意义

1.2.1 研究内容

基于 EFL 课堂互动教学中教师支架策略研究的不足，本研究主要从以下三个方面展开。

第一，通过文献阅读法，从 EFL 课堂互动教师话语的脉络来梳理国内外教师支架策略研究成果，形成本研究理论框架。第二，通过建立小型课堂互动语料库，从整体上考察本土大学英语听说课堂师生互动中，教师支架策略的分布特征。第三，采用会话分析的方法对语料中教师支架策略使用片段进行微观考察，提炼高频教师支架策略话轮构建技巧及优先序列结构。具体如下：

第一，大学英语课堂教师支架策略是课堂师生互动中教师话语研究的重要组成部分。教师支架策略需要通过话语进行构建，而教师话语的构建不能孤立、割裂进行，需要依托语言课堂开展具体语言学习任务，依据学习者当下的语言水平，在与学习者互动过程中完成。

语言互动观于 20 世纪 70 年代末 80 年代初提出，不同于传统的语言教学观认为课堂中的语言学习仅仅是语言信息的传授，互动观将其视为教师与学习者之间的交流活动(Hatch, 1978; Allwright, 1984)。互动观得到了以维果斯基为代表的社会文化理论的支持。社会文化理论强调互动的社会性以及学习的共同构建性，认为学习是“参与”而非“习得”，所有学习都是一个共同发展的过程(Vygotsky, 1978)。

在课堂环境的共建中，师生和生生互动都发挥着重要作用。但社会文化视角的研究证实了师生互动不同于生生互动，同伴互动中有关元语言的话语比例、一语使用比例、产出话语的准确率等都少于师生互动(Guk & Kellogg, 2007; Gagne & Parks, 2013)。虽然教师话语和同伴话语对学习者的二语发展都具有促进作用，但教师话语发挥着更重要且不可替代的作用。EFL 课堂互动质量的提高，取决于教师话语质量的提高。

教师话语在 EFL 课堂中同时扮演两种角色：它既是教师组织整个课堂教学的中介，又是目的语输入的重要来源。教师话语在学习者最近发展区进行调节，通过发挥支架作用，辅助学习者完成其单独无法完成的语言认知和表达任务。EFL 课堂教师支架策略帮助教师针对不同学习任务和不同学习者更好地完成语言习得任务，但国外现有的教师支架策略理论研究较为零散，国内相关研究大部分还停留在理论概念的引进介绍和宏观策略的研究阶段。本研究的首要任务即对从 20 世纪 90 年代末开始的教师支架策略研究作详尽的梳理。

第二，对于本土大学英语课堂，教师开展互动教学中采用的支架策略还未有学者做过整体特征研究，为数不多的实证研究所展现的也多是局部课堂互动支架片段。而针对具体教学实际的教师支架策略实施及有效性研究都需要基于对现实情况的切实调查。

本研究从实证的角度出发，选取有代表性的大学英语听说课堂，调查教师与学习者真实互动中支架策略使用情况。课堂尽可能全面反映听说课堂的实际情况，既包含口语课堂又包含听力课堂，既有中国教师课堂又有外籍教师课堂，教师既有男性又有女性且覆盖不同年龄阶段。将真实获得的课堂录音转写建立小型语料库，依托文献阅读法得到的综合支架策略框架对其进行编码标注，辅以数据统计，展示听说课堂中教师支架策略使用的具体频数和分布特征。同时得出本土大学英语听说课堂上，教师采用最为高频的互动支架策略。

第三，大学英语课堂互动属于典型的机构性谈话，教师和学生分别扮演不同的社会角色，师生之间的互动符合一定的社会秩序。本研究的第三大内容即采用会话分析研究范式对语料中教师支架策略使用片段进行微观考察，即在回答第一大问题“是什么”和第二大问题“是什么样”的基础上，回答“如何实现”的问题。

会话分析的研究范式由美国社会学家 Schegloff、Jefferson 和 Sacks 在 20 世纪 70 年代开创先河，研究交际参与者之间自然产生的社会秩序（ten Have，1999）。研究者通过细致观察交际参与者看似杂乱无章的自然会话，分析其话轮及序列结构，发掘其有序性和规律，从而促进交流的进行。由于会话分析理论对于即时、互动中会话的关注，契合了研究具有极度复杂性的 EFL 课堂“黑匣子”的要求，帮助研究者从结果（product）研究转向过程（process）研究，于 20 世纪 70 年代开始，被学者们用于二语习得课堂话语研究，且关注度持续增加（Long，1980；王娜，2018）。

会话分析的核心方法正是考察互动片段中各话轮、毗邻语段的动态序列连接模式和规律，能够很好地用于分析教师实施支架策略的互动话语。观测教师与学习者之间进行话轮转换时，教师如何构建自身支架话轮，作为对上一话轮学习者语言认知和表达的回应，同时作为下一话轮学习者话语的辅助支撑，帮助其达到更高一级的语言习得水平。同时，运用序列结构的动态排列考察教师支架策略是否存在优先序列结构，发掘该特定社会机构谈话的深层结构及规律。

1.2.2　研究意义

本研究从实证角度研究真实、微观大学英语听说课堂师生互动中，教师支架策略实施的话语特征，具有一定的理论和现实意义。

理论意义主要体现在以下三个方面：

第一，进一步深化 EFL 课堂教师支架策略研究。从 20 世纪 90 年代末开始，学者们对 EFL 课堂教师支架策略陆续开展了一系列研究。研究最初多集中于小范围、单一课型的个案分析（如 Rueda，2004；Walqui，2006 等）；21 世纪开始出现依托新媒介手段的 EFL 支架策略研究（Jung & Suzuki，2015；Chew et al.，2018；Abdelshaheed，2019）。支架策略多为基于课堂观测的、自下而上的经验总结，且策略分类标准不一。本研究融合了目前教师支架策略研究理论，采用支架意图和支架方法相结合的二维支架策略分析框架，自上而下地细致观测大学英语听说课堂互动过程，并发掘教师支架话语的特征和规律，将 EFL 课堂教师支架策略研究向纵深推进一步。

第二，丰富 EFL 课堂互动和教师话语的本土化实证研究。EFL 课堂互动和教师话语研究虽已取得长足发展，顺应了以教师为主导、以学生为主体的互动教学，但针对专门技能训练、细致的课堂过程的研究仍属凤毛麟角。本研究关注真实的中国大学 EFL 听说课堂互动活动及互动中的教师支架话语，对课堂过程进行忠实记录及分析，关注其本质特征，探索相关社会文化理论的本土化应用。

第三，丰富会话分析的研究成果。二语课堂互动属于机构性谈话，本研究有助于进一步发掘该特定类型机构谈话的特征及规律。具体而言，教师支架策略话轮构建的言语手段，以及支架策略实施过程中师生话轮序列展开遵循的特定规律，将从一个侧面丰富会话分析机构性谈话本土研究的成果。

本研究对于中国大学英语相关课程的教学实践具有实际参考意义。

第一，本研究可为大学英语教师提供教学指导，帮助其进行教学反思。研究结果有助于教师反思自身课堂教学互动行为和过程，特别是互动中对学习者实施支架策略的话语。在批判借鉴中国教师和外籍教师支架策略实施话语的基础上，有效提升课堂互动效果，从而促进学习者的语言习得。

第二，本研究结果可为大学英语教学改革及相关教师培训提供参考。中国教师及外籍教师课堂互动支架策略实施特点可以帮助决策者合理安排中国教师与外籍教师授课课型、课时及具体课程大纲，以达到更合理的课程设置。同时，在相关教师培训项目中，研究发现可以帮助受训教师理解教师支架策略的重要性、内涵和实施步骤，为集中培训教师掌握高频、高效支架策略提供参考。

1.3 研究创新

总体来看，本研究的创新点主要集中在理论、研究内容和研究方法三大方面。

第一，理论创新在于本研究采用二维教师支架策略分析框架。该框架同时包含支架意图和支架方法，突破传统单维研究框架的局限。目前学者们对于教师支架策略的考察，大多数为具体支架方法在课堂教学中与学习者互动时的应用，也有少数分析教师支架话语功能和模式的（杨晓琼，2010；赵妮莎，2012）。但早在1998年，Wong就提出，基于支架的复杂性，不应采用单一维度的编码系统对其进行评价。本研究尊重真实外语课堂师生互动复杂灵活的事实，并考虑到教师实施支架策略组合具有多维性的特点，采用二维而非单维的理论框架，力求客观、全面观测并分析教师支架策略，推进其理论发展。

第二，研究内容创新在于本研究观照了教师支架策略实施的动态特征。EFL课堂教师实施支架策略的话语具有复杂性和动态本质，导致其难以测量（Granott，2005；Renninger & Granott，2005）。传统EFL课堂教师评分量表仅测评静止状态的支架策略，对于动态过程的支架活动不适用（Valsiner，2005）。本书采用会话分析研究范式，在微观层面上，考察互动中教师实施各支架策略言语手段的同时，发掘各支架策略在互动序列中出现的秩序，较好地观照到了教师支架策略实施的动态特征。

第三，研究方法创新在于结合语料库统计进行课堂互动研究，避免主观性、片面性。清晰全面了解EFL课堂互动中教师支架策略分布是有效使用各类支架策略、提高课堂教学效果的前提。现有本土EFL课堂互动，特别是教师支架策略的话语研究缺乏全面架构，多为基础课堂教师话语支架作用与功能或教学模式的探讨，或是对某一具体支架话语策略（如提问策略）或非言语支架策略（如手势语）的使用进行的局部研究（胥国红，2006；姜楠，2017）。本研究借助语料库工具，科学系统量化展示并分析教师EFL课堂互动特征，将看似杂乱无章的教师支架互动话语进行系统全面标记，客观展示其使用分布特征，避免主观性和个案研究的片面性。

1.4 本书结构

本书共由七章组成，各部分的主要内容如下：

第一章为绪论。主要介绍了研究背景、研究内容和意义、研究创新以及全书结构。

第二章为文献综述。首先对国内外EFL课堂互动和互动中的教师话语研究进行了梳理，随后对EFL课堂教师支架概念、特征及分类以及教师支架策略国内外相关研究进行了综述，尤其针对国内外现有支架策略理论框架，对其进行综合评估，呈现现有研究的贡献与局限，并在此基础上提出研究问题。

第三章为理论基础。该章介绍本书研究的理论基础，即会话分析研究范式。首先回顾该研究范式的符号互动学和民俗学方法论发端、历史发展阶段及秉持的特殊语料观；随后对会话分析的研究设计和机构性谈话特征及内容进行介绍。最后分析该理论对教师支架策略话语研究的观照。

第四章介绍研究设计。首先介绍本研究语料的采集对象，对课程、课堂、教师和学生情况分别作出说明。然后详述语料采集过程，包括采集课堂时长、采集工具、研究者角色等。随后介绍语料转写、支架片段划分和标注情况，包括转写规则、支架片段界定、标注规则、标注工具、标注员培训及标注过程。最后介绍数据整理和分析方法，包括定量频数统计方法及定性会话分析。

第五章为大学英语听说课堂互动中教师支架策略分布特征阐释及讨论。首先分别呈现大学英语听说课堂互动中教师支架意图和方法分布特征，包括总体及各教师支架意图、方法的使用频数及百分比，讨论高频支架意图、方法及教师间的差异。然后阐明大学英语课堂互动中教师支架意图和方法的相关关系，讨论高频支架策略。

第六章对大学英语听说课堂互动中教师支架策略会话分析结果进行阐释。教师支架策略话轮构建，包括支架策略话轮语码选择，以及高频策略常用话轮构建的言语手段。而支架策略序列结构包括教师支架策略核心序列及拓展序列，以及序列内部支架策略使用的优先结构。

第七章为结论和展望。该章总结本研究的主要发现及意义，对教学的启示，以及存在的局限性并对后续研究提出了建议。

2 文献综述

2.1 EFL课堂互动研究

教师支架策略的实施发生于EFL课堂师生互动的过程中，从认知互动论的视角来看，教师针对学习者的语言输出，对其语言形式和意义表达给予辅助支撑，成为帮助学习者进行理解协商的输入；而从社会文化理论视角来看，师生互动构成了教师支架策略展开的社会环境，师生在完成具体语言任务的交流过程中，教师居中调节，辅助学习者使用目的语顺利开展交际任务。

2.1.1 EFL课堂互动研究缘起及定义

EFL课堂互动研究是外语课堂研究的一项重要内容，国外外语课堂研究肇始于20世纪前十年，第一次世界大战前后，派往海外士兵语言培训的外语教学引发了对于外语教学内容和教学方法的讨论。Chaudron(2001)对发表在*Modern Language Journal*上关于二语课堂研究的文章进行了综述(1916—2000年)，首篇关于二语课堂研究的论文发表于1916年。根据Chaudron的综述，总体来看，20世纪60年代以前是教学方法比较，20世纪70年代和80年代，学者开始聚焦关注个性化教学和个体学习者因素，20世纪90年代开始课堂过程研究。2000年以来，针对EFL课堂教学的研究在文章数量和研究话题量上都出现了显著增长。Ellis(2012)对进入21世纪以来的课堂研究进行了综述，发现研究话题主要集中在以下七个方面：语言教学方法比较、二语课堂话语、教师与学习者、学习任务、互动与二语习得、重形式的教学以及不同影响因素的调节作用。可以看出，对于EFL课堂的研究随着时代的发展而不断发展、深化，除了传统教学方法的比较研究，还出现了针对课堂各要素的专门研究，研究话题从宏观向微观转变。

在EFL课堂研究发展的过程中，从20世纪70年代后期开始，随着语言学界将目光从“教”转向“学”，课堂互动研究受到许多关注，一直是二语/外语研究者关注的焦点(徐锦芬，2015b)。研究的转向，与当时整个语言文化研究的转向有密切关联。文化人类学研究中，Boas(1995)摒弃了传统的对于某类族群的规定性划分，实地田野调查美洲印第安人的真实语言文化样貌，对其进行细致记录和描画。语言学研究也从乔姆斯基的“规定性”结构语法研究转向韩礼德的“描述性”功能语法研究。在EFL课堂上，学者们从仅关注教师如何把正确的语法教给学生，到开始关注学习者实际语言产出及如何在与教师互动中习得正确语言形式的过程。

EFL课堂互动在20世纪70年代末得到二语习得研究者的重视。学者们提出一种新的假设，认为二语学习者习得一种语言是因为有使用该语言进行交流的需要。因而，学习者首要关心的不是二语系统中包含什么，而是他们自身可以怎样使用该语言进行人际互动(Ellis，1990)。该观点由加州大学洛杉矶分校英文系的Evelyn M. Hatch于1978年首次进行明确阐述，Hatch认为在EFL课堂中，学习者学习如何产出会话，如何用言语进行互动，如何在互动中形成和发展英语作为二语的语法和句法结构。持互动观点的学者拒绝传统的忽视交流语境，而仅仅聚焦于学习者话语的研究方法，提出使用另一套研究方法，把课堂上搜集的数据作为一系列交流的行为(communicative acts)，而不是单纯的语言信息(linguistic information)。Hatch(1978)同时建议这种研究方法可以靠话语分析来实现，帮助研究者了解二语学习是如何发生的。

英国兰卡斯特大学语言学系的Allwright(1984)认为在讨论外语课堂教学法时的一个根本事实是，课堂中所发生的一切都是通过人与人之间的真实互动过程来完成的。相对听说教学法而言，作为交际法核心的互动不应被理解为一种更高级的语言练习方法，它其实是整个二语课堂教学的基础。Allwright(1984)将EFL课堂互动定义为：课堂教学中，师生或生生之间围绕教学内容所进行的交互活动，它是师生共同参与的面对面人际互动，是一种语言交际活动，对于学生来说是很好的语言学习及实践机会。

我国学者杨华和文秋芳(2014)将课堂互动定义为自然状态下的课堂教学过程中，教师与学生之间、学生与学生之间围绕既定或生成的目标而从事的言语交际活动。从中外学者的定义来看，课堂互动发生在自然课堂环境之中，主体是师生或生生，内容围绕具体教学内容和目标，本质是言语交际活动。

2.1.2 EFL课堂互动理论基础

互动从20世纪80年代成为EFL课堂教与学的中心以来，得到了学者们理论上的广泛认同和支持。其中较有代表性的有Swain和Long等的认知互动理论(Swain 1985，2000；Long 1985，1996；Allwright & Bailey，1991；Ellis，1997；Gass，2003)和维果斯基的社会文化理论(Vygotsky，1978)。

从认知互动论的视角来说，能够为课堂互动教学提供理论基础的是其中的两个假说，即"输入—输出假说"和"互动假说"。20世纪80年代美国语言学家Krashen明确指出，基于单纯语法规则讲授和句型操练的语言教学并不能有效帮助二语学习者习得语言。作为其五个假说核心的输入假说认为，"可理解性输入(comprehensible input)"才是学习者习得语言的关键和必要条件。但输入假说将语言习得完全归功于语言输入，忽视了输出的作用。Swain(1985)在对加拿大法语沉浸式教学调查研究后，发现仅凭大量可理解性输入，并不能有效提高学生的法语水平，于是他在20世纪80年代后期提出了"可理解性输出假说"。该假说认为学习者如果希望他们的二语既流利又准确，不仅需要可理解性输入，更需要可理解性输出。输出在习得中发挥了三个重要功能：帮助学习者注意自身中介语的缺陷，检验对目的语的假设，以及总结反思目的语的元语言知识和规则。也就是说学习者在进行有意义的语言输出，用特定语言形式来达意时，会对照目的语标准，注意自身中介语瑕疵，从而加工目的语的元语言规则，最终达到习得该语言的目的。

Krashen的观点得到了美国马里兰大学帕克分校二语习得教授Michael Long的支持，Long强调语言习得的重要途径是意义协商，并于1985年提出了"互动假说"。Long认为单纯的输入并不会直接导致语言的习得，只有修正和合作将输入变成认知加工，外部输入和内部加工在互动中进行动态的相互作用、相互影响，习得才能产生。强式的互动假说认为，互动本身导致了目的语的发展；而弱式的互动假说认为，互动中学习者只能发现学习机会，不一定能够将其充分利用，从而发展二语。

互动观在语言习得中发挥的效果得到了实证研究的支持。Ellis 及其同事(1994)对输入和互动对于二语单词习得的影响进行了实证研究，发现输入和互动更利于学习者习得新单词意义。Ellis(1997)和 Gass(2003)等学者指出，在课堂教学中，有意义的、涉及修正的、可理解性输入、有目的性输出以及针对形式准确性提供反馈的互动是二语/外语发展的必要因素。

因此，从 Krashen 和 Swain 的"输入—输出假说"以及 Long 的"互动假说"和 Ellis 等的相关实证研究来看，使用目的语的言语互动，是学习者习得该语言的关键和必要条件。在互动中，学习者理解目的语的形式和意义，并将理解的形式和意义进行应用，将经过修正的正确形式和意义内化为自己的语言系统。

同样，社会文化理论认为学习者语言习得在与社会成员互动、参与社会活动的情境下发生，语言习得发生于一个过程之中。社会文化理论可以追溯到 18 世纪和 19 世纪的德国哲学(特别是康德和黑格尔)，马克思和恩格斯的社会学、经济学，但主要直接来自俄国心理学家维果斯基及其同事(Lantolf & Thorne, 2006)。

维果斯基社会文化理论最核心的概念是中介(mediation)。维果斯基认为儿童在成长的过程中，由低级心理机能发展至高级心理机能。低级心理机能主要是指由人体的生物因素决定的感官和无意识的注意等。高级心理机能包括由社会文化因素决定的逻辑记忆、概念思维、计划和有意识的注意等。而儿童的心理机能由低向高转变需要通过一系列的中介发挥作用，该中介可以是具体的书籍、工具，也可以是抽象的语言符号等。人的知觉、意识只能在与世界的互动中形成，发展无法脱离人们所处的社会和文化环境。

因此与之前部分研究者仅重视个体认知差异，仅关注学习者与语法的关系，认为环境因素是可以被忽略的"背景"或"噪音"不同，社会文化理论的核心语言观是：社会历史环境是研究者应该重点分析的对象；语言的习得以社会活动为媒介；社会活动不仅影响认知，更是人类认知得以形成的过程(欧阳鹿等，2018)。从社会文化理论视角来看，在英语课堂中，学习者要习得语言，必须依赖与教师和同伴的互动。语言习得的过程正是发生于与教师和同伴互动的过程当中(徐锦芬，2016；徐锦芬、雷鹏飞，2018)。

可以看到，"输入—输出假说""互动假说"和社会文化理论之间并不矛盾，它们分别从语言习得的认知视角和环境视角，基于内在和外在因素对课堂互动提供了理论支持。而且从Swain(2000)的最新研究来看，有将两种视角融合的趋势。两种视角像两块拼图，共同构成了在课堂互动中，学习者利用自身及身边环境共同促进二语学习的图景。

2.1.3 EFL课堂互动主要研究内容

随着外语课堂互动从理论和实践上都得到更多的关注和支撑，20世纪80年代至今，相关话题一直是国内外外语教学领域研究的热点。本书的研究主要从以下三个方面展开：互动的类型和模式、互动效果以及影响互动的相关因素。

2.1.3.1 关于互动的类型和模式的研究

不同的学者从不同的视角对EFL课堂互动进行了分类。Ellis根据课型特点和互动对象的不同，将EFL课堂互动分为五种类型，其中包括语言课教师与全班的互动、知识课教师与全班的互动、教师与单个学生的互动、教师为进行课堂管理与全班或单个学生的互动以及学生之间的互动(Ellis，1990)。Ellis认为该划分较为粗线条，且各类别之间不是相互孤立、绝对严格区分的，实际课堂中存在为了同时达到多个目的的多种互动形式。

Allwright(1984)按照互动的功能将EFL课堂互动分为四种模式：指令、服从、协商及探索。指令由教师给出；学习者如果完全按照教师指令进行回应就是服从；协商指学习者就某教学行为与教师协商达成一致，而非教师单方面作出决定；探索则是指学习者就课堂中出现的语言学习困难，主动提问，向教师寻求帮助，一般由能力较强、善于思考的学习者提出。Allwright的划分并不区分互动功能的实施主体。

对于课堂互动模式最有影响力的划分是由Sinclair和Coulthard(1975)提出的IRF模式，因二位学者属于伯明翰学派，该模式又被称为“伯明翰模式”。该模式认为课堂上师生互动的一个典型特征是“发起—回应—反馈(IRF，Initiation-Response-Feedback)”，即由教师发起提问，学生回应作答，教师对作答给出反馈。该模式采用课堂话语分析，体现了师生课堂话语的机构性质(Hall，2007；Philp & Tognini，2009)。该模式包含于Sinclair和Coulthard提出的课堂师生互动的五个层级，即：课(lesson)—课段(transaction)—回合(exchange)—话步

(move)—话目(act)。IRF 是典型的三话步回合。在该回合中可以看出教师占明显的主导地位，控制着互动的数量和类型。因而有学者认为 IRF 并不利于课堂教学中的二语习得(van Lier, 1996; Ellis & Shintani, 2014)。但也有学者研究表明，IRF 模式的局限性可以通过教师的话语策略得到突破。如 Nassaji 和 Wells(2000)认为，如果教师通过协商性的问题而非有固定答案的问题来进行提问，那么学习者参与互动的积极性会大大提高，师生间互动的数量也会增加。Hall 和 Walsh(2002)也认为可以采取扩展的而非局限的 IRF 模式结构增加学习者学习机会，使其有更多的机会来实践意义协商。

国内外语课堂互动研究始于 21 世纪初，但主要是相关理论的引介及采用国外课堂互动手段在本土外语课堂进行实验研究，2007 年以后开始出现课堂互动的实证研究(徐锦芬、曹忠凯，2010)。在互动模式上，比较有代表性和影响力的有李素枝(2007)的研究。该研究调查了英语本族语教师和中国教师课堂互动模式，发现前者课堂中的“教师—学生—教师”互动模式使用频率远低于后者，但是两者课堂中教师和学习者话步的频数分布没有显著差异。该研究是关于课堂互动模式本土化的实证研究，对国外互动模式研究进行了有益的拓展和补充。

2.1.3.2 关于互动效果的研究

学者们探讨了到底何种互动方式能够有效促进学习者的二语习得。

首先是互动中教师反馈的内容本身对互动效果的影响研究。师生互动中，基于教师和学生之间的语言差、知识差，一个重要特征是由教师提供纠正性反馈。纠正性反馈是教师实施重形式(focus on form)教学的主要手段。但是重形式教学并不是抛开意义、仅仅关注语言形式的教学，而是在以意义为焦点的互动课堂中让学习者注意语言因素(Long & Robinson, 1998)。这些语言因素体现在具体的教学设计大纲中，或体现于具体的授课过程中。Basturkmen 等(2002)认为“重形式教学为学习者提供了暂时停止关注信息建构，转而注意特定语言形式以及形式所要表达的意义的机会”。学习者从关注意义，到关注输入中的语言形式，对语言形式产生注意，从而促进中介语的发展。该观点得到了学者们的普遍支持，如 Ellis 等(2002)和 Loewen(2018)同样认为在外语课堂教学中应以意义交际为主，同时引导学习者注重语言形式。

其次是互动中教师反馈的时机、方式和语码对互动效果的影响研究。Mackey 和 Oliver(2002)以及 Loewen(2005)通过即时和延时后测，调查了重述的作用，发现将目标语形式融入自己语言输出的学习者，其表现优于未给予重述机会的学习者。Alcón-Soler(2009)调查了显性反馈和隐性反馈对学习者词汇习得的影响，发现显性反馈和隐性反馈都为学习者提供了注意的机会，但显性反馈更能促进学习者领会的发生。Nakatsukasa 和 Loewen(2015)则调查了外语课堂教学片段中语码转换的情况。研究结果显示，当教学片段与词汇和语法等语言点相关时，教师使用一语和二语的数量基本相当；但当这些教学片段与语言意义相关时，教师仅选择以一种语码为主，即选择以一语为主，或选择以二语为主。

国内对于互动教学效果的研究多为经验性的总结(如刘意涛，2010；沈小涛，2004)，基于课堂教学的实证研究较少。

首先，互动中教师反馈的类型影响学习者语言习得的效果。通过实验组和控制组比较，陈晓湘和张薇(2008)研究了教师对学习者进行的引导型和重述型反馈，发现前者并不能促进学习者目标语的发展，但后者可以促使学习者产生促进目标语发展的修正输出。其次，互动中教师反馈的时机也会对学习者习得效果产生影响，李少锋、Rod Ellis 和束定芳(2016)对 120 名中学生进行了分组比对实验，在三个实验组和一个控制组完成听写重述任务后，分别对其提供即时反馈、延时反馈、零反馈。结果表明对于低水平学生，仅即时反馈有效；而对于高水平学生，即时反馈和延时反馈同样有效；交际性任务有助于高水平学生的二语发展，但对低水平学生无效。研究者认为这两类反馈的效果差异不在于反馈的时机，而在于学习者认知水平的高低差异。

因此，从现有国内外的课堂互动效果研究来看，在重意义的课堂中，教师使用重形式特别是附带的重形式的教学，并且增加互动的复杂性，能够有效促进学习者二语学习。

2.1.3.3 关于互动开展影响因素的研究

影响外语课堂互动开展的因素多种多样，大体上可以分为与课程相关的、与学生相关的和与教师相关的因素，如课型、任务类型、学生语言水平、学生沉默、学生情感因素、教师风格等，都有可能影响到课堂互动的展开。

首先，就课堂任务难度来说，Kim(2009)发现任务难度越大，学生需要在互动中关注的语言事件越多，解决互动难题时的投入也越大。其次，学生个体的差异，如语言水平和交际意愿，亦会对互动产生直接影响。Watanabe 和 Swain(2007)通过实证研究验证了结对方式对学习者语言习得效果的影响，如高水平与低水平学习者之间结对相较于纯高水平或纯低水平学习者之间结对，更有助于学习者外语语言能力的提升。该发现对于实际教学中的结对方式有切实的指导意义。但 Iwashita(2003)发现，语言水平对非本族语学习者的互动模式和修正影响不大，不太影响互动效果。最后，Cao 和 Philp(2006)验证了学习者的交际意愿直接影响互动效果，对讨论主题的熟悉程度也会影响到学习者交际意愿。

国内结合外语课堂实际，在互动影响因素方面也取得了不俗的研究成果。韩琴等(2008)从教师、学生和教学三个方面分析了影响课堂互动的因素；王宇(2005)和程熙旭(2011)分别从面子观念分析了影响课堂言语互动的隐性因素并具体调查了如何打破大学英语课堂中的沉默。邓秀娥和郑新民(2007)则通过问卷调查、课堂观察及学生访谈，对大学英语课堂小组活动有效性的影响因素进行了案例研究。除了教师扮演角色和小组成员之间关系，该研究还指出学习者动机的强弱、语言学能的差异、个性的不同、自尊的程度以及冒险能力，都从一定程度上影响了学生参与课堂互动的表现。

所以，教师进行教学设计和反思时，应充分知晓并考虑影响课堂互动的各个因素，可在课程前或者课程中对学生进行一定的互动策略辅导，合理设计任务难度，尽量选取学习者感兴趣的、与其生活学习贴近的话题，给予学习者情感上的鼓励和支撑，并在小组活动中科学安排组员的搭配，掌握时机给予学习者特定类型的反馈，增加其学习机会，促进二语的发展。

2.2 EFL 课堂教师话语研究

教师支架策略通过教师话语来实施，EFL 课堂教师话语研究是课堂互动过程研究的重要组成部分，教师利用其独特的话语角色促进学习者二语发展。从认知的视角来说，Alcón(2002)发现师生互动中具有频繁的目的语纠正性反馈(如重述)。Toth(2008)分析了教师引导话语对二语句法形态发展的影响，发现教师通过引导学生持续关注目标结构和为学习者提供句法形态方面的帮助，可以促进其二语发展。社会文化视角的研究同样证实，教师支架话语可以帮助提升元语言话语比例、二语使用比例及产出话语的准确率(Guk & Kellogg, 2007)。因而在课堂互动研究中，教师话语发挥着首位的、不可替代的作用。EFL 课堂互动质量的提高，取决于教师话语质量的提高。对于 EFL 课堂互动中教师话语的研究，十分必要且重要。

2.2.1 EFL 课堂教师话语概念及功能

EFL 课堂教师话语特指在以英语作为二语或外语的课堂中，由教师而非学生提供的话语(Cook, 1996)。它不仅是教师执行教学计划的工具，也是语言课堂二语/外语学习者主要的语言输入来源(Nunan, 1991)。教师话语在 EFL 课堂中同时扮演两种角色：它既是教师组织整个课堂教学的中介，又是目的语输入的重要来源。

在传统的语言课堂中，课堂被视为教师向学习者传授知识的阵地，教师在课堂中占主导地位，教师话语不论是时间还是话语量均占整个课堂互动的绝大部分(周星、周韵, 2002)。20 世纪 80 年代以来，交互式教学受到重视(Allwright, 1984; Ellis, 1990; Long, 1983; Swain, 1985, 2000)，教师话语的另一功能受到越来越多的关注，即教师对课堂活动的组织。在二语课堂中，教师应创造各种机会，引导和组织学习者积极参与各种口笔语交际活动，交流语言内容，练习语言形式。

教师话语功能的实现依赖于明晰其话语特征。Thornbury (1996) 和 Cullen (1998)划分了二语课堂交际性和非交际性教师话语的特征。交际性的教师话语使用参考性问题，发问学习者不知道答案的问题，只对内容作出反馈，只有当交际存在障碍时才进行纠错。教师使用调整、迟疑、重新措辞等语言来解释和提问，与学习者之间反复进行意义协商，鼓励学习者主动发言。而当教师单纯或过多使用展示性问题，以语言形式的教学为中心，仅重复学习者回答，不进行意义协商的话，教师话语就被认为是非交际性的。二语课堂互动情况复杂，不同于自然社交场合，不可忽视其自身的特点和规律。注重教师话语的交际性和对语言形式的传授应形成互补，Zambrano(2003)提出二语课堂互动中，教师话语的自然模式和教育模式应并存且相互补充的假设。

2.2.2 EFL 课堂教师话语相关研究

国外对于 EFL 课堂教师话语的研究主要集中在以下四个方面：

第一，对于教师话语量的研究。教师话语总量影响学习者二语/外语的习得。Hakansson(1986)甚至认为教师话语的总量和质量是语言课堂教学的决定性因素，对学习者的二语习得具有极其重要的影响。在语言课堂上，学者们统计，教师话语占据课堂时间的 70%及以上(Chaudron, 1988; Nunan, 1991; Cook, 1999)。但学者们一直在争论教师话语到底应当占据多大的比重。Nunan(1991)认为应该避免过多的教师话语(超过整个课堂时间的 50%)，而将更多的机会留给学习者进行可理解性输出。Harmer(2000)发现对一些语言培训课堂的主要批评是因教师话语过多而导致学生话语(student talk)时间不足，他建议一个好的教师应尽可能地将学生话语最大化而将教师话语最小化。所以在 EFL 课堂中应根据具体的教学任务保证一定的教师话语输入量，但也不能“一言堂”，应尽可能地激发学生参与热情，提升学习者话语量。

第二，对于教师一语话语量的研究。是否要在 EFL 课堂中使用一语，使用多大的量，也是研究者关注的另一议题。首先，研究者肯定了语言课堂教师对于目的语的大量使用。Chaudron(1988)认为“在典型的外语课堂中，公认的理念是目标语能力的充分实现需要通过教师提供丰富的目标语环境来达到”。Turnbull 和 Arnett(2002)也指出，既然教师话语是学习者最主要的目的语输入来源，课堂中教师目的语使用最大化就是合理的。但目的语使用的最大化并不意味着放弃一语的使用。Anton 和 Dicamilla(1999)认为当教师在二语课堂使用一语时，学习者可以将一语作为认知工具来辅助其二语学习。Cook(2001)同样认为完全禁止二语课堂中一语的使用只会严重限制语言教学的可能，他主张将学生的一语作为帮助成功习得的一种资源而不是阻碍，帮助学习者成为真实的目的语使用者。Turnbull(2001)主张“明智地”使用一语来帮助学习者完成语言摄入过程，更好地将语言输入变成语言摄入。虽然二语课堂中的一语使用得到广泛支持，同样一语并非可以无限制使用。Atkinson(1987)就提醒应避免在二语课堂中过度使用一语。Cook(2001)则给出了二语课堂中一语使用的标准：教师只有在“使用目标语代价太大”时才应使用一语。也就是说，在学习者使用目标语来进行语言的认知加工和理解过于困难或耗时过多时，教师才应使用一语进行辅助。

第三，教师话语中研究较多的是教师提问。教师的提问类型与IRF结构是否能促进学习者语言学习直接相关联。教师提问是IRF结构第一步的重要形式。教师提问可分为展示性问题(display questions)和参考性问题(referential questions)。前者是教师提出的让学生展示其语言的问题，也是教师知晓答案的问题。而后者是教师提出的询问信息的问题，教师并不知晓学生的答案。展示性问题是为了激发学习者进行语言练习，而参考性问题是为了寻求信息(Richards & Schmidt, 2010)。

Long和Sato(1983)调查了六位EFL教师对于两类问题的使用频率，发现他们采用展示性问题的次数远超参考性问题(前者476次，后者128次)。该结果与二语课堂中本族语教师的提问类型截然不同，本族语教师很少使用展示性问题来提问。Pica和Long(1986)的研究也发现了这一点，他们调查了ESL课堂中非本族语教师的话语，将其与课堂外本族语者与非本族语者的谈话中本族语者的提问相比较，发现不论是经验丰富的EFL教师还是新手EFL教师都使用了更多的展示性问题。

但展示性问题能否更好地激发学习者的二语学习？研究者对其在使用频率上的主导地位，甚至是被过度使用的状况表示担心。Brock等(1986)调查了四位教师及24位EFL高级学习者的课堂话语，发现参考性问题可以激发学习者产出明显更长、句法更复杂的回答。Nunan(1987)的研究得出了一致的发现。Nunan研究了五个EFL初级班的课堂互动话语，发现学习者对展示性问题的回答明显简短且句法上更简单，对参考性问题的回答包含了更多真实自然情境下交流的特征，如意义协商、由学生发起话题以及生生之间互动等。根据Brock和Nunan的研究，参考性问题比展示性问题更利于二语发展，能够激发学习者输出更长、更复杂的目的语，且学习者使用的语言更贴近真实的话语。但是两种提问类型并不应偏废，如Thompson(1997)所言，展示性问题能促进学生参与课堂互动，而参考性问题能帮助课堂互动更具交际性。不应简单判定哪种提问类型有用或无用，而应考虑具体的课堂教学语境，采取适当的提问策略(Shomoossi, 2004)。

第四，对于教师话语中的教师反馈研究。教师反馈，即教师对学生言语表现作出反应，是教师话语中极其重要的内容，是IRF师生互动模式不可或缺的重要组成部分。对于教师反馈的分类，影响力较大的是Nunan(1991)根据反馈功能进行的分类：积极反馈(positive feedback)和消极反馈(negative feedback)。积极反馈指教师用于肯定学习者令人满意的回答及表扬其课堂表现的回应，而消极反馈指教师对学习者在课堂上不尽如人意的回答及表现的回应。Cullen(2002)根据反馈的对象内容，将其分为评价性反馈(evaluative feedback)和话语性反馈(discoursal feedback)。前者是教师对学生回答的语言形式进行评价，后者是教师对学生回答的内容给予回应。反馈还可以根据反馈的时机分为及时反馈和延时反馈。前者指当学习者表达错误时，教师立即指出；后者则是指学习者出现表达错误后，教师等待其参与的语言活动完成之后再指出。反馈可以是显性的，即教师直接纠正学习者的错误，给出正确表达；也可以是隐性的，即教师仅说明学习者进行了错误的表达。反馈的语言形式还可以分为口头反馈和书面反馈。

对于教师反馈的策略，Lyster和Ranta(1997)总结了共六种类型：显性纠错、重述、要求澄清、引导、重复及元语言反馈。Cullen(2002)总结了共四种策略：重述、详述、评论和重复。重述即教师用更为准确、地道的方式重新表述学习者的回答；详述指扩充拓展学习者的回答，使其更加丰富；评论是教师对学习者的回答发表个人观点；而重复指教师将学习者的回答不作任何改动，原封不动地重复一遍。研究者们积极探讨了哪些反馈策略能有效促进学习者的二语习得，发现重述、重复和反输(back-channel)是较为常用的有效策略。如Verplaetse(2000)对一名非常善于与学生互动的EFL教师进行了个案研究，发现该教师常使用两种策略进行反馈，一种是"uh""yeah""really"等反输形式，另一种是重述。反输不会打消学习者积极性，而重述让所有的学生都可以听到比回答者原话更加清晰和准确的表达。教师的重述可以让回答者和其他学生在此基础上再进一步修改或拓展。此外，通过重述的方式，不是简单地反馈给学习者"不正确"或"不完整"，不会打断学习者意义表达或打消其积极性，而能够鼓励他们继续交流观点，表达看法。Long(1996)也认为重述这一策略尤其有益，可以尽可能地不影响学习者将注意力放在交际上。

另外，在教师反馈的研究中，学者们关注的另一焦点为是否以及何时纠正学习者的错误。Krashen(1982)认为教师应尽量避免纠正学习者的错误，纠错会使学习者处于自卫状态，进而使他们避免使用复杂结构并将注意力放在形式而不是意义上，不利于语言习得。Ur(1996)从人文主义的视角提出，评估应该都是积极的、非评判性的，才能促使语言学习者保持积极的自我形象。但一些学者对此持完全相反的观点，认为学习者的错误必须及时得到纠正，否则会给其他学习者带来误导(Schmidt & Frota，1986)。在书面写作反馈中也存在着相似的分歧(Truscott，1996，1999，2004；Ferris，1999，2004)。同时，在写作反馈中，还存在着对于语言和内容、结构反馈不平衡的讨论。尽管分歧一直存在，但大量实证研究(如 Doughty & Varela，1998；Saito & Lyster，2012)显示，EFL 课堂教学中有纠正性反馈的效果胜过无纠正性反馈。

而对于纠正的时机来说，如果是口头的纠正性反馈，教师可以选择即时反馈，也可以选择延时反馈。这里教师需要在语言表达的准确性和流利性之间进行考量。即时反馈可以较好地提升准确性，但却影响了流利性。Harmer(1983)和Hedge(2000)均认为不应在学习者正在完成交际活动时，对其打断，可以使用一系列延迟反馈技巧，让学习者自己辨认并纠正自己的错误。而在书面的纠正反馈中，其反馈基本都是延时的，除了教师让学习者口头朗读其产出的文本，进行即时点评反馈。但是在过程写作教学中，学习者会产出多个文本，教师需要决定反馈的顺序，是否分阶段进行，如先反馈写作的内容和结构，再反馈语言错误。

同时，在由谁来纠错这个问题上，学者们也存在分歧。部分学者认为应该由教师进行纠错，帮助增加学习者的语法意识(Edmondson，1985)。而部分学者却认为应由学习者自己对错误进行修正(van Lier，1988；Lyster，2004)。在以学生为中心的 EFL 课堂中，如果将错误修正的任务完全交给学习者，可能会存在一些问题。如学习者是否有意愿进行自我修正以及是否具备了足够的二语知识进行自我修正。

Norris 和 Ortega(2000)在对 1980—1998 年近二十年中教师反馈有效性的研究论文进行元分析后发现，意义优先、聚焦形式(focus on form，简称 FonF)的显性反馈是最为有效的教师反馈方式，而针对全形式(focus on forms，简称 FonFs)的隐性反馈方式有效性最低。FonF 和 FonFs(Long & Robinson，1998)都属于形式教学法，但有着本质的不同。前者是在学习者理解意义进行交流的基础上引起他们对于语言形式的注意，进而习得语言形式，而后者是单独直接讲授每一个具体的语法，让学习者积累一个个孤立的语言点。Ellis 等(2002)和 Laufer(2006)认为二者的区别在于聚焦形式的教学中，教师将学习者当作语言的使用者、交际者，语言是交际的工具；而在全形式教学中，教师仅把学习者当作语言学习者，课堂教学的目标是语言本身而非交际。因此，可能的解决方法是由教师先鼓励学习者进行自我修正，在学习者并不能单独完成该任务时，再由教师给出显性的聚焦形式的反馈。

国内对于 EFL 课堂教师话语研究起步较晚，大致经历了萌芽、引介本土化及跨学科快速发展三个阶段。

1. 20 世纪 90 年代是萌芽阶段，学者们开始谈论课堂教学的语言问题。课堂教师话语的首次探讨为李向明(1990)对教师课堂语言与生活语言的对比，提出教学语言的五个特征。对于 EFL 课堂教师话语的研究，始发于赵晓红(1998)《大学英语阅读课教师话语的调查与分析》一文，该研究运用量化统计的方法，初步探讨了教师课堂话语量、反馈等内容。另有学者对教师话语的本质进行了分析，引入了 Nunan(1987)的观点，指出教师话语既是学习的目的又是教学的媒介(王银泉，1999)。从而正式开启国内外语教学界讨论教师话语的议题。

2. 21 世纪初是 EFL 课堂教师话语的相关理论在国内大量引介并进行相应的本土化实证研究阶段。如林琼(2001)对国外教师话语理论作了大量的综述及引介。研究者开始从实证角度观察整个课堂教学的过程，并对其中教师话语的数量、类型、教师提问、教师反馈等具体的核心议题进行描述性调查。周星、周韵(2002)也对以学生为中心的课堂中教师话语在话语量、提问方式、交互调整和反馈方式诸方面的特点进行了系统分析。徐英(2003)对 EFL 课堂教师礼貌用语进行了调查，主张教师应尽量采用礼貌性话语与学生进行交流，促进权力的均等分配。胡青球等(2004)及刘家荣和蒋宇红(2004)则分别通过对教师提问技巧和师生话轮转换的调查，探讨了二语课堂中如何给予学习者更多使用目的语进行交际的机会，让学习者积极参与课堂活动。此阶段研究的特点在于迅速与国际接轨，使用国外教师话语理论进行本土化的实证研究。

3. 21 世纪以来，国内教师话语的研究进入了快速发展的第三阶段，该阶段具有以下三个明显的特征：

首先，出现了多学科交叉视角。如康艳和程晓堂(2011)以教育学相关理论为支撑，深入探讨了外语课堂教师话语的新功能框架。李秀莲和全红(2004)从会话分析视角、以语码转换为切入点探讨了英语课堂的教师话语。

其次，教师话语在研究方法上有一定突破。冯江鸿(2012)在黄小苹(2006)讨论的微观民族志、会话分析和功能语言学三种主流途径基础上，提出了其他五种研究课堂教师话语的方法：交互分析法、话语分析法、批评话语分析法、多模态话语分析法及社会文化话语分析法。随着语料库语言学的发展，也出现了一批使用语料库方法进行教师话语研究的学者(张会平、刘永兵，2010)。

最后，教师话语研究中也出现了各种对比研究。如李丽华等(2010)对一名新手教师和一名专家教师的课堂话语特征及其原因进行了系统的比较分析。张奕(2010)利用会话分析，比较了中外教师反馈。邓晓明和周学恒(2012)则自建语料库，对中外教师的课堂互动、话语量、提问和反馈类型等进行了比较。

可见，国内对于 EFL 课堂教师话语的研究虽然起步较晚，但发展迅速，研究面广，选题丰富，研究方法灵活多样，已经取得诸多喜人成果。同时应该看到，微观、实证性的课堂教师话语研究仍有待系统深耕。

2.3 EFL 课堂互动中教师支架及支架策略研究

2.3.1 EFL 课堂教师支架概念

“支架(scaffolding)”概念始于建筑领域，指的是在修建房屋时临时搭建的辅助性支撑结构(van de Pol et al.，2010)。该概念于 20 世纪 70 年代用于心理学对于儿童发展的研究。对于独立解决问题能力较弱的儿童来说，如果要达到可能的发展水平，需要借助成人或者能力较强的同伴的帮助。Bruner(1975)将这种与“脚手架”作用相似的帮助称为“支架”。支架概念首次应用于学习领域是在 1976 年，哈佛大学认知学习中心对于儿童玩具搭建辅导的研究(Wood et al.，1976)。Wood 等将“支架”定义为协助儿童或新手解决问题、完成任务或达到目标的过程，而这些是他们在没有支架时无法独自完成的。为了验证支架在更大范围内的有效性，Cook-Gumperz(1979)建议将此概念从父母与孩子一对一互动延伸到课堂多人互动。“支架”在课堂互动中的首次研究出现在 20 世纪 80 年代中期，美国伊利诺伊大学的 Palinscar 和 Brown(1984)最先在交互式教学的课堂实证研究中明确使用到了支架概念，将专家对学生的帮助引入课堂，从而标志着该领域研究的兴起。支架的隐喻在教育教学领域大受欢迎，表明其概念上的影响力及实践中的重要价值(Verenikina, 2008)。支架的隐喻“与教师心中凭直觉成功干预学习者学习过程的概念产生了共鸣”，并且其“提供的该描述教师干预学习者学习特质的概念隐喻，在诸多教育方向研究文献中都是缺失的”(Mercer, 1994)。

学者们从宏观和微观两个层面对于支架在课堂教学中的隐喻来下定义。在宏观层面，学者们将支架当作一种过程，如 Bruner(1983)将支架定义为“一个过程，‘设计’情景帮助孩子轻松、成功上手任务，当他们有足够的技巧/技能(独自完成任务)时，逐渐撤走帮助，将学习的角色重新还给孩子”。在微观层面，学者们将支架当作一种教学技巧或教学行为。如 Walsh(2013)认为支架是为了降低任务难度而给学生提供的帮助。Enyew 和 Yigzaw(2015)将支架定义为一种教学技巧，用于组织和规范教师给予学生的支持，帮助指引教师干预，因其可以告诉教师学生何时需要帮助，何时应撤走帮助。van de Pol 等(2010)认为支架是“为学习者提供的暂时性支撑，否则学习者无法单独完成任务”。这种支撑可以以多种形式出现，如作示范和提问，也可以针对不同年龄和不同学科(如自然科学、社会科学)。随着时间的推移和研究的深入，学者们对于支架的定义从宏观向微观层面发展。

维果斯基的社会文化理论中的最近发展区(Zone of Proximal Development，以下简称 ZPD)被视为理解支架概念的核心(Daniels, 2001; Wells, 2000; Krause et al., 2006; McDevitt & Ormrod, 2002)。ZPD 最早用于阐明学校的心理测试(Vygotsky, 1962)。维果斯基认为测试不仅应基于学生当前的水平，同时也应该测试他们潜在的发展水平。维果斯基将其称为“昨天的发展”和“明天的发展”，前者指学生已形成和达到的水平；后者指学生在得到帮助后表现出的水平，是学生正在发展过程中、即将达到的水平(Vygotsky, 1978)。维果斯基将 ZPD 定义为“由独立解决问题决定的实际发展水平和在成人指导下或与更有能力的同伴共同合作解决问题表现出的潜在发展水平之间的距离”(Vygotsky, 1978)。也就是说，ZPD 是两者之间的距离，是学习者在有帮助和无帮助时分别能够达到的表现之间的距离。Lantolf(2000)阐释了他对于 ZPD 的理解，认为 ZPD 是一个人在毫无帮助的情况下和在别人和/或其他文化产品的支持帮助下所能完成任务的距离或认知差距。Cole 和 Cole(2001)也认为“最近”意味着提供的帮助应该让学习者能力发展仅比当前已具备的能力稍高出一点。Ohta(1995)定义了语言学习中的 ZPD，认为它是由学习者独立使用该语言而决定的发展水平和学习者与更有能力的谈话者合作使用该语言而决定的语言潜在发展水平之间的差距。

对于维果斯基来说，学习只有在与 ZPD 产生互动时才会发生，教师的教学只有超前于学习者的实际发展才能起作用(Vygotsky，1978)。维果斯基的 ZPD 概念体现了他对于教学的观念：学习者应该接受针对他潜在水平而不是实际水平的教学。在这个过程中，教师所扮演的角色“不仅仅是学生需要掌握的信息的来源，同时也是帮助学生从一个水平提升到另一水平的杠杆”(Yaroshevsky，1989)。即教师在此过程中扮演的是双重角色，既是学生知识和技能相关信息的提供者，又是辅助学生掌握这些信息的“杠杆”和“拐杖”。而且，要使针对 ZPD 提供的帮助最为有效，教师对学习者的帮助必须有针对性，不断进行调整，并在最终达到学习者的发展水平时撤出(Aljaafreh & Lantolf，1995)。因而，不管课堂教学条件环境如何，ZPD 是任何人类学习活动不可忽视的部分，与教师的课堂教学设计精妙地联系在一起(Ohta，2005)。

Wells(1999)认为支架是基于维果斯基提出的 ZPD 概念直接进行教学的应用和操作。支架只有在与学习者现有和潜在的发展水平，即 ZPD 相匹配的时候，对学习者才有帮助。Mercer(2010)认为 ZPD 将完成任务的责任转移到学生是支架教学活动的主要目标。支架教学需要具备以下三个条件：1. 帮助学习者完成他们单独无法完成的任务；2. 帮助学习者获得将来单独完成此类任务的能力；3. 随后的证据表明学习者已经通过支架学习经历获得了独立完成此类任务的能力。支架在教育学和应用语言学中有着相似的定义。在教育学中，支架用于描述一种暂时但根本性的支持性互动，在互动中新手(如学徒)在专家(如教师、父母或其他导师)或同伴的帮助下发展新技能，获得新概念或更高水平的理解(Maybin et al.，1992)。在应用语言学中，Ellis(2016)将其定义为“一种会话过程，在此过程中某说话者在另一说话者的帮助下完成独自无法完成的某种语言功能的表达”。

诸多研究者将 ZPD 和支架概念用于二语教育和二语习得研究中(如 Lantolf & Appel，1994；Donato，1994，2000；Ohta，2000)。他们认为语言学习中的支架，是由专家或更高学识的同伴提供的支撑行为，可以帮助学习者关注语言的形式和内容，从而到达语言发展的更高水平。这也就意味着，专家或同伴提供的支架帮助不是固定不变的，而是随着新手学习者能力不断提升而不断进行修正的，因为新手学习者对于语言知识和技能的内化在支架的促进下不断得到提升，这种内化是其在完成某项语言社会活动时与专家和同伴共同构建的(Johnson, 2004)。

2.3.2 EFL 课堂教师支架特征

关于支架的基本特征，从历时的角度来梳理，主要有以下观点。

首先，van Lier(1996)描述了教学中支架的一系列特征，其中包括：

1. 连续性原则，即包含一系列复杂的行为，通常在一段持续的时间中，重复发生，以程序式的重复或变化为特征。

2. 语境支持原则，即整个支架活动按照一定结构进行，从而对于孩子和学习者来说，创造了一种安全的环境，鼓励而不是强迫他们参与，虽不鼓励错误，但对错误保持接纳和容忍的态度。

3. 主体间性原则，即通过支架活动，强调主体相互之间的投入和“主体间相互关注”。

4. 应变原则，即根据每一个参与者的行为和反应，支架活动的各元素可以进行更改、删减或重复。因此，支架行为是应变性的，不是事先决定和规定好的。

5. 移交原则，即家长(或教师)密切观察，当孩子(或学习者)表现出准备好时，抓住机会将部分任务交给他们完成。

6. 流畅原则，即参与者的行为是协调地、协同地、有一定节奏地共同完成，互动以自然的方式流畅展开。

van Lier 可以说较全面地总结了教学活动中支架的特征。

荷兰学者 van de Pol、Volman 及 Beishuuizen 于 2009 年对 1998—2009 年这十年中国际权威期刊发表的师生互动中支架研究进行综述，绘制了支架概念模型(图 2-1)。在该概念模型中，有教师和学生两个角色，教师由图上部的两个圆圈表示，学生由图下部的两个圆圈表示，底部箭头显示时间的变化。随着时间的推进，教师提供的支持逐渐变小，慢慢隐退，而移交给学生的责任则逐渐增大。师生之间发生持续不断应变性的互动，学生对教师作出回应，教师对学生提供支架。在教师提供支架的过程中，教师使用到诊断策略和支架策略，先对学生的具体问题进行诊断，然后提供有针对性的支架。

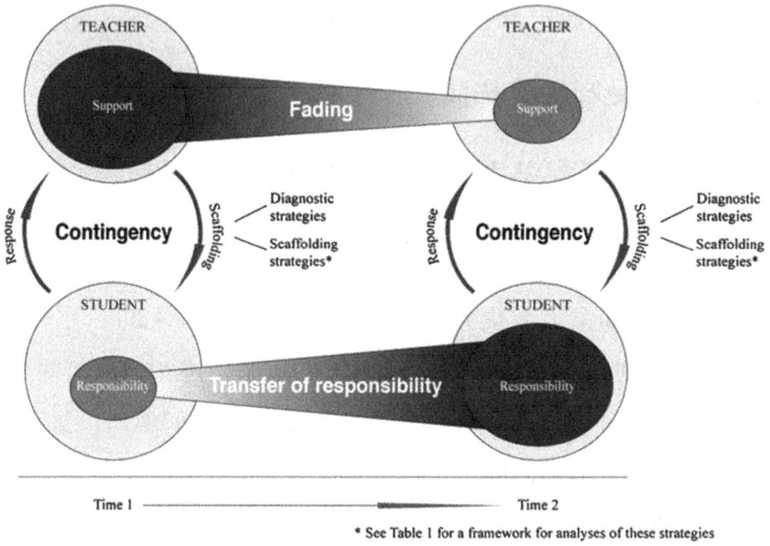

图 2-1　支架概念模型(van de Pol et al., 2010)

在该模型基础上，van de Pol、Volman 及 Beishuuizen 总结得出支架的三个特征：应变性(contingency)、渐隐性(fading)及责任转移性(transfer of responsibility)。

首先，应变性有两层含义，一是“应”，即教师对学生提供的支架支持是回应性的；二是“变”，教师支架并非一成不变，需根据不同学生不同的习得状态，有针对性地进行调整。教师提供的支持需要持平于或稍高于学生当前的学习水平。用一种或多种方式将对学生的支持进行调整的教学就是具有应变性的教学。应变的第一步是对学生当前的能力水平进行诊断，在诊断结果的基础上，方能提供有效应对学生不断变化学习水平的教学支持。

其次，渐隐性指教师支架的逐步撤除。撤除的速度取决于学习者能力和发展水平。学习者能力越强，达到预期学习目标越快，教师支架可随之更快地撤除。

最后，渐隐性与支架的第三个特征责任转移性密切相关。随着教师支架的渐隐，学习的责任从教师逐渐转移到学习者身上。van de Pol 等将“责任”宽泛定义为学生在学习过程中的认知、元认知和情感活动。本书的研究认同这一定义，认为学习活动是个复杂的过程，在这个过程中需要积极调动学习者认知、元认知和情感各方面因素，协同作用，帮助学习者理解相关知识或操练相关技能，完成某项学习任务。

我国学者蒋琴和张莉渺(2012)认为支架是一个内在动态概念，支架作用系统具有三个特征：1. 动态性，描述该系统从一种状态到另一种状态的转变；2. 耦合性，学生的能力水平决定了支架水平，支架水平同时决定了学生的发展水平；3. 重复性或循环性，支架帮助学生提高现有水平，但在学生获得新能力或受到新任务和新问题挑战时，需要获得新支架的帮助。

可以看到，中外学者从不同视角对教学中的支架特征进行了概括，其中有部分重叠的地方。总结梳理来看，教学活动中的教师支架共有四个方面的八大特征：1. 从语言的角度来看，支架话语并不是零散的，而是遵循一定的规律和结构，在师生之间自然流动，这些规律和结构会反复循环出现，具有规则性和流畅性；2. 从支架涉及的主体来看，只有一个主体无法完成支架，支架需要发生在两个主体之间，具有主体间性和互动性；3. 从支架行为发生的过程来看，支架不是预先设定一成不变的，而是根据学习者当下的水平不断进行调整，教师和学习者都处于动态变化、协同调整的状态中，教师渐进地将单独完成学习任务的责任转移到学习者身上，教师支架话语具有应变性、转移性和渐隐性；4. 从支架产生的情感效果来看，它创造了支撑性的语境环境，鼓励学习者参与，对学习者的错误给予宽容，具有语境支持性。这四个方面的八大特征，构成了本研究界定支架片段依据的评判标准，用表 2-1 显示如下：

表 2-1 **教学环境下教师支架特征**

支架侧面	特　　征
语言	规则性、流畅性
主体	主体间性、互动性
过程	应变性、转移性、渐隐性
情感	语境支持性

总结教学中支架特征，还可以帮助深入理解和批判性解读这一概念。有些学者提出了支架概念的局限性。如 Daniels(2001)认为支架是一种单向的过程，支架提供者单独地提供支架并将其展现给新手使用。Searle(1984)认为支架有可能导致强加给学习者的一种结构，让课堂中的师生互动变成教师主导驱动的单方行为。这种观点应用到课堂上，可能会使教师回到前皮亚杰式传统的指令式教学。

本研究认为上述担心不无道理，但从互动的视角看支架活动是双向的，离开了学生，支架就失去了落地的根基和存在的基础；离开了学生即时即刻学习活动的表现，支架也失去了内容的支撑，成为无本之木。对于不同的课堂、不同的学生、不同的学习阶段，支架的目的和功能不变，但其内容和形式却千变万化。变化之中仍有一定的方法、策略可取，有一定的规则可遵循，需要教师细心琢磨，不断改进。维果斯基的社会文化理论建立在皮亚杰理论之上，而皮亚杰对于教育理论和实践的重大贡献在于他认为儿童在学习中不是被动的，是所学知识的主动构建者、独立探索者和发现者。近来这一观点又被作为认知或个体构建主义进行研究(Krause et al., 2006; McDevitt & Ormrod, 2002)。其对于具体教学的重要提示是儿童作为学习者的主动性和自觉性不应该被教学指导所阻碍。维果斯基的理论建立在皮亚杰将儿童视为主动学习者的观点之上，强调社会互动在学习和发展中扮演的重要角色。这一研究视角被称为社会构建主义(social constructivism)(Krause et al., 2006; McDevitt & Ormrod, 2002)。

虽然有教育学和心理学学者对支架概念的隐喻提出了质疑，Stone(1998)认为这个概念不应该被舍弃。已有的大量研究应用到了该概念，并且相关研究还在不断持续增长(Dixon-Krauss, 1996; Doolittle, 1997; Hammond, 2002)。需要注意的是，在使用此概念时，应避免将其固化成一种狭隘、单向的教师对学生的辅助指导。如果学生仅仅是被动接收教师的直接指令，这就远远落于维果斯基的 ZPD 和皮亚杰的主动学习者理论之后了。因此，对于该概念的深入理解，有助于在教学中更好、更充分、更有创造性地来进行支架教学。

本书研究的是大学英语课堂教师话语中的支架，是教师使用的言语行为。在系列文献研究的基础上，本研究对于大学英语课堂教师支架话语的定义为：在英语课堂中，教师为了帮助英语学习者关注语言的形式和内容，完成语言任务，达到更高水平的语言发展，而对其提供的即时的、有针对性的支撑性话语。教师话语中的支架不是一蹴而就的，一系列的支架辅助完成了某一语言点或语言技能的掌握，这个互动过程构成一个完整的支架教学片段。在这个片段中，教师根据学生即时的习得水平，不断地调整支持，逐步将语言知识和技能的习得责任转移给学习者，帮助其习得该语言知识或技能。完成该片段后，再循环这一过程，接续下一支架教学片段。

2.3.3 EFL课堂教师支架分类

对于支架的分类，根据不同的分类标准，学者们将教师支架分为不同的类别。

从支架发挥的功能来看，Wood等(1976)将其分为六类：1. 引起兴趣(Recruitment)，引起新手对于任务的兴趣；2. 简化任务(Reduction in degree of freedom)，对新手需要完成的任务进行简化；3. 维持既定目标(Direction maintenance)，保持学习者对于目标的追求；4. 指出关键特征(Marking critical features)，指出任务的关键特征及新手产出表现和理想解决方案之间的差距；5. 控制挫败感(Frustration control)，控制新手解决问题过程中的挫败感；6. 示范(Demonstration)，将理想的行为表现作为示范展示给新手。我国学者胥国红(2006)将Wood等人提出的六项支架功能进一步归纳为两类：情感支架和认知支架，前者为学习者提供情感上的支持，后者直接帮助新手完成超出他们实际水平的认知任务。

从教师的支架意图和完成效果来看，Bliss等(1996)将支架分为三类：1. 有意但不成功的支架。在这类支架中，教师的行为本打算对学生提供支架，但学生的理解没有朝着教师期待的方向发展，学生的回答引向了意外的结果，不在课程教学的框架内，导致教师支架失败。2. 无意的支架。在这类支架中，教师的行为或话语并没有支架的意图，但是却意料之外地在学生中产生了效果，效果可能是积极的，也可能是消极的。这类支架在Bliss等的研究中出现的最少。3. 实际支架。大部分的支架具有一定结构，是具有认可性、鼓励性的，教师有支架意图，实际也达到了帮助学习者完成学习任务的效果。

分类也可以根据教师话语的性质来进行。Meyer和Turner(2002)通过对小学数学课堂教师话语的质性分析，得出三类教师支架：(1)通过意义协商帮助学生理解关键概念(如角的类型)和相关过程及技巧(如度量角度)的支架；(2)通过帮助学生使用策略(如展示不同的解题思路)和向学生转移责任(如要求学生进行模仿)来辅助学生学习自主性的支架；(3)通过支持学生内在学习动机、情感愉悦和同伴合作为积极的课堂学习氛围提供的支架。Meyer 和 Turner 的支架概括来说就是对学生的学习提供认知、元认知和情感三方面的支架。

Walqui(2006)从教育和教学的视角，将支架定义为既是一种结构又是一种教学过程。根据支架涉及的教学环节、层面不同，Walqui 将支架分为三大类别：1. 覆盖某段时期的有计划的教学大纲(即在某段时期内一系列的教学活动、一个项目或一种教学规范)；2. 某项课堂活动进行的步骤(对第一类支架的实际体现)；3. 师生合作互动的过程(实现第二类支架的过程)。Walqui 的分类是从宏观到微观、从计划到即兴、从结构到过程的排列(van Lier，1996)。

可以看到，学者们从支架涉及的教学层面、具体的实施步骤、效果，对支架进行了分类。本研究立足于课堂教学实践，在 Walqui 分类的第二和第三类支架层面，即支架的中观和微观层面，结合 Bruner 等(1976)、Bliss 等(1996)、Meyer 和 Turner(2002)的分类，进一步来探讨课堂互动中的教师支架策略。

2.3.4 EFL 课堂教师支架相关研究

从 20 世纪 80 年代至今，国外课堂互动中的教师支架研究整体呈发展态势，研究的数量和深度、广度均稳步增长(刘萍、张雪梅，2018)。自 20 世纪 90 年代以来，随着社会文化理论影响的不断深入，“支架”逐渐成为外语课堂互动研究的重要方面(李丹丽，2012a)。20 世纪末，支架研究从中小学母语课堂研究开始，逐步扩大到科学、数学等课堂，以及成人的二语课堂(Palinscar & Brown，1984；Adair-Hauck & Donato，1994；Aljaafreh & Lantolf，2011；Bliss et al.，1996)。21 世纪的前十年，学者们除了继续关注中小学数学和科学课堂教师支架应用(Meyer & Turner，2002；Myhilll & Warren，2005)，还专门讨论了英语作为二语的中学学科和语言课堂教师支架(Walqui，2006)；在教育学和心理学期刊上，如 *The Journal of Learning Sciences*(2004)和 *New Ideas in Psychology*(2005)，出现了专门探讨“支架”的专刊。近十年来，教师支架研究的深度和广度进一步提升，中小学课堂中教师支架的有效性得到了验证(Broza & Kolikant, 2015; Wischgoll et al., 2015),二语课堂中的教师支架应用继续得到关注(Enyew & Yigzaw, 2015; Talebinejad & Akhgar, 2015),并且研究从言语支架拓展到了非言语支架(Kim & Cho, 2017)。在社会学和数学期刊上继续推出"支架"专刊,如 *Learning, Culture and Social Interaction* (2013)和 *ZDM Mathematics Education*(2015)。

我国对于支架概念在课堂教学中的引入始于21世纪初,学者们开始注意到支架概念可以在外语课堂中发挥重要作用,帮助教师更新教学理念,改善教学方法,并提升教学效果(张国荣,2004;尹青梅,2007)。国内关于支架研究最初停留在理论介绍阶段(牛瑞英,2007;李霞、兰英,2007),大多数研究探讨支架理论在英语写作、听力、阅读、翻译、英美文学、词汇、语音及影视教学中的应用(张国荣,2004;张晓勤,2008;徐锦芬,2015a);后发展出少量基于"支架"理论的英语教学微观课堂实证研究,如胥国红(2006)以支架理论为指导的教师反馈功能研究,贾光茂和方宗祥(2009)关于大学英语课堂交际活动中教师及同伴支架作用研究。

近十年针对外语课堂中的支架研究继续稳步增长。大部分研究依旧处于对支架理念在外语课堂,特别是大学英语课堂发挥的重要作用、完成的功能以及支架教学的特征进行探讨的阶段(蒋琴、张莉渺,2012;李梅,2017;姜楠,2017)。涉及采用真实课堂记录具体语料的支架教学实证研究有所增长,但整体不多。李丹丽(2012b,2017)基于内地和香港高校二语写作课堂和教师对二语学习者写作的一对一辅导,实证研究了支架式教学对于学生自主写作能力的培养,并探讨了教师居中调节的适度问题。欧楚莹(2019)通过对来自公共教育资源平台的小学英语课堂录像和自身实际采录的初高中英语课堂视频录像,基于Bruner等(1976)六种支架功能,对语料进行编码统计和支架教学片段的话语分析,对各类支架教学进行了实证描述性研究。杨晓琼(2010)则采用多模态分析方法,对大学英语课堂中教师在新词教学中的副语言和手势语进行了分析,证实了手势语在外语教学中的普遍性及发挥的支架作用。赵妮莎(2012)基于"支架"视角对英语专业课堂中教师提问进行了探讨。针对课堂小组互动中同伴支架的研究也开始出现(寇金南,2016)。

总而言之,支架策略研究、支架特征研究、支架有效性研究三者一起,是国内外支架研究的重要主题(刘萍、张雪梅，2018)，且近年来呈现出更加微观和细化的整体趋势。

2.3.5 教师支架策略概念界定及分类

支架策略研究近三十年来，国内外学者从不同学科视角、不同教学层面，对教师支架策略作出界定和分类。本书在梳理主要学者研究成果的基础上，提出研究对于教师支架策略的定义及分类，并结合研究采集的实证语料在研究设计一章给出具体的操作定义及示例。

较早进行课堂教师支架策略研究的有 Many(2002)，根据其对美国的一所混龄小学两位资深教师课堂进行的自然观察，发现教师支架主要具有两大目的：一是帮助学习者建立更加复杂的概念，二是帮助学习者发展学习策略体系。Many(2002)总结了教师支架的具体内容及教师在课堂上采用的支架策略。她认为教师主要从文本、认知和艺术展示三方面对学习者提供支架。如表 2-2 所示：

表 2-2 **小学混龄教学课堂教师支架内容(Many，2002)**

文本	个人认知分析	艺术展示
从课外资源中获得额外信息	联系个人经历	使用艺术品来明确概念
从课本中寻找支持观点	参考已有知识	共同完成艺术品
从课本中寻找内部联系	反思个人理解	

Many(2002)进一步从支架过程的角度概括了三类九种支架话语策略，虽然分类还较粗线条，标准也不甚明确，但奠定了课堂互动中教师支架策略的研究基石，为后续学者研究开辟了一个全新的视角和空间。Many 的策略分类如表 2-3 所示。

Many 并未对各支架策略给出操作定义和示例，但作为观察者和参与者对课堂给予了详尽记录和描述，并对教师反思记录进行了评述。

表 2-3 **课堂互动过程中的支架策略(Many, 2002)**

教师及同伴提供支持	支持学习者参与	鼓励学习者参与
示范 (Modeling)	提问 (Questioning)	鼓励自我监控 (Encouraging self-monitoring)
提供信息 (Supplying information)	提示 (Prompting)	贴标签—肯定 (Labeling-Affirming)
澄清 (Clarifying)	聚焦 (Focusing attention)	
帮助 (Assisting)		

Ankrum 等(2014)用课堂录像的方式描述性地研究了美国幼儿园儿童母语习得过程中，教师对其阅读进行的话语支架策略。二者基于 Roehler 和 Cantlon (1997)的教师支架话语编码，将教师提供的支架策略共分为六种：直接解释、明确示范、邀请参与、澄清、核实及公布答案。通过对六种支架的课堂教学片段记录和定性分析，发现支架策略对于早期儿童读写能力发展具有积极作用。各支架策略定义及示例如表 2-4 所示：

表 2-4 **母语阅读课堂教师支架策略(Ankrum et al., 2014)**

策略	策略定义	举例
直接解释 (Direct explanation)	教师使用明确的表述帮助学习者理解某概念或阅读策略。	*图题(caption)就是作者在图片旁边加上的描述性文字。请看我们的课文，图片下面的文字告诉了我们这头海豚的牙齿是什么样的。*
明确示范 (Explicit modeling)	口头展示阅读策略的应用，包括有声思维和有声表达。	*让我想一下，当我看着这幅图片时我会想，看看这些不同的颜色和大小吧。这些岩石都是一样的吗？不！所以我的图题应该是：岩石具有不同的大小和形状。*
邀请参与 (Invitations to participate)	教师鼓励学习者积极参与，明确要求他们提供解释、详细描述或从课本中找出直接例子。	*大家能从正面的这幅图片中看到什么？有人能写出来吗？*

续表

策略	策略定义	举例
澄清 (Clarification)	教师使用方向引导性的讨论和提问来纠正学习者的错误。	*看起来(答案)像是一件衣服(coat)，但看看这个单词的起始字母。是一件衣服吗？还有没有别的词是以j字母开头的？*
核实 (Verification)	对学习者的有效或正确答案给予肯定、确认。	*你的推测有道理！图片上的男孩在哭。书上告诉我们他摔倒了。当我们摔倒后我们会哭，因为很疼。我想你是对的。那个男孩摔疼了。*
公布答案 (Telling)	教师为了让讨论或阅读继续进行，给出正确答案。	*这个词就是夹克(jacket)。*

Pentimonti 等(2017)研究学前儿童语言教学，需要根据儿童不同语言水平，进行有区分性、针对性的教学。为了使语言干预有效，教师采取的具体策略之一为支架策略。Pentimonti 等将教师支架策略分为两大类：高支持策略和低支持策略。前者指对儿童提供大量指导帮助其成功完成某项任务的策略。在提供高支持策略时，教师限制了儿童完成某项任务的认知要求，从而提升他们成功的可能性(Hammett et al., 2003；O'Connor et al., 1998；Roehler & Cantlon, 1997)。当儿童语言技能水平提高时，高支持策略可以逐渐转为低支持策略。教师可以将直接的支架变为更加宽泛的支架，比如暗示或建议(Diaz et al., 1991)。Pentimonti 等(2017)进一步将高支持支架策略和低支持支架策略分别细分为三种支持性支架策略，如表2-5所示：

表2-5　**低支持及高支持支架策略(Pentimonti et al., 2017)**①

策略	策略描述	举例
低支持策略		
拓展 (Generalizing)	鼓励孩子拓展课本内容到课本以外，联系过去或未来的个人经历。	*告诉我你以前见过的超级巨大的东西。*

① 本表格由 Pentimonti et al. 改编自：Justice, L. M. & McGinty, A. S.. Read It Again-PreK [M]. Columbus: The Ohio State University, 2009: 10-11.

续表

策略	策 略 描 述	举 例
推理 (Reasoning)	鼓励孩子解释为什么某事发生或将要发生，或者某事是当前这种状态。	*第二天雪人融化了。你觉得为什么会这样呢?*
预测 (Predicting)	鼓励学习者描述接下来会发生什么或者假想某个事件/活动的结果。	*你觉得他们接下来会去哪儿呢?*
高支持策略		
共同参与 (Co-participating)	鼓励孩子与别人(教师或同伴)一起完成某项任务来得出正确答案。	*请跟我一起说出这个词，戴在国王或王后头上的东西。皇冠!*
减少选项 (Reducing choices)	通过减少得到正确答案的选项数量，鼓励孩子完成某项任务。	*这个工具叫什么? 锤子还是扳手?*
明示 (Eliciting)	通过提供理想答案的示范，鼓励孩子产出某项任务的正确答案。	*当我穿过一座桥的时候，我从上面(over)走过去。我怎么穿过一座桥呢?*

Walqui(2006)针对英语作为二语的语言课堂和学科课堂，总结了教师与英语学习者互动中支架的概念框架，共六种支架策略：示范(modeling)、搭桥(bridging)、语境化(contextualizing)、建立纲要(building schema)、文本再现(re-presenting text)和发展元认知(developing metacognition)。其策略描述和举例见表2-6：

表 2-6　**EFL 课堂教师支架策略(Walqui，2006)**

策略	策略描述	举　例
示范 (Modeling)	给学习者提供一个模板供其模仿。	*(在使用"说明"的语言功能时)你可以这样说："Two things are unclear to me about this section ...(这一小节中我有两处不明白……)"/"I am not sure what this is about, but I think it may...(我不明白这是什么意思，但我想它可能是……)" etc.。*

续表

策略	策略描述	举　例
搭桥 (Bridging)	激活学习者已有的知识和个人经验，帮助他们学习新的概念和语言。	1. 比如教师在帮助学习者理解中世纪朝圣这一课时，会使用文章涉及的一些关键核心词汇来对他们已有的相关知识提问，如“*中世纪的人无论处于什么社会阶层，都会去朝圣——一种为了宗教目的的集体旅行。你赞同这一说法吗？理由是什么？*” 2. 比如在帮助学习者理解 Francisco Jimenez 的短篇小说《电路》(*The Circuit*)时，教师可以提问学习者相关个人经历：“*你有没有离开过你所爱的人和事？发生了什么？在这次经历中你感受到了什么？*”
语境化 (Contextualising)	教师使用演示、图片、短片或其他教具让学习者感知二语所描述的语境；教师还可使用口头语言中的比喻和类比，让复杂的概念更贴近学习者现实体验。	比如教师在讲到中世纪生活时展示一段四分钟的老电影片段，让学习者真实感受到当时骑士和封臣的生活。
建立纲要 (Schema building)	正如二语学习者需要自下而上学习，使用单词、句法和修辞手法；同样也需要自上而下处理信息的过程，即在学习二语语言和知识的细节之前建立大纲式的全貌。	比如在讲授英国工业革命时，教师让学习者从三个方面对比概括当今美国加州农场的工人生活和1835年英国利兹的工厂工人生活：“*1. 工人们每天的生活是怎样的？2. 工人们的工作条件是怎么样的？3. 工人们希望工作条件得到什么样的改善？*”
文本再现 (Re-presentingtext)	通过活动让学习者将二语的一种文体用另一种文体形式再现出来。	教师将课文分成若干个场景，让学生将课本内容分角色表演出来，或者将一首诗歌让学生改成记叙文说出来。
发展元认知 (Developing metacognition)	帮助学习者在完成任务时 1. 有意识地运用学习策略；2. 了解各种学习策略差异，并针对课堂活动自主选取最有效的学习策略；3. 在开展课堂活动时监控、评估并调整自身表现；4. 根据已有表现规划将来的表现。	比如在二语阅读课堂中，让学习者有意识地按照以下顺序来开展阅读活动：阅读、总结、提问、预测。

Rueda 等(2004)也对英语作为二语的课堂教师支架策略进行了研究。他们调查了西班牙语作为母语的儿童语言及学科课堂，发现教师除了对儿童进行非言语的鼓励(如微笑、拍背等)，联系学习者个人及社区生活经历的支架外，非常重要的支架策略即使用母语西班牙语对学习者进行辅助。教师适时使用西班牙语对英语的相关表达进行翻译，用西班牙语提问和解释，并对学习者的西班牙语回答进行肯定回应。但 Rueda 等(2004)提到，研究开展的同时，加州通过了具有争议的《227 法案》(“227 Proposition”)，废除实施了三十多年的“双语教学法”，取而代之以英语沉浸式教学，许多教授母语非英语学生的教师表示，在教学中因此而遭受到挫败感。

可以看到，课堂教师支架策略研究近三十年，研究者们对支架策略的定位和分类标准并不统一，对于支架策略运用的学生层次和课堂类型也不尽相同。从理论层面来讲，广为接受的分析框架尚未完全成形。但荷兰学者 van de Pol 等(2010)将构建支架的意图和方式融于同一框架中，为教师支架的构建实践分析提供了可资借鉴的理论框架(刘萍、张雪梅，2018)。

van de Pol 等对 1998—2009 年 SSCI 期刊中所有用英文发表的、中小学面对面教学中涉及支架的文章进行了详尽的回顾，在重点基于 Wood 等(1976)及 Tharp 和 Gallimore(1988)的支架分类基础上，结合 Many(2002)对于支架工具/方法和支架意图/目标的分类，形成了一个综合性支架策略分析框架。认为任何一种支架意图(intention)与任何一种具体支架方法(means)的组合，都可以被视为一种支架策略。该框架共包括三类五种支架意图和六种支架方法，如表 2-7 所示。

van de Pol 等(2010)对各支架意图和方法的定义如下：

支架意图分为三类：辅助学生元认知活动(support of students' metacognitive activities)、辅助学生认知活动(support of students' cognitive activities)和辅助学生情感状态(support of students' affect)。三类意图又可以细分为五种具体意图：保持目标(direction maintenance)、构成认知(cognitive structuring)、简化任务(reducing of degrees of freedom)、引起兴趣(recruitment)和控制挫败(frustration control)。其中保持目标(A)指让学习的整个过程、活动设置及学习者的努力保持在同一特定学习目标，不偏离该方向。当支架意图为构成认知(B)时，教师提供

"阐述性的及理念的构架"，使得学习者可以对认知内容进行"组织和解释"(Tharp & Gallimore, 1988)。简化任务(C)即把任务当中学习者暂时还没有能力完成的部分去掉，将任务简单化。引起兴趣(D)指让学习者对某项学习任务产生兴趣，帮助他们与课堂任务要求产生紧密连接。控制挫败(E)则通过一系列奖惩措施时刻激励学生，辅助他们的课堂表现，这种激励用于防止挫败感的产生或将挫败感减至最小。A 属于辅助学习者元认知活动的策略；B 和 C 属于辅助学习者认知活动的策略；而 D 和 E 属于辅助学习者情感状态的策略。

表 2-7　**支架策略分析框架(van de Pol et al., 2010)**

		支架意图				
		辅助学生元认知活动	辅助学生认知活动		辅助学生情感状态	
		保持目标(A)	构成认知(B)	简化任务(C)	引起兴趣(D)	控制挫败(E)
支架方法	(1)反馈					
	(2)提示					
	(3)传授					
	(4)解释					
	(5)示范					
	(6)提问					

支架方法可以细分为六种：反馈(feeding back)、提示(hints)、传授(instructing)、解释(explaining)、示范(modeling)和提问(questioning)。反馈(1)指直接针对学习者的表现向他/她提供信息。提示(2)指由教师提供线索或建议来帮助学习者进一步探索答案。教师在这种情况下刻意不给出所有解答或详细指导。传授(3)指教师告诉学习者做什么，或向其解释为何或如何做某事。解释(4)指教师进一步给出更加详细的信息或说明。示范(5)是向学习者提供"可供模仿行为的过程"(Tharp & Gallimore, 1988)。同时也包括向学生演示某些特殊技巧。最后一种提问(6)指向学习者提出问题，需要他们积极思考、认真组织语言作答。

这五种意图和六种方法的任意组合都可以视为一种支架策略(van de Pol et

al., 2010)。可以看到 van de Pol 等在文献综述基础上得出的支架策略分析框架结合了中观和微观的支架分类，结合了支架意图/功能和具体的支架方法。综合考虑到了课堂教学过程中，教师支架话语"干什么"和"为什么这么干"的行为及目标两个层面，是迄今为止，较为完善、值得借鉴的支架策略分析框架。

本书对于支架策略的概念和定位沿用了 van de Pol 等的研究，将大学英语课堂互动中教师支架策略定义为：在大学英语课堂互动中，为了使学习者达到更高一级语言水平，教师有意识地使用一系列话语技巧来即时辅助英语学习者元认知、认知和情感活动的行为，是支架意图和支架方法的综合运用。即本研究对于支架策略的定位结合了课堂教学的中观和微观层面，既关照到英语教师支架活动的功能和目的，也观照到了英语教师采用的具体话语技巧。但更宏观层面的英语教学大纲设计和英语政策执行不囊括在本研究的策略定义范围之内。

同时，本研究对于支架策略的界定与外语教学研究中经典的"语言学习策略"界定保持在同一水平，构建模式一致。在英语作为外语/二语的学习策略经典模型中，Tarone(1983)、Rubin(1987)、O'Malley 和 Chamot (1990)以及 Oxford (1990, 1997)将语言学习策略定义为学习者为了提高二语发展技能，而有意采用的具体行动、表现、步骤及技巧，帮助他们完成新语言的内化、储存、提取和使用。而学者们对于学习者学习策略的分类框架，基本一致，均在元认知(metacoganitive)策略、认知(cognitive)策略和社会情感(socioaffective)策略下又细分各种具体的学习方法(O'Malley et al., 1985; Oxford, 1990)。如元认知策略包括计划、设定目标、自我管理等；认知策略包括归纳、推理、记忆、澄清等；社会情感策略包括移情、与同学协作、向教师求教等。经典的语言学习策略被认为是有效的指导学习者二语/外语学习的策略体系。

对于现有支架策略分析框架，应该看到，van de Pol 等的综合框架总结了适用所有学科课堂的支架策略，但未纳入最新支架策略文献和针对二语课堂支架策略的方法，如 Walqui(2006)的研究。本研究在 van de Pol 综合支架策略框架基础上，充分回顾 EFL 课堂教师教学支架策略的最新文献，形成了分析大学英语课堂互动中教师支架策略的分析框架。相较 van de Pol 等的框架，作出如下改进：

1. 保留了 van de Pol 等对于支架方法的总结分类，根据 Walqui(2006)对于 EFL 课堂的支架策略分类，增加了一项到纵轴的支架方法中——"搭桥

(bridging)”。考虑到EFL课堂的特殊性，教师需要确保学习者对于教师话语的意义进行充分理解，需要对英语作为二语表达的意义与学习者已有知识图谱产生关联。“搭桥”的方法即激活学习者已有的知识或个人经验，帮助他们学习新的概念和语言。搭桥是Walqui支架策略方法中的重要部分，也是经常出现在二语课堂中教师常用的支架方法，故纳入本研究策略体系。

2. 合并意义完全相同的项目，去掉分类标准不明晰、存在意义重叠的方法项目。如Many(2002)的“prompting”与van de Pol等的“hints”和“questioning”在概念上有重叠的部分，则由更加具体细化的“hints”和“questioning”来确定支架方法，并给予严格界定。Walqui（2006)分类中的示范(modeling)概念意与van de Pol等研究相同，予以合并；她提出的“语境化”属于非言语行为，归入“非言语”一类；而“建立纲要”和“文本再现”属于宏观大纲设计，“发展元认知”属于支架意图类别，故不纳入本策略框架。

3. 没有按照Pentimonti等(2017)的分类标准进一步将各支架方法分为高支持策略和低支持策略方法。原因在于：首先，高支持策略和低支持策略是一个相对概念，在具体的情境中，对于不同的学习者而言，同一支架方法给予他们的支持是不同的。其次，Pentimonti的低支持策略中的“拓展”“推理”和“预测”，与van de Pol框架中的“提示”和“提问”有重叠，是二者完成的功能，不能强行兼容在同一框架中。

4. 因本研究主要聚焦于教师的言语支架策略，所以将所有非言语方法归为一类，增加方法维度。

5. 从研究的严谨性考虑，在方法维度增加“其他”，在实际课堂语料观测中，如出现无法归于已有框架的方法，将放入“其他”类，留待进一步考察判定。具体分析框架如图2-2所示。

本EFL课堂教师支架策略分析框架共包括两个维度，第一个维度为三类五种支架意图，第二个维度为九种支架方法。意图维度分为辅助学习者元认知活动、辅助学习者认知活动和辅助学习者情感状态三大类支架意图。其中，辅助学习者元认知活动类包括保持目标(A)一种意图；辅助学习者认知活动类包括构成认知(B)和简化任务(C)两种意图；而辅助学习者情感状态类包括引起兴趣(D)和控制挫败(E)两种意图。具体的支架方法则包括(1)反馈、(2)提示、(3)提问、

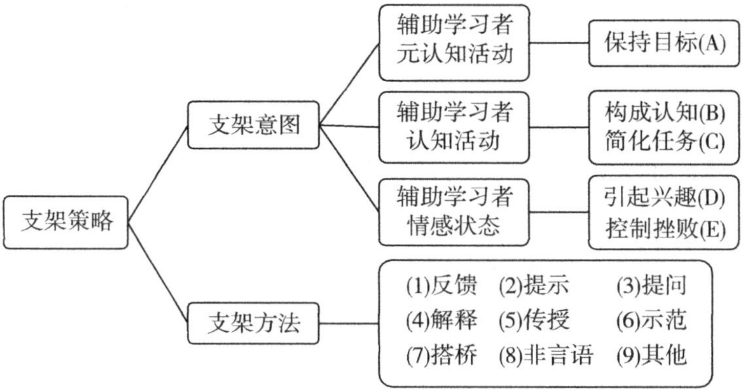

图 2-2　本研究所采用的 EFL 课堂互动中教师支架策略分析框架

(4)解释、(5)传授、(6)示范、(7)搭桥、(8)非言语及(9)其他，共九种。

2.3.6　教师支架策略相关研究

国外二十多年的课堂支架策略研究，大致经历了两个阶段。

第一阶段，从20世纪90年代到2010年。

从研究内容来看，研究主要是基于扎根理论的实证描述性研究。研究者们基于对真实课堂的观察，得出了普通教师或高效率教师课堂互动策略的列表。如Mertzman(2008)观测了四位小学教师辅助5~8岁学生进行读写学习，总结了以下支架策略：示范、批评、表扬、重复、解释答案、针对性提问、聚焦意义、聚焦词汇辨认及拼读。学者们同时观测了支架策略使用的对象及实施方法(如Maloch, 2002; Many, 2002; Wu & Krajcik, 2006等)。如Many(2002)描述了教授三、四、五年级读写的两位教师在支架教学过程中对学习者提供支架的具体内容及如何应用支架策略，包括示范、提供信息、阐明、协助、提问及提示。部分研究被归入更宽泛的交互式教学研究中(Hacker & Tenent, 2002)。

从研究结果来看，各支架策略方法在课堂使用的频率并不相同。van de Pol等列出了所有支架策略研究涉及的支架方法，列表统计结果显示示范和提问是使用最多的支架方法，传授和解释居中，使用频率最低的是反馈及提示。其他学者的相关研究也得出了大致相同的结果，发现示范是课堂教学中教师使用较多的一种支架方法(Silliman et al.，2000；Yelland & Masters，2007)。

另一重要研究结果为同一支架方法可完成不同支架意图。如 Brophy(1999)发现示范可用于辅助多种学习活动。在示范不同内容时，所完成的支架意图不同，示范可以同时辅助学习者元认知、认知活动和情感状态。如示范知识要点可以辅助学习者的元认知活动，又可同时帮助学习者搭建头脑中的认知结构和简化认知任务。

从研究方法来看，大部分的课堂支架策略研究为自下而上，研究者通过对大量课堂互动过程的观察反思，探索、描述、审视、分析及辨别各支架策略(如 Lee，2001；Meskill，2005)。在为数不多的自上而下使用预先设定的策略编码分析课堂支架的研究中，较为有代表性的是 Meryer 和 Turner(2002)对于九所小学数学教师课堂支架策略的研究。他们区分了支架及非支架教学，支架教学中又区分了支持性及非支持性支架。

第二阶段，从 2011 年至今，十年来教师支架策略研究主要集中在两个方面。

第一个方面是教师支架策略的有效性研究。Alrawili 等(2020)采用实验组和对照组前后测对比的方法，发现支架策略对九年级学习者科学课高级思维技能的培养具有显著效果。Abdelshaheed(2019)同样采用实验组和对照组前后测的方法，发现支架策略能有效提升大学英语专业女学生的口语表达能力。而 Pérez 和 Aleixandre(2018)则采用了 van de Pol 等(2010)支架策略框架对九年级物理化学课两位教师支架干预话语进行编码，发现教师间支架策略使用的差异影响学生学习任务的开展。

第二个方面是融合了教师支架策略的多媒体辅助学习者语言学习研究。Jung 和 Suzuki(2015)采用行动研究证明了三种支架策略在网络合作学习项目中辅助学习者日语学习的有效性：示范、分组和同伴互评。Wolf 等(2016)实证调查了在测评美国 K-12(幼儿园至高中)英语学习者口语表达能力时，融合支架策略的电脑测试任务设计及评估模型的有效性。Chew 等(2018)开发了使用支架策略的手机 App 应用程序来辅助大学生英语习语的习得，通过实验组和对照组比对，证明了其有效性。

可见国外对于课堂教师支架策略的研究经历了最初的概念界定，理念引入，到教学效果评估，及最新的结合新媒介辅助学习者学习研究，研究内容不断向纵深推进。研究对象涉及语言课堂和各学科课堂，涉及学前至大学的学习者。研究方法从描述性的质性研究到结合对比实验的实证研究，多视角、多层面开展了理论探索和应用研究。

国内支架策略研究起步较晚，近十年才出现“支架教学策略”研究。如冯晓英等(2008)调查了远程校际协作学习中的支架教学，将支架策略定位为一种宏观教学活动设计和大纲安排。周钦(2014)探索了大学计算机课程中的支架教学策略，二者均将策略理解为支架理念在具体教学实践中的应用。王百鸿(2018)基于学前英语阅读理解的教学实践，将支架策略等同于一种教学模式，认为其包括支架搭建、情境设置、自主探索、合作学习、学习评价等教学环节。阚维(2012)对小学英语课堂资深教师的课堂互动进行了个案研究，将支架策略作为一种中间理论，将支架与情境、视角、想象联系起来。

概括而言，国内对于支架策略的研究虽然在从小学到大学的各学科课堂展开，但学者们的概念界定并不统一，研究者多将其定义为一种教学理念、教学大纲或教学活动模式，不涉及微观层面具体支架方法和技巧；同时多为理念引入和教学设计的理论探索性研究，缺少基于课堂过程细致观察的实证研究。

2.4 本章小结

本章文献部分重点回顾了 EFL 课堂互动、EFL 教师话语及教师支架策略相关研究，发现了现有研究存在以下不足之处。

通过对 EFL 课堂互动概念、理论基础和相关研究的回顾，可以看到，受认知互动论和社会文化理论的支持，二语/外语课堂的互动教学，国外在 20 世纪 70 年代末得到重视，80 年代被普遍认可，国内在 20 世纪末 21 世纪初开始进行相关研究和实践。在不影响意义交流基础上进行重形式的互动教学，成为继传统的以教师为中心的语法讲授和重意义的交际法教学后，主流的二语/外语教学方法。相比较之下，国内现有的课堂互动研究，在研究范围、研究内容和研究方法上与国外还有较大差距。理论的引进和介绍以及反思式的经验总结占据较大部分，有严格设计的实证研究偏少，基于课堂过程的微观研究严重不足，还不能解开互动的“黑匣子”，将微观师生互动的特征及各影响因素的作用明晰地呈现出来，从而对教学活动进行有针对性的指导。本土化、微观层面的课堂互动实证研究，成为现阶段 EFL 课堂互动研究的当务之急。

而对于 EFL 课堂教师话语研究，特别是本土研究，虽然学者们已经结合语用学、话语分析、跨文化交际、语料库语言学等相关学科对其进行研究，但还处在学科交叉的边缘进行探索，未开展更加深入、系统的研究。对于相关理论的讨论还处于对国外同类研究的重复验证，鲜有提出质疑的创新研究。另外，研究方法的信度和效度有待提高。定性和定量相结合的实证方法已日趋成为国内教师话语研究的主流方法，但在数据采集和处理方法上过于简单，如问卷设计、样本数量或被试选择等方面存在一定局限性，限制了研究结论的适用性和推广度。

从现有课堂教师支架策略研究来看，有以下三个方面不足。

首先，学者们对于教师支架策略的考察多采用单一维度标准，学者们或采用具体的支架方法技巧，或通过支架功能意图维度来分析讨论教师支架话语。但真实的外语课堂师生互动复杂多变，同一支架方法可实现不同支架意图，支架策略的组合实施具有多维性。研究者们仅通过细致观察课堂过程来确定、区分、辨识教师支架活动并从多角度对其进行分类。通过这些有效的描述和分类，可以为下一阶段开展自上而下的研究奠定基础(van de Pol et al.，2010)。

其次，对于教师支架策略的研究多集中于宏观课程设计和中观支架方法的运用，少有从微观层面细致观测教师支架话语的研究。结合本土的英语教学实践，专门应用于英语教学课堂的教师支架策略话语研究，特别是实证型微观层面的研究不足。能够扎根于优秀的英语课堂，从真实互动话语中客观分析教师话语，对有效支架策略话语的构建过程进行科学分析的研究凤毛麟角。

最后，对于教师支架策略的分类及应用，多停留在静态描述和总结，缺少师生互动过程的动态考察。现有研究还是以小范围、质性、静态描述性研究为主，缺少将零散的各类支架意图和方法在具体互动过程中呈现的动态规律作进一步的挖掘和揭示。

基于英语课堂互动、教师话语，特别是支架话语策略研究的不足，本研究拟通过预设编码框架的量化分析，以及结合会话分析研究范式的质性分析共同展开本土英语课堂支架策略研究，将全貌与细节相结合，将静态特征与动态过程研究相结合，将课堂互动中教师支架话语研究向纵深推进一步。

具体研究问题如下：

1. 中国大学英语听说课堂师生互动中，教师支架策略的使用有何特征？

其中包括：(1) 支架意图(保持目标、构成认知、简化任务、引起兴趣、控制挫败)及意图组合的使用频数及分布如何？

(2) 支架方法(反馈、提示、提问、解释、传授、示范、搭桥、非言语及其他)的使用频数及分布如何？

(3) 支架意图和支架方法的使用是否相关？有何相关关系？

2. 中国大学英语听说课堂师生互动中，教师支架策略实现的话语有何特征？

其中包括：(1) 实现支架策略的话轮构建有何话语特征？

(2) 实现支架策略的序列结构有何规律，是否存在优先结构？

通过对以上两大研究问题及其各自包含的分支问题的探索及讨论，以期较为客观、全面地反映当前本土大学英语课堂互动教学中，教师支架策略实施的现状及规律，将研究结果反哺一线英语课堂教学及相关职前教师培训。

3 理论基础

通过上文对支架策略相关研究的回顾，支架策略包括支架意图和支架方法多种组合方式。研究者需要在意图和方法的综合分析框架下，同时判断教师支架话语的方法"是什么"，同时该方法用来"干什么"，而对于互动话语行为背后意图的分析就涉及社会语言学中常用的会话分析。同时，课堂教师支架话语的复杂性和动态本质，导致其难于测量(Granott，2005；Renninger & Granott，2005)。教师实施支架策略的过程包含的是某一时间段内动态的师生互动活动，应对其进行动态评估。在相关研究中，支架被视为课堂动态评估干预阶段的有效教学手段(Grigorenko，2009)。Valsiner(2005)也指出对支架使用评分量表进行测量并不合适，量表测量的是静止状态，而支架活动是一个动态过程。会话分析考察互动片段中各话轮、毗邻语段的动态序列连接模式和规律，能够很好地契合本研究的目的。本章对本研究的理论基础会话分析研究范式作回顾，包括对会话分析发端产生直接影响的符号互动主义理论和民俗学方法论，以及会话分析特有的语料观、研究设计和机构性谈话研究。

3.1 会话分析研究发端及发展

会话分析理论在发端和发展过程中，受到符号互动主义理论和民俗学方法论的深刻影响。作为现代微观社会学中较有影响力的理论，符号互动主义和民俗学方法论均强调对真实客观社会互动的细致研究，发现其中浮现的社会规则，而不主张从外部研究具有规定性的社会规则如何发挥作用。会话分析研究范式正是受到二者的影响，从看似普通平常的人际言谈应对入手，研究互动背后潜藏的社会规则。

3.1.1 符号互动主义理论

符号互动(主义)理论(Symbolic Interactionism)是一种主张从互动个体日常自然环境去研究人类群体生活的社会学和社会心理学派别，又被称为象征相互作用论或符号互动主义(Blumer，1937)。该理论早期的代表人物有 Charles H. Cooley 和 George H. Mead，集大成者是美国社会学家 Herbert Blumer。Blumer 在其 1937 年发表的论著《人与社会》中，将一系列微观社会学与符号互动论作出联结，通过互动来观察社会，对此学派的理论和方法作出了系统的概括和解释。

符号互动论基于三个基本假设。第一，人对事物所采取的行动是以这些事物对人的意义为基础的；第二，这些事物的意义不存在于它本身，而是源于个体与其同伴之间的互动；第三，当个体在应对他遇到的事物时，通过自身的理解去修改和运用这些意义。

符号互动论的内容总体有四个要点。第一，人类最本质的特征是运用符号。Blumer(1937)认为任何用于表达抽象概念或思想的具体事物都可以被称为符号，包括语言和非语言。能够使用符号来进行交流是区别人类与动物的最本质特征。在人类心灵、自我和社会身份的构建过程中，语言符号发挥着主要形成机制。个人通过语言来认识自我、他人和社会。人际之间的符号互动亦主要通过自然语言进行。第二，整个人类社会是一个动态的网络，人与人互动的情境总是处于不断变动、生成和协商之中。社会秩序并不是作为脚本规定的，秩序有赖于互动双方对自身行动的控制。第三，社会世界是独立的世界，不存在独立的个人。符号互动论分析的基本单位是“自我”，但该自我不是封闭的自我，恰恰是个人在与外界发生互动带入他人角色中产生。第四，符号互动论者的目的是通过使用符号进行互动的过程，来发现社会生活潜藏的模式和规律。研究者通过微观的互动来发掘宏观的社会模式，如何得来，如何维持。

在方法论上，以 Blumer 为首的符号互动学家批评了当时在社会科学和心理科学中占统治地位的主流方法论，反对将方法论直接等同于统计技术。Blumer(1969)认为“通过理论公式化和精确化，通过设计完美的模型，通过竭力追求仿效自然科学程序，通过最新数学和统计方法，通过引入新概念，或发展更精确的计量技术，都无法完成任务”。符号互动学主张社会现象的直接研究，认为人类内部行为的知识只能通过观察和参与才能获得，必须开展深入实地的科学研究。

美国符号互动学家 Erving Goffman 是符号互动论在当代的主要代表学者之一，其思想对会话分析研究范式产生了直接影响。Goffman 将人际互动根据场合分为两种类型：一种是社会机构性的经常性、持续性互动，人们在互动过程中按一定的常规程序来扮演自己多种多样的社会角色；另一种是日常的临时性互动，人与人之间持续性地相互注意。不论是机构性还是日常临时性互动，人们在互动过程中都试图通过印象管理控制给他人留下的印象(Goffman，1959)。Goffman 强调语境的作用，关注个体的心理，并从日常仪式和面子的功能出发来解释日常交际。根据戈夫曼的划分，课堂师生互动即属于社会机构性的互动，师生在课堂中扮演各自不同的角色。

3.1.2 民俗学方法论

对会话分析研究范式产生深刻影响的另一理论流派是美国社会学先锋 Harold Garfinkel 于 1954 年创始的民俗学方法论(ethnomethodology)。“ethno”指某个社会群体中的普通成员，“method”指方法，“-ology”则指一种研究或逻辑。三者合在一起就是普通人用于解决日常生活中问题的方法规则，该规则使得社会生活合情合理。因而民俗学方法论也被称为常人方法学。民俗学方法论发展于 20 世纪 60 年代，属于微观社会学的分支，是对一定社区社会成员在社会互动中所遵循规则的社会学研究。研究的重点在于对日常活动的常识推理。社会秩序问题被重新构想为一种实际的社会行为问题，该社会行为是社会成员按照一定方法行事的结果，可以用于科学的分析。

民俗学方法论借鉴了美国社会学家 Mead 的角色理论、德国哲学家 Husserl 的现象学、符号互动论，并吸收了英国日常语言哲学的思想观点。其基本假设是：社会不是抽象的，而是具体的，只有在社会成员觉察到社会时它才存在。日常生活中，人们依据一定的社会规则和程序来组织社会生活。这套规则和程序就被称为民俗学方法。

民俗学方法论建立的基础是：人类的互动在一致的共识下发生，如果没有一致的共识，互动将不可能发生。共识由人们所执行的行为规范组成，这些行为规范将社会维系在一起。民俗方法学家认为，不能简单地问一个社会成员他/她使用的规范是什么，因为大多数人不能清晰地对其进行表达或描述。人们通常不会完全意识到他们使用的规范是什么。但人们在社会中表现出相同的行为规范和期望，民俗学方法论认为可以通过打破这些规范，观察人们对打破正常社会行为的反应，对社会进行研究。也就是说，民俗学方法论研究的是日常生活中，社会成员有能动性的实践活动，而不是直接研究具有结构性的规则本身。

民俗学方法论的基本观点有三：

首先，人们的社会互动具有权宜性。在人类社会互动的过程中，其行动依据不是事先规定的规则，而是局部的场景、条件。人们根据具体的场景、条件，通过自身的努力来完成互动。规则是用于理解人们行动的参照。场景是行动的一部分，人们的行动也会带来场景的变化，成为人们行动的成果。

其次，人们的社会互动具有索引性。索引性是指人们交往的方法，人们使用过去共同完成，未经声明且共享的知识或假设来进行互动活动(Garfinkel, 1967)。互动双方拥有共同的“言外之意”，这些言外之意并不需要在每次互动中都明白地表示出来。Garfinkel 发现在日常谈话中，人们之间互相理解不仅基于谈话者说出来的话语，同时依赖于谈话中未提到的因素。这些因素基于谈话发展过程、前景预期、时间、地点等。理解谈话者互动的意义必须诉诸谈话的索引。

最后，人们的社会互动具有反身性(reflexivity)。反身性强调在日常交流中，人们的行动、对行动的说明和行动发生的场景互为条件，构成复杂的整体。这个复杂整体即人类的实践系统。因各个因素互为条件，人的行动与其所处的环境之间处于不断建构过程中。要理解人的行动，不能够脱离他/她所处的场景环境。民俗学方法论对社会互动反身性的研究为 20 世纪末 Giddens 等社会学家关于行动反思性监控的研究奠定了基础。Giddens(1998)认为人们对于行动的反思监控发生于实践层面，人们的行动基于理论化的理解，但人们并非全知全能，当理解产生偏差时会造成意外后果，成为人们下一次实践的前提。所以人类的社会互动是对行动不断进行反思、能动的复杂系统。

可以看到，民俗学方法论不同于传统的社会学主流思想，它批判社会现实既存论，认为传统的社会学是将自己的意愿强加于社会现实而不是从社会现实中浮现。与符号互动主义理论观点一致，民俗学方法论认为统计技术歪曲了社会现实的真实本质。民俗学方法论对于社会成员互动的观察具有反思性和描述性的特征，强调对社会个人之间的微观互动过程进行细致观测、描述，同时强调对行为者主观意图的理解、反思。

20世纪70年代以来，民俗学方法论作为一种新的微观社会学学派逐渐被学者们接受。

3.1.3 会话分析语料观

受到美国符号互动学和民俗学方法论的影响，会话分析[Conversation(al) Analysis，简称CA]学派由美国社会学家Harvey Sacks和Emanuel Schegloff于20世纪60年代开创(于国栋，2008)。Sacks和Schegloff在研究中同时吸收了语言学、人类学及精神病学等其他社会科学的相关知识，发展并提出了会话分析的研究方法(ten Have，1995)。

Schegloff和Sacks(1973)最早将会话分析定义为一种精致地、经验性地、形式化地描述社会行为之细节的观察性学科。ten Have(1999)认为会话分析是找出交谈中谈话规律的研究。新千年之前会话分析学者们将其作为一门学科或研究范式来看待。最新的会话分析研究则将其作为语言研究的一种工具和方法，如Margutti等(2018)认为会话分析是"一种研究社会交际的定性的、经验的、归纳式的研究方法。其主要目的是识别、描写、解释交际者用来完成社会行为的有序且重复出现的方式方法或会话常规"。我国学者吴亚欣和于国栋(2017)也将会话分析界定为社会学研究方法。

促进会话分析形成的技术因素是20世纪60年代录音设备的出现。录音使得研究者保存人际交往全部细节成为可能，同时，录音技术还可以在一定程度上帮助研究者避免主观和片面的判断。研究者对于日常琐碎真实谈话序列的关注和在硬件设备上录音技术的支持，二者共同促成了会话分析研究范式的出现和形成。

会话分析有其自身独特的语料观。首先，它关注语言现象及语言现象发生的过程，而不像之前研究者们只专注于规定性的、严格的语法规则。其次，它研究的是鲜活的、自然发生的人际互动，在真实的互动中所体现出来的话语组织结构和序列。即会话分析关心的不是话语背后的语法，而是关心互动说话者是如何组织语言的，有何规律。会话分析想要发现的是固有的、内在的、交际者语言使用中体现的社会事实和秩序，而不是应用已有的、传统的概念，从外部规定社会秩序。如 Ochs(1999)所言，会话分析是运用语料进行的一种描述性而非规定性的研究。

会话分析所有研究均围绕语料进行，它对于收集什么样的语料有着严格规定。Sacks(1995)从最初就拒绝使用任何假想的、臆断的、人为加工过的语料，认为它们虽然有意义，但掩盖了会话者辨识意义的能力和过程。所以会话分析者仅采用自然发生的互动交谈作为研究的语料，不利用如访谈、实地观察、试验或理想化编造的例子等其他数据类型。这些数据被看成“基于偏见或预想的观念，什么是可能的或重要的，是研究者操控、选择或重新构建的”(Heritage & Atkinson, 1984)。录制的数据，相反，在实证的细节上有着无限的丰富性，这是任何人靠想象制造不出来的(Sacks, 1995)。

会话分析的发展历史大致经历了三个阶段，这三个阶段代表了会话分析发展中的几种主要研究取向(何兆熊，2000；刘运同，2002，2007)。

第一阶段从 20 世纪 60 年代到 1973 年，以 Sacks 和 Schegloff 早期作品为代表。该阶段重要代表作之一是 Sacks(1989)名为《会话序列规则》(*Rules of Conversational Sequence*)的授课讲义，该讲义奠定了会话分析的基本分析策略，即通过分析说话人说了什么、没说什么、什么时候说的、以何种方式说的来分析说话人在“做”什么，从而找到相关问题的解决办法。另一重要代表作为 Schegloff(1968)的《会话起步序列》(*Sequencing in Conversational Openings*)一文。Schegloff 在该文中研究了 500 个打给“灾难中心”的电话录音，发现电话交谈开端的起始序列原则为“呼叫—应答”，且接电话的一方总是先说话的一方。根据这 500 个电话录音他总结出了“呼叫—应答”序列的四个特性：非终止性、非重复性、功能性和最近毗邻性。这一阶段奠定了使用日常谈话来分析人们社会生活实践理性和认知准则的基础。

第二阶段从 1974 年到 20 世纪 90 年代，是标准的会话分析阶段，主要集中研究会话自主性的规则和结构，有很强的技术性和形式化特点。以 Sacks、Schegloff 和 Jefferson 于 1974 年在语言学权威期刊 *Language* 上发表的《会话中一个最简单的话轮转换规则系统》(*A Simplest Systematics for the Organization of Turn-Taking for Conversation*)一文为代表。该文是会话分析的经典基础研究文献之一，提出了话轮转换的基本内容和理论框架，展示了会话分析的方法论特征。话轮转换独立于语境但同时具有语境敏感性。

第三个阶段从 20 世纪 90 年代至今，会话分析逐步扩大到以公共机构谈话为主要内容的动态研究阶段。这一阶段的特点是除了私人场合的互动交谈，如医院、法庭、课堂等公共机构场合的会谈也成为会话分析研究的热点。不同于日常闲聊，机构性会话具有鲜明特点，需要交际双方利用自身的社会身份展开会话。

对于会话分析研究的关注在国内外均持续增长。王娜(2018)以 Conversation Analysis 作为主题词在 WOS 数据库进行检索统计，发现 SSCI 期刊所刊载的会话分析相关文章数从 20 世纪 70 年代的个位数，迅猛增长至 2017 年的 1224 篇，其中 2015—2017 年连续三年每年发表量都超过千篇；而 CSSCI 期刊上刊载的会话分析相关文章从 20 世纪 80 年代开始至 2017 年已累计达到 780 篇。会话分析已成为涉及符号学、人类学、社会学、语言学、人类语言学、社会语言学、语用学、心理学、人工智能、认知心理学等多个人文科学和社会科学领域，学者们普遍认可的一种研究范式。

3.2 会话分析研究设计

会话分析的研究设计在一定程度上类似 Pike(1967)提出的微观描述法(Emic Description)。而在具体的实施步骤上，ten Have(1999)的《会话分析实践》(*Doing Conversation Analysis*)是迄今为止最为详尽的一本介绍如何使用会话分析方法的研究者行动指南。ten Have 概括了会话分析的四大步骤：1. 获得或录制自然交谈的录音或录像；2. 对录音或录像进行全部或部分转写；3. 对所选会话互动片段进行分析；4. 报告分析结果。ten Have 认为这几步并不完全分开，可以“螺旋式”进行，在进行任何一步时，应该至少预测下一步如何做，可为后面的阶段做一些探索性的工作。

3.2.1 语料收集和转写

首先，对于语料采样的范围来说，对于各种社会研究，研究设计的一个主要方面就是从一个人群的可能例子中，选取一个有用的样本来进行研究。研究者囿于时间和资源，无法穷尽他们想要研究的对象，所以只能选取有代表性的个案来进行研究(Ragin, 2008)。就像会话分析研究的数据库显示的那样，如果人们用来组织他们会话互动是“有秩序”的，且这一点基于极度普遍性的一套正式程序，那么研究者不管搜集什么特殊样本都可以。正如某种特定文化中的成员，他只是接触到文化中有限的、随机的一些选择项，但这足以使他发展必需的能力来与其他社会成员在各种各样的场景中按有秩序的方式进行互动(Wootton, 1997, 2005)。这就暗示着在选择数据方面，会话分析认为任何样本都是好的，是值得进行精细、详尽的研究的。正如Sacks所说，通过观察单一的、特殊的事件，我们可以得出相当概括性的结论。

其次，会话分析在数据的收集技术上，主流是录音，但也有一些研究者擅长使用录像，如Goodwin(1996, 2000)、Heath(1986)以及Heath等(2000)。绝大部分的做法是先分析通过录音收集、转写的材料，再辅以录像，收集需要特别分析的部分。在录音录像采集中，研究者需要获得当事人许可。

再次，会话分析在获得自然人际互动的录音后，需要将语料逐字逐句记录下来，变成文字。该过程被称为转写。转写的独特贡献归功于Sacks的学生也是转写员Gail Jefferson。她被称为Sacks的“数据恢复技术员”(Jefferson, 1972)，之后也成为了重要的会话分析研究学者。她创立了一套转写的符号系统，满足了会话分析普遍序列分析的要求，成为目前国际上通用的转写体系。另外Edwards和Lampert(1993)也合编了一本手册，介绍了多种精心设计的转写和编码体系。非言语行为目前没有统一的转写规则。Jefferson的转写系统涉及需要转写的内容主要包括：1. 原始录音的日期、时间和地点；2. 所有会话参与人的身份；3. 会话的话语内容；4. 会话的动态特征，如话轮转换、重叠、停顿及其他声音。一个转写的片段如例3-1所示：

【例3-1】①

[Hyla & Nancy]

01 ((ring))

① 例3-1来源于：Schegloff, E. A. Reflections on studying prosody in talk-in-interaction[J]. *Language and Speech*, 1998, 41(3): 235-263.

02 Nan：H'llo：?

03 Hyl：Hi：,

04 Nan：HI：：.

05 Hyl：How are you=

06 Nan：=Fi：ne how'r you,

07 Hyl：Oka：[y,

08 Nan：   [Goo：d,

上例转写的是Hyla和Nancy二人电话起始的片段。共八行，即八个话轮。首先是电话铃声响起，接电话的一方Nancy首先说出"Hello"，随后Hyla应答并问候"Hi"，Nancy回应问候"Hi"。随后Hyla继续问候"How are you"，Nancy回复并回问"Fine，how are you"，Hyla回答"Okay"，在Hyla话音未落的时候，Nancy评论道"Good"。在转写时，转写员使用各种转写标记符号来反映会话的语言特征，让读到转写材料的人可以在头脑中尽可能地还原会话进行时的真实情况，从而根据语言事实进行分析。如01行的"((　　))"表示转写者能听到的会话参与人之外的其他声响，后面几个话轮中的"："表示说话人声音的延长，"="表示两个连续话轮之间没有时间间隔，"[" 表示前后两个话轮的说话人说话重叠的部分。转写极其耗时费力，研究者在转写的时候，转写什么、不转写什么、转写到何种细致程度，由研究的内容和目的来决定。同一会话语料，在不同的研究中，可以做不同程度的标记。Maynard(2003)对于大型项目的实际建议是，如果研究者收集了某类场合的一大批非常冗长的录音录像时，将整个语料库详细地转写下来是非常没有效率的。研究者可能对"提建议""给出诊断意见"，或是"体检"(比如说医患互动中)很感兴趣，那么就只在这些互动方面作出详细的转写，而对其他部分只作常规转写。

3.2.2　话轮构建及转换

转写之后的语料分析是会话分析的核心任务，通过分析来发现社会成员所共同拥有的、规律性的互动交际模式。这一模式并不是用静态和规定性思维去限定语料，而是用开放、审视的视角去发现语料本身所蕴含的规则。面对海量的语料，分析者通常从单个例子入手，尤其是反复出现和异常的个案，初步判定其中的话语规律，然后进一步扩大范围以进一步发掘及验证规律的普适性。Drew 等(2014)认为会话分析的三大核心是社会行为、话轮设计及序列组织。其中话轮转换、序列结构是学者们关注较多的话题。

Levinson(1983)认为“话轮是某一讲话人在一个典型的、有序的、有多人参加的会话中单独讲话的时间段”。社会生活日常互动中，人们按照次序轮流发言，互动参与者的话轮按照一定次序交替进行。

首先，话轮转换规则的基础是话轮构建单位(turn construction units，TCU)。一个 TCU 可以由一个词汇、短语或句子构成。TCU 具有两个特点：一是可推断性，二是转换相关处。

对于可推断性来说，互动交际人可以从对方的互动表达来判断该说话人是否已经完成话轮。判断的标准主要有以下三个：1. 语法标准，即说话人的话轮在语法上来说是否完整；2. 语调标准，说话人完成一段表达时，是否完整地使用了某个语调；3. 语用标准，说话人的话轮是否实际中完成了一个话语行为，完成了一个交际功能。根据这三个标准，听话人可以推断说话人的 TCU 构建是否完成。

而对于转换相关处来说，当说话人发出一个话轮时，听话人可以从他/她的话语中预测到什么时候会发生讲话交替，发生讲话交替的地方就叫作话轮转换相关点(transition relevance place，TRP)。TRP 通常发生在一个话轮结束的地方，代表着一种话轮转换的可能性。根据该话轮结束的不同情况，存在不同的下一话轮分配。话轮的转换由语法和语用来共同决定，通过分析话轮转换可以发现并推测说话人之间的社会关系。

其次，话轮转换按照一定的机制进行。Sacks 等(1974)共提出十四条规则，用于完成话轮转换机制。这十四条规则分别为：1. 说话人转换重复发生；2. 绝大多数情况下，某一时刻只有一个说话人；3. 在某一时刻出现一个以上说话人的情况虽然也很普遍，但持续短暂；4. 话轮转换时，一般不出现或短暂出现断档和重叠；5. 话轮转换的顺序不是固定不变的，随情境不断变化；6. 话轮的长度也不是一成不变，而是不断变化的；7. 整个说话人参与的会话长度不是事先规定的；8. 说话人的讲话内容也不是事先规定的；9. 话轮转换处的话轮分配也不是事先规定的；10. 参与会话的说话人数量是可变的；11. 会话可以持续，也可以不持续进行；12. 话轮分配时可由当前说话人指派下一话轮说话人，或由说话人自我选择；13. 一个话轮可以使用单词、短语、句子多种成分进行构建；14. 话轮转换过程中出现的误差可以使用修正解决。

采用合宜的话轮构建成分，依据话轮转换机制，在纷繁芜杂的社会生活交往中，人与人之间能顺利地进行交际互动。

3.2.3 会话序列结构

会话分析研究者认为人类社会交际的方方面面均遵循某种有组织的模式，这些模式具有稳定的、重复出现的结构。而且这些模式独立于交际者的心理，交际者在社会交往中，有意无意使用这些组织模式。这些模式一方面对交际者的行为(包括口头言语行为)作出规约，另一方面帮助交际者理解和阐释其他交际者行为。会话分析使用的一套方法，即序列分析法，正是旨在描写“各种自然发生的交互性语言现象中的结构特征，并把它们作为社会行为加以分析”(Psathas, 1995)。

序列结构指“一件事能导致另一件”的一般经验(Sacks, 1995)。互动中的任何言语都被认为是产生于一个特殊的位置——会话行进中它发生的位置，该位置恰恰发生于它前面的言语之后，而同时为接下来的言语创造语境。

毗邻语对(Adjacency Pair)概念是用于分析序列结构的主要工具。毗邻语对中出现在前面的话语叫作毗邻对前件(First Pair Part)，出现在后面的叫毗邻对后件(Second Pair Part)。毗邻语对相邻，组成一个最简单的序列，前件和后件由不同的讲话人贡献。前后件的出现依次进行，前件的类型决定了后件的类型。但前件的出现并不保证后件一定出现，后件的完成取决于说话人对上一话轮的分析和理解，达到与上一话轮说话人的互解(intersubjectivity)。互解是交际双方会话得以顺利进行的基础(Heritage, 1984)。

但一个完整的序列通常不只包含一个毗邻语对，可以是扩展序列(sequence expansion)。这种扩展并不是话轮本身的延长，而是在毗邻对的前、中、后插入独立的话轮，被扩展的毗邻语对叫作根毗邻对(Base Pair)。根据相对核心序列的位置，Schegloff(1968)区分了三种扩展：

	← 前扩展
A 毗邻语对前件	
	← 中扩展
B 毗邻语对后件	
	← 后扩展

出现在毗邻语对前件前面的扩展序列叫前扩展，前扩展本身也是由一系列语对组成，也是一种序列。前扩展往往用于核心序列的铺垫，比如在真正执行邀请序列之前，交际人对情境作出铺垫。在毗邻语对前件和后件之间加入的扩展为中扩展。而在毗邻语对后件之后再添加的序列称为后扩展，作为补充，用于结束核心序列。

序列结构包括相似序列的重复，体现了社会生活人际互动的规则。如在审讯或采访中的“提问—回答”序列，提问人总是有优先权继续提问。而这一优先序列被称为优先结构(Preference Organization)。优先结构显示了直接的、不被拖延执行的行为，而非优先结构则是被谈话人修饰、解释、拖延执行的话语行为。“优先”体现了会话中社会机构的要求和限制，与交际者个人的愿望、心理倾向等无关(Heritage, 1984)。优先结构是客观交际常识、规则，个人愿望和心理倾向可与其重合也可能不重合。从社会交往效果来看，优先结构有助于建立和维持会话者之间的友好和谐，并有助于社会团结(Heritage, 1984)。

在说话人无法完成优先结构时，采用非优先结构，但为了维持社会交往的和谐，说话人通常采取一些策略来执行非优先结构。说话人话轮间沉默、拖延，在拒绝前的形式化同意，在拒绝邀请之前的感激，发表不同意见前的解释，等等，都可以起到打破优先结构，维持良好社会关系的作用。

3.3 机构性谈话

日常会话分析和机构性会话分析是会话分析的两大研究传统。20世纪70年代后期开始，会话分析的研究领域逐步扩大到公共机构。大量的日常会话分析研究成果亦适用于机构性会话分析。

3.3.1 机构性谈话概念及研究内容

机构性谈话界定的关键点不在于会话者互动发生的地点，而是会话者谈话的本质属性。Drew 和 Heritage(1992)认为，对于某个会话行为来说，不论它发生的场合如何，只要该会话行为的内容涉及会话参与者的机构身份，那么这个会话行为就是机构性谈话。比如，在课堂上，师生之间就教学内容进行的互动属于机构性谈话，而师生之间就私人话题展开的闲谈并不属于机构性谈话，仅仅是日常会话。

机构性谈话的会话分析也被称为会话分析的应用型研究(ten Have，1999)。而机构性的会话分析服务于特定的机构目标，其成果为机构运转的改善提供有效指导，具有积极的现实意义(Drew & Heritage，1992)。目前较为广泛的机构性谈话应用场合有医患交际(Byrne & Long，1976)、法庭辩论(Atkinson & Drew，1979)、新闻访谈(Clayman & Whalen，1988；Heritage & Greatbatch，1991)、课堂教学(Mchoul，1978)、咨询(Perakyla，2008)和问卷调查(Mazeland & ten Have，1996)等。

与日常会话相比，机构性谈话具有以下四个特征：

首先，机构性谈话以任务为驱动。不同于日常会话，会话参与者并不需要达成一明确目标，完成一具体任务；在交谈过程中，会话参与者可以任意改变谈话话题，也可以没有特定话题。但机构性谈话的展开就是为了交际双方达成某个目标，完成某项任务，目标的达成和任务的完成依赖于交际双方的言谈应对，任务驱动是决定机构性谈话的前提。

其次，交际双方或一方代表某社会机构。如教师和学生之间的谈话，谈话内容如果涉及学习者学习情况、学习内容，教师利用了他/她的社会身份展开谈话，那么双方之间的交流就属于机构性谈话。即，在该交流情境中，教师不代表私人，而是代表教育机构，与学生进行交流。该身份决定了教师在谈话中可以说什么，不能说什么的内容，以及说的方式。

再次，机构性谈话展开的方式多种多样。既可采用传统的面对面方式进行，也可利用现代化交流工具，如电话、网络进行，当今还可采用新媒介，如社交媒体软件等即时交流工具来进行。进行的方式、媒介，不改变机构性谈话的性质。

最后，机构性谈话的本质而不是场地决定了它的属性。机构性谈话的属性不以它发生的地点为转移，在机构场地之外发生的会话也可能是机构性谈话。

机构性谈话的会话人顺应以上四个特征，采用一定的交流方式，针对具体的交际任务，扮演在机构中的社会角色，完成他们的言谈应对。

对机构性谈话进行分析，通常涉及的内容为四个方面：谈话的词汇选择、话轮设计、序列结构模式及社会认知和社会关系。

第一，对于词汇的选择受制于谈话人所属的社会机构。谈话人需要在专业术语的选择、人称指代词的选择以及措辞语体的正式程度的选择等方面进行考量。比如医生在与患者进行的机构性谈话中，需要用到大量的专业术语构建话轮。

第二，话轮设计包括两方面的内容：一是特定话轮需要执行的行为，即说话人想通过该话轮所行之事；二是说话人实现该行为而采取的具体言语手段。比如说在师生互动的机构性谈话中，教师如果想完成构成学习者认知的行为，可以通过提问的言语手段来完成该话轮的设计，如"请问……?"。

第三，不同类型的机构性谈话具有不同的序列结构模式。基于具体语境，机构性谈话的参与人使用特定的序列结构完成交际任务。如医患互动中，医生利用其机构身份，按照询问病情、解释诊疗方案、征询病患意见的序列开展会话。由医生掌握整个谈话序列的进程。不同机构性谈话的结构性特点影响并制约着会话序列的展开。交际者同时通过言谈应对的序列组织，建立、维持或更改其社会身份和机构身份(Heritage，2005)。

第四，机构人员的职业认知和身份研究是机构性谈话的另一重要研究内容。日常会话通常被认为是平等的，而机构性谈话是不对称的。在机构性谈话中，参与双方扮演不同的社会角色，至少其中一方代表某社会机构，双方具有不同权利和义务。可以细致观测双方互动过程，通过话轮转换、话题选择等来研究各自不同的职业身份和话语分配权力。

3.3.2 作为机构性谈话的课堂互动

外语课堂中师生互动属于机构性谈话，教师支架话语呈现出即时、丰富的特征。会话分析的研究范式契合了外语课堂教师支架话语研究的目的及需要。通过对课堂教师支架互动话轮的细致分析，可以帮助探索其策略实现的方式及规律。

会话分析研究范式用于二语习得(CA-for-SLA)始于20世纪90年代(Firth & Wagner，1997；Markee，1994；Seedhouse，1996)。在20世纪70年代和80年代开始有一些会话分析用于课堂的民族志研究。在早期的两项有代表性的民族志研究中，一是 McHoul(1978)在 Sacks 等(1974)普通会话规则的基础上，描述了课堂会话的规律，表明教师对发言权力的分配；二是 Mehan(1979)对于课堂会话 IRE 序列的阐述，即课堂会话遵循教师提问(Initiation)、学生作答(Reply)、教师反馈(Evaluation)的序列结构。这一序列结构也印证了之前 Sinclair 和 Coulthard(1975)提出的 IRF(Initiation-Response-Feedback)序列。这两项研究关注真实的课堂，而不像当时流行的大部分研究多聚焦于理论层面。在此基础之上，Heap(1982)提出对课堂活动进行录像，并逐字逐句进行转写。McHoul(1990)在研究课堂话轮转换 12 年之后，开展了一项针对课堂修正的研究，发现在课堂中学习者的自启自纠频率要少于日常会话，而由教师发起的他启修正频率要高于平时日常会话。Mehan(1979)和 McHoul(1978，1990)的三项研究被视为最早描画了二语课堂互动研究的关键构成要素：话轮转换、序列结构及修正。

研究发现似乎存在一套基本规则来规定话轮转换(教师主导选择下一说话人，学生选择下一说话人的权利非常有限)、序列结构(教师提供毗邻语对前件并拥有在第三位置说话的特殊权利，学生主要提供毗邻语对后件)和修正(教师主导他启修正，特别是位于学生回答问题之后)。这一套规则主要存在于早期教师主导课堂，在这些研究中，日常会话被认为经过调整来适应机构性谈话的特性(Drew & Heritage，1992)。当代二语教学从传统课堂向任务导向、学习者为中心的课堂转变，Seedhouse(2004)认为随着教学目标的变化，课堂互动结构，尤其是话轮转换和序列也会随之变化。课堂的机构性结构和行为方式表现得更加灵活，教师主导的话轮转换和序列结构也更加灵活多变。如学生提问更多，启动序列更多，自我选择发言更多，指定其他发言人更多，并且更多地启动修正(Mori，2007；Seedhouse，2005)。

国内外语界对会话分析的研究不少，如苗兴伟(1995)认为学习话轮转换机制可以使外语学习者更好学习会话技能和策略，提升交际能力。李战子(1996)认为在口语教学中，可以吸取会话分析的方法，提倡平等的互动对话，增加学习者的反馈。何辉英(2001)认为会话分析中的话轮转换技巧，可以用于辅助学生对于听力材料中说话人互动的理解。但基于大量第一手语料对外语课堂进行会话分析的实证研究成果相对较少。李庆生和孙志勇(2011)采用会话分析的方法，实证调查了英语课堂中学习者回应教师提问时面对的挑战。邵敏(2014)虽使用录音考察了课堂师生互动的结构，但在研究过程中结合了问卷调查与访谈，并不属于严格的会话分析研究。

使用会话分析对英语课堂进行实证研究虽然结果丰富细致，但操作较为困难的原因主要涉及语料采集和语料分析两个方面(马博森，2001)。首先，采集自然英语课堂口语语料既牵涉采集硬件，又涉及采集的时间、场合、会话内容、会话参与者等诸多因素，实际操作起来困难较大。其次，语料需要进行人工转写，虽然目前有部分软件可以实现语音转文字，但存在精确度不高，且不能进行语言特征标记的问题。整个口语语料转写过程十分耗时费力。另外对转写之后的语料进行分析，需要研究者经过一定的系统训练，并对语料进行研讨(data session)，国内能够做到的科研团队及研究者为数不多。能够充分利用条件，开展本土英语课堂的会话分析实证研究尤为难得。

大学英语课堂中教师实施支架策略与学生的互动属于会话分析中的机构性谈话，具有机构性谈话的特点。首先会话双方的社会身份为教师和学生，支架互动都以该社会身份进行。同时教师对学习者的支架话语以当下的语言学习任务为驱动，教师的支架话语用于辅助当下学生对于英语语言形式或/和内容的习得。且支架会话的开展方式可以是多种多样的。

国外对于支架话语的会话分析始于20世纪70年代。Scollon(1976)在研究母亲和孩子支架互动话语后，将其贴上"纵向结构"的标签。当支架话语产出时，按照一定的顺序或序列发生；并且在转写之后，形成的文字被纵向记录下来。课堂上的支架过程由一系列口头互动完成，某一互动参与者的话语接由另一参与者引向深入或由其结束对谈。Bruner将这种合作型的话语称为"棘齿型"(引自Cazden，1992，p. 103)。即互动双方像不可倒转，只能朝前一个方向进行的齿轮一样，互相咬合在一起，共同推动支架话语向前进行。Many(2002)将教师对于学生的支架话语称为"口头织锦"(verbal tapestries)。她认为在织锦的过程中，丝线从两边互相穿梭，织锦的样式才慢慢浮现，最后出现的图案由织锦的纤维和结构共同构成。正如课堂教学中的教师支架话语一样，支架话语由教师和学生共同"织就"，课堂上的支架话语被编织进教师课堂话语的"纤维"里面。课堂上最终习得的语言形式和内容由教师和学习者共同构建出来，教师的支架话语支撑着学习者话语共同完成语言习得。

国内外现有的支架会话分析研究成果多集中在话轮转换和序列结构上。首先实现具体支架功能的话轮形式丰富多样。胥国红(2006)将 Wood 等(1976)的六项支架功能进一步分为两类：情感支架和认知支架，并在此基础上总结了实现情感支架和认知支架具体话轮中教师话语形式，包括：消极反馈、重复、引导修正、修正、表扬、肯定、示范、惊讶、评论、挑战等。Lerner 和 Kitzinger(2019) 从会话分析视角，研究了互动支架话轮的实施方式，包括：替换、插入、删除、搜寻、加入插入语、放弃、序列跳转、循环、重组和重新排序等。

其次就支架序列结构来说，Anton(1999)指出 IRF 在预期教学(即教师预测学习者可能遇到的困难并试图解决)中起重要作用。她所考察的教师在 IRF 模式中使用参考性而非展示性问题帮助学习者反思语言形式，使其能够用言语表达规则。Anton 认为这种预期教学构成了"有效帮助"(即支架)(Anton，1999)。van Lier(2004)也认为参考性问题引发的 IRF 模式能起到为学习者搭支架的作用，帮助其在 ZPD 内发展认知结构，使其尽可能清晰地表达自己的想法。

Walsh(2006)则通过对 IRF 结构中具体教师言语行为的分析，得出有效支架或阻碍学习者语言学习的教师话语。Walsh 认为 IRF 结构是否会限制学生参与互动主要取决于教师的语言行为。他通过对八位教师的观察发现，一些语言"支架"行为，如开放而直接的错误纠正，反馈时恰当使用现实生活中的会话语言，给予足够等待回应时间，提供关键词汇等，对减少教师主导地位，增加学生互动参与度起着重要作用；但是与学生抢话轮，全部或者部分重复学习者话语，打断学习者，使其失去话语线索等言语行为，则会阻碍学习者对语言的习得和使用。

Walqui(2006)对 IRF 模式和支架话语进行了区分，她认为二者有着本质的区别。前者如 Tharp 和 Gallimore(1998)所言，是一种"背诵脚本"，用于教师检查学习者对于某个知识点或语言点的掌握，如是否知晓某个单词或其发音。教师已知答案，希望学生能够将此答案说出来，通常只有三个话轮。但是后者教师并不确定学习者的答案是什么，鼓励他们清晰准确地用自己的语言表达，意在对学生的语言内容和形式同时进行支架，师生互动一般远远超过三个话轮，是具有拓展性的。

可以看出会话分析对于二语课堂师生互动的机构性谈话研究印证了二语习得

研究中师生互动的基本模式，但同时提供了更加丰富的语言细节和实现方法，为本书的教师支架策略研究提供良好的基础和指导。

3.4 本章小结

本章介绍本书的理论构建基础。首先回顾了对会话分析研究范式发端起到重要影响的两大理论流派：以 Blumer 为代表的符号互动主义理论和以 Garfinkel 为代表的民俗学方法论。在此基础上，回顾会话分析研究范式的语料观和三个主要发展阶段。随后梳理会话分析研究设计的重要步骤和关键分析构架，包括语料收集和转写、话轮构建及转换及会话序列结构。课堂师生互动作为会话分析研究中一种特殊的机构性谈话，本章最后对机构性谈话的概念、特点及内容进行了详细回顾。

4 研究设计

基于当前 EFL 课堂互动教师支架策略研究的不足、本书的具体研究问题以及对于会话分析研究范式的理论构建回顾，研究者依托真实大学英语听说课堂教学，采用深入课堂自然观察的方法，开展深入、细致的描述性研究。本章介绍研究设计，具体包括语料采集对象、语料收集过程及数据整理分析过程。

4.1 语料采集对象

本研究选择我国中部某“985 高校”本科一年级下学期的四个大学英语听说课堂作为语料来源。这四个课堂的学生均来自中英校际交流班(简称“中英班”)，其中两个为电信中英班，另外两个为机械中英班；教师为两名中国教师和两名母语为英语的外籍教师，每个课堂分别由一名教师授课。

中英班为该校国际教育学院每年 12 月面向全校一年级本科(理工科)学生，通过考试招收和选拔后组建的校际交流班级。中英班学生的专业课学习与其所在理工科院系要求相同。这些理工科院系包括自动化、通信工程、电子与信息工程、电气工程与自动化、机械设计制造及自动化、电子科学与技术、计算机科学与技术等。英语系列课程由国际教育学院统一安排授课，课程覆盖英语听、说、读、写及英美文化。学生就读期间可自主选择参加雅思或托福考试。语言成绩及专业 GPA 达到该校合作的英国高校要求后，学生可在大学三年级或四年级自主选择合作大学，如伯明翰大学、曼彻斯特大学、爱丁堡大学、华威大学等，在合作大学里完成后续本科学业，或留在本校完成学业。据相关负责教师介绍，大约 30%的学生选择出国完成本科高年级学习。这些学生大学英语四级考试成绩均在 500 分以上，语言水平较统一，语言学习动机较强。

四位教师为电信中英班和机械中英班的英语课程教师。四位教师中，外籍教师和中国教师分别由该校国际教育学院和外国语学院教务科负责人推荐。研究者向中英班英语教务教学管理负责人充分说明和沟通了研究目的、研究计划后，该负责人根据授课时间(保证跟录课堂时间不冲突)向研究者推荐了优秀任课教师。研究者与四位教师充分沟通后获允进入课堂跟录上课情况。获允后，研究者与这四位教师签署了同意书，随后进入课堂开展研究。四位教师的基本情况如表 4-1 所示：

表 4-1　　**中英班四位教师基本信息**

姓名	性别	年龄	国籍	专业	课程名称
教师 R	男	60+	美	人类学	英语口语
教师 M	男	20+	美	社会学	英语口语
教师 P	男	50+	中	英语	英语听说
教师 Z	女	30+	中	英语	英语听说

四位任课教师的姓名用其姓氏首字母表示，分别为教师 R、教师 M、教师 P 和教师 Z。

教师 R 来自美国，男，60 多岁，大学所学专业为人类学，来中国任教前在美国某大学人类学系工作至退休。教师 R 已在所调研的大学教书三年，喜爱并熟悉中国文化，对中国学生了解较多。教师 M 同样来自美国，男，20 多岁，大学所学专业为社会学，在研究者所调研的大学教书已有两年，课堂氛围活跃。两位教师在中英班所授课程名称为“Speaking”(“英语口语”)，课程共持续十六周，每周两小节课，约 100 分钟。课程均没有固定教材，由教师制定教学大纲、发放讲义。每周授课内容围绕一个话题展开，引导学生参与互动及开展课堂讨论。

教师 P 为中国教师，男，50 多岁，在该校已有 30 多年教龄。教师 P 教学经验丰富，曾获得市级英语教师教学竞赛奖项。所授课程名称为“英语听说”，课程持续八周，每周一次课，每次三节小课，约 135 分钟。教师 Z 为中国教师，女，30 多岁，毕业于某师范类院校英语专业，热爱教学，曾获省级英语教师教学竞赛奖项，并获省“五一劳动奖章”，所授课程名称为“英语听说”，同样课程持续八周，每周一次课，每次三节小课，共135分钟左右。两位中国教师也没有固定教材，由教师根据教学任务制定教学大纲，并通过QQ学习群发放相关课程资料。

四位教师的课堂可以为本研究的教师支架策略研究提供丰富的语料和有力的证据支撑，具体原因有三。首先，四个课堂为大学英语听说课堂，学习者须基于一定的听说材料来完成课堂任务，须充分理解口语话题和听力材料后完成语言表达或课堂展示；同时采取小班教学模式，每班学生18~25人，教学过程中有丰富的课堂互动现象。其次，四位教师均为有多年中英班教学经验的优秀教师。国内教师有教学竞赛获奖经历，教学成效受到国际教育学院和外国语学院的一致肯定。四位教师具有独特的教学经验和教学风格，课堂氛围活跃，深受学生喜爱，在学生评教中近三年评分一直居“优”(前25%)。最后，参与本研究的四个课堂既有外籍教师课堂又有本土教师课堂，符合目前大部分高校英语教学师资分配的实际情况。中外教师课堂的选择也为本研究提供了更加完整、全面的课堂支架教学语料，有利于挖掘多层面的研究内容，形成更有实际启迪意义的研究成果。

4.2 语料采集过程

本研究于2019年3月至5月选择在中英班本科一年级下学期中期收集语料。做这一选择主要考虑到要避开学期初教师与学生的磨合期，避开学期末期终考试对正常教学内容可能造成的影响。

具体语料收集过程如下。首先，研究者通过教务老师与任课教师取得联系，随后1. 表明研究内容有关大学英语课堂互动，但并不告知互动中具体观测的支架教学策略，尽可能保证教师授课时为不受干扰的自然状态；2. 告知任课教师他们的整个教学过程会被录音并有部分环节会被录像；3. 在获得四位教师许可后，各位教师在研究开展同意书上签名。

随后，研究者根据课表，按照与四位教师约定的时间进入课堂。课前，教师告知了学生研究者的身份，学生并未表达反对意见。数据收集工作开始。课堂音频采集工具为索尼录音笔，收音半径为50米。录音笔由研究者提前放入教师上衣口袋或教室讲台，上课铃响前由研究者提醒教师或辅助教师打开录音开关。课堂视频采集工具为索尼小型摄像机(可由三脚架放置于课桌上并调节高度)。由于课堂视频为辅助性信息，因此视频采集工具并不会全程开启，仅于教师在黑板上书写板书时开启录制。

在数据收集阶段，研究者根据 ten Have(1990)对于语料采集的规范建议，认为采集过程应尽可能消除研究者影响，因此在录音/录像过程中，研究者选择坐在教室最后一排的角落，且不参与课堂讨论，不发表任何评论，不刻意对授课教师和学生进行长时间的直接观察。视频数据采集过程中，研究者将摄像机放置于研究者身边的最后一排课桌上，并将录像角度调至尽量避开师生视线的位置，且仅在需要进行录制时(即教师板书时)开启。

四位教师的课堂同时期开启数据采集，每个课堂连续跟踪、集中采集，所有语料在一个月内采集完毕，每次采集时间间隔为一周。对每一位教师课堂的第一次数据采集所得语料，最前面十分钟不使用。教师 R 和教师 M 课堂的授课时间在白天，在普通教室进行，每周一次，每次两小节自然课。本研究共采集教师 R 和教师 M 的四次课堂数据，每次 100 分钟左右。教师 P 和教师 Z 的课堂的授课时间在晚上，在语音教室进行，每次三小节自然课，约 135 分钟每次。本研究同样每周各采集一次数据，共采集三次。最终，本研究所采集的外籍教师和中国教师课堂数据的总时长基本持平：收集了每位教师共计约 400 分钟的课堂数据，共获得 1556 分钟(25.9 小时)的课堂录音和 336 分钟(5.6 小时)的录像资料。录音和录像资料在每次课后及时导出到电脑，并建立相应名目的文件夹保存。

4.3　语料整理

语料采集完毕后，由研究者组织本科生及研究生转写和标注。研究员对参与转写和标注的学生进行转写和标注培训，完成四个课堂共 14 次课(外籍教师每人四次，中国教师每人三次)的转写与标注工作。

4.3.1　课堂录音转写

课堂录音全部由人工转写。本研究不采用自动语音转写工具而采取人工转写，主要原因如下：课堂采集的录音话语绝大部分是英文，发言人有多个且语速不一，离录音笔的距离各不相同，声音大小也不一致。因此，语音识别软件对本研究所收集的语音材料识别度不高。此外，本研究观测的互动话语，需要区别说话人(教师和学生)，特别重要的是需要对说话人的话语特征，采用一套严格的会话分析转写规则进行呈现，这些要求语音识别软件无法满足。

转写人员由研究者从其所在院系同一研究方向的研究团队中招募，并按音频/视频时长给予一定报酬。根据转写所需工作量，研究员共招募了五名硕士研究生和三名优秀本科生参与本次转写工作。为保证转写的质量，研究者对这八名转写员进行了集中培训，重点讲解会话分析转写规则、各转写符号的意义及使用、特殊情况处理的注意事项。本研究所使用的转写符号见附录二。由研究者提供一段 2 分钟的课堂录音，由八位转写员现场转写，回收后统一纠正不符合规范之处。随后，研究员安排八位转写员转写另一段 2 分钟课堂录音作为第二轮转写。第二轮转写的准确度达到 98.6%(与研究者提供的标准版本之间的相似比率)。培训结束后由转写员分别单独进行转写工作，每位转写员将转写材料的前 5 分钟转写完成后，交给研究者检查，研究者确认无误后授意转写员继续单独完成转写工作。大部分转写工作集中在暑期进行，保证充足的时间完成转写工作。每位转写员在转写过程中若有任何疑问都及时与研究者取得了联系，并由研究者提供解决方案。

研究聚焦课堂互动中教师支架策略相关话语，教师非言语行为不在本研究范围之内。因此，课堂录像数据未被转写，而是在数据分析时为研究员分析教师板书的非言语行为，从而帮助研究员分析相关言语行为。

转写工作耗时两个月，转写员提交的转写结果由研究者统一对照录音进行核对。个别拼写、断句及判断不确定之处，由研究者修改。最终，共获得 166320 字的转写语料(每个课堂转写字数见附录 3)，由 14 个对应 14 节课堂转写的 word 文档构成。研究者将这 14 个 word 文档统一命名存档，并转换成相同名称的 txt 文档保存，为下一步语料标注作准备。

4.3.2 支架策略编码及标注

转写后的初始语料并不能用来直接分析，需要划分教师支架片段后并对各片段内的各种支架策略进行标记，为进行下一步的数据统计和会话分析作准备。

4.3.2.1 支架片段划分

本研究对大学英语课堂教师支架话语的定义为：在英语课堂中，教师为了帮助英语学习者关注语言的形式和内容，完成语言任务，达到更高水平的语言发展，而对其提供的即时的、有针对性的支撑性话语。并不是转写的所有内容都是教师的支架话语，所以首先需要对转写文本的支架片段(scaffolding episode)进行认定和划分。本研究对支架片段的操作定义是：一个支架片段是学习者完成一个语言任务的会话序列(conversation sequence)，在该序列中学习者通过互动得到教师的辅助而完成其无法单独完成的对语言形式和/或内容的习得。一个支架片段可以作为一个完整的序列单位进行会话分析。有序列开始(initial boundary)和序列结束(terminal boundary)的界限，由教师或学习者(大多数情况下由老师)启动任务而开始序列，以解决任务(完成了特定语言形式或/和语言内容的学习)为序列结束的标记。以下为一个支架片段实例：

【例 4-1】

[T：教师 R　S：某学生　Ss：数个学生]

T1：... All right, let's take this one step further. Now, you do have this imagination, gentlemen, I believe, the next horizon remember is agriculture. Many of your great grand parents, grand parents, maybe even some your parents were farmers. What was like... life for them? What's the day like in the average life for the farmer? What do they do when they get up in the morning?

S：Farm.

T2：FARM.

S：Work.

T3：Work. (2.0) Work. If you are a farm wife, you'll work.

S：Um, yeah.

T4：Yes. What kind of man do you want to find?

S：Um, um can can farm well.

T5：Can farm well. What is the qualities of a good farmer? (2.0) Somebody that sleeps until the clocks in the morning?

S: Um a person that is dili, um diligent, um um um...

T6: Diligent, yes, diligent, yes, diligent. If you are looking for a woman, what would you look for? Strong teeth?

S: Good-look.

T7: Now, look, I am asking you for the point view as if you are a farmer, as if you are a farmer, you are looking for a wife. What do you need?

S: Hardworking.

T8: Hardworking, just like you, just like you, right?

S: Yeah.

T9: What else beside hardworking?

S: Maybe can be can help do some sawing.

T10: Sawing.

S: Cooking.

T11: Cooking.

S: And some medical care.

T12: Medical care. And?

S: And have good baby.

T13: And BABIES.

S: Can keep house well.

T14: Why do you want more babies? Why would they want more babies?

Ss: (2.0)

T15: You are FARMERS, you are talking about the things important like work.

(Ss answer at the same time.)

T16: What? The more help you have in the farm, the better the farm, right? The more production, the more money. So you want what? Lots of girls? No.

Ss: Boys.

T17: You want boys. So you want (2.0) your boys. Hhehh. You want to have sons. You want to have sons, because because that's help. So that's what we understand is one of the big differences between the first frame structure and second very large category structure the farm was. Um, farm was had 10-12 children, sometimes 20.

T18 & Ss: Hhehh.

T19: I am serious. I grew up in the countryside and I knew that some families had 20 children. And those mothers look like this. Hhehh. They were tired. You will be tired too. Hhehh.

Ss: Hhehh.

T20: All right. Gentlemen, you get the picture that I am trying to paint here? Very different kinds of people. Very different kinds of models so for creating relationships. Let's jump to the next horizon, industrial horizon...

例 4-1 是一个完整的支架片段，在这个片段中教师 R 通过自身发起的二十个话轮展开与学生的互动，从而支架辅助他们对于课堂口语话题中的一个内容任务的理解和语言表达。该堂口语课讨论的话题是人类社会结构中的农耕社会，教师引导学习者设想一个农民每天的生活和所处的社会关系。该序列开始的界限是教师用 T1 话轮中的"All right, let's take this one step further.（好的，我们将更进一步来讨论。）"先吸引学习者的注意力，然后用"Many of your great grand parents, grand parents, maybe even some your parents were farmers.（可能很多人的曾祖父母、祖父母、甚至父母是农民。）"的搭桥支架方法让学习者与自身的经验相连接，再用提问的支架方式"What was like... life for them? What's the day like in the average life for the farmer? What do they do when they get up in the morning?（他们的生活是什么样的？农民日常的生活是什么样？他们早上起床后干什么？）"让学生回答问题，从而启动了一项语言学习任务。学生完整全面地回答了该问题，就算完成该语言任务。在教师支架学习者的认知活动，学习者答出了所有要点(农夫和农妇每天工作)。完成该项语言任务之后，教师 R 结束该序列。序列结束的界限是教师使用"All right. Gentlemen, you get the picture that I am trying to paint here?（好的。同学们，了解我们今天要干什么了吗？）"，该序列将学习者的注意力带回到讨论的主题。随后，教师 R 使用

“Very different kinds of people. Very different kinds of models so for creating relationships.（非常不一样的一群人。他们之间的关系模式也很不一样。）”来总结支架学习者对该任务的认知。然后教师通过“Let’s jump to the next horizon, industrial horizon...（我们再看看下一阶段，工业社会……）”开启下一序列的互动。

所采集的语料中，支架片段划分由研究者招募的语料标注员完成。研究者针对标注员开展片段划分和语料标注培训。标注员同样由研究者在其所在院系的本科生和研究生中招募，共招募到四人。这四人分别为两名英语专业大四本科生（已保研）、一名英语语言文学方向研究生和一名翻译方向研究生。每位标注员负责一位教师语料的支架片段划分和策略标注，并获取工作报酬。培训结束后，由研究者发放《标注工作指南》，具体内容见附件三。培训及标注工作在学期末及寒假进行，保证了片段划分及标注的工作时间。培训及标注工作共耗时半个月。

4.3.2.2 支架策略操作定义及编码

本研究将大学英语课堂互动中的教师支架策略定义为：在大学英语课堂互动中，教师有意识地使用一系列话语技巧来辅助英语学习者的元认知、认知和情感活动的行为，是支架意图和支架方法的综合运用。标注员在标注同一句教师支架话语时，既要标注教师话语的支架意图，又要标注教师使用的支架方法。对于每一种支架意图和方法，本研究都立足英语课堂实际给出严格的操作定义，并从转写语料中选取一到两个有代表性的真实示例作为参考。van de Pol 等（2010）的支架策略框架中对支架方法和意图的定义并未结合二语教学的语境，本操作定义具有针对英语二语课堂的实际操作性。另外文献中前人研究策略综述列举了部分示例，也不具有本土大学英语语境针对性，本操作定义示例全部来自本研究采集的语料。标注员培训时，由研究者统一详细讲解各定义，指出关键判断点，并针对容易混淆的概念进行比较区分。

标注的第一项内容为大学英语课堂中的教师支架意图。教师支架意图共五种，其操作定义和示例如表 4-2 所示。

表 4-2 **本研究所采用的大学英语课堂互动教师支架意图、操作定义及示例**

支架意图	操作定义	示例
1 保持目标 Direction Maintenance	让课堂学习指向某个目标并让学习者的活动保持在完成该特定语言学习目标范围内，如掌握某个/某些语言形式和/或语言内容。(refers to keeping the learning on target and maintaining the learner's pursuit of a particular objective)	1. *Eh, now, emphasize the "you".* (教师让学生重读"you"，这节课训练的一个重点目标，句子重音。紧挨着在此之前已重读同一句中的"fancy""here"等词。) 2. *You are FARMERS, you are not talking about money, you are talking about the things important like work.* (学生岔开话题后，教师把学生注意力拉回来。)
2 构成认知 Cognitive structuring	教师对语言学习中的知识、观念提供解释性的分析，帮助学习者在头脑中完成对于语言形式和/内容的理解。(entails providing "explanatory and belief structures that organize and justify")	*Social structure in a big view, it means how we are connected to our lives.* (教师对答案的解释，帮助学习者理解该概念。)
3 简化任务 Reduction of degrees of freedom	把语言学习任务中学习者暂时还没有能力完成的部分去掉，从而简化任务。(entails taking over those parts of a task that the student is not yet able to perform and thereby simplification of the task for the student)	*Remember? Second big revolution, when we start to have formal education.* (教师将答案范围缩小，限定时间。)
4 引起兴趣 Recruitment	让学习者对某项语言学习任务感兴趣，并帮助他们坚持完成任务要求。(refers to getting students interested in a task and helping them adhere to the requirements of the task)	1. *But believe me, this is going to be the stuff we're gonna talk about. They'll have a bearing on you, and on your lives.* 2. *Many of your great grand parents, grand parents, maybe even some your parents were farmers.*
5 控制挫败 Frustration control	通过一系列奖惩办法来促进学习者的语言学习表现，并通过防止或减小挫败感保证学习者不断受到鼓励。(concerns the facilitation of student performance via a system of rewards and punishments as well as keeping students motivated via the prevention or minimalization of frustration)	1. *Oh, come on.* (上一话轮为学生的沉默。) 2. *God guys. This is gonna be a final examination schedule question. You can't get it?* (*laughing*) (上一话轮为学生的沉默。)

这五项支架意图分属于三大类，具体见支架策略总图(图 2-2)。其中，“保持目标”属于辅助学习者元认知的策略，是对学习者学习活动的管理。“构成认知”和“简化任务”属于辅助学习者认知的策略，该教师话语支架策略促进学习者对于课堂学习任务中语言形式和内容的理解。“引起兴趣”和“控制挫败”属于辅助学习者情感的策略，该教师话语支架策略促进学习者产生和保持积极的情感，削减负面情感，令语言学习活动充满乐趣。

表 4-2 中，每一支架意图的操作定义用下画线标记关键词，帮助标注员判定教师话语。此外，研究者向标注员解释和区分了易混淆的意图概念。如研究者强调，“引起兴趣”和“控制挫败”的区别在于前者话语中带有夸张、幽默的情感，或表明相关学习内容与学习者自身有关联，通常教师话语中会出现“you”；或者通过教师的非言语行为，如教具呈现、课件展示、视频展示等激发兴趣。后者“控制挫败”的关键判断点在于教师的当前话轮针对之前出现的学习者受挫现象，如学习者沉默等。前者是尽可能激发正向的学习者兴趣，后者是尽可能削减学习者负面情绪。

表 4-3 展示了各支架方法的中英文名称、操作定义及示例。

表 4-3　**本研究所采用的大学英语课堂互动教师支架方法、操作定义及示例**

支架方法	操作定义	示　　例
1 反馈 Feeding back	教师直接针对学习者个人的语言表现回复信息。 (involves the provision of information regarding the student's performance to the student him/herself)	1. *Yes. Good.* 2. *Yeah, right. A small service fee for the waiter or waitress for its good attitude and a friendly service, right?* (教师对学生给出的答案“tip”(小费)给予肯定并确认。)
2 提示 Hints	由教师提供线索或建议来帮助学习者继续完成任务。教师在这种情况下刻意不给出所有解答或详细的指示。 (entail the provision of clues or suggestions by the teacher to help the student go forward. The teacher deliberately does not supply the entire solution or detailed instructions under such circumstances)	*The substantial level, hunter gathers, very primitive, remember?* (教师这里想引出的正确答案是“primitive society”，在学生回答失败后给出描述答案的关键词。)

续表

支架方法	操作定义	示例
3 提问 Questioning	教师向学习者提问，该提问需要学习者作出语言和认知的积极答复。 (involves asking students questions that require an active linguistic and cognitive answer)	1. *You want her to be independent?* 2. *Yeah, Wilson, what does that mean?*
4 解释 Explaining	教师进一步给出更加详细的信息或阐明。 (refers to the provision of more detailed information or clarification by the teacher)	*The reason that in most societies family structure is one man and one woman is because in most societies, there are about the same number of men and women.*
5 传授 Instructing	教师向学习者讲授需要做什么，或解释怎么做及原因。 (involves the teacher telling the students what to do or explanation of how something must be done and why)	(*Fancy running into you here.*) *The drop on the "here". So "here". So now we are talking about the location.* (教师讲授需要重读"here"，以及解释为什么要重读"here"，强调地点。)
6 示范 Modeling	教师向学习者提供可供模仿的行为表现，包括展示某个语言技巧。 (the process of offering behavior for imitation. This can include the demonstration of particular skills.)	1. *Legality.* (教师示范发音，随后学生跟读) 2. *Fancy running in to you here.* (教师示范重读 here 这个单词。)
7 搭桥 Bridging	教师激活学习者过去的知识或个人经验，来帮助他们学习新的概念和语言。 (to activate students' prior knowledge or establish a personal link between the student's life as an individual to learn new concepts and language)	*You guys, how many of your guys eat like a hamburger every week or like you know once a week a teak or some kind of beef. You guys eat meat with every meal right?*
8 非言语 Non-verbal	教师使用非言语行为帮助学习者掌握语言形式、理解语言内容。 (to use non-verbal behavior to facilitate student's mastering of language form and understanding language contents)	1. (*Writing on the blackboard.*) 2. *Hhehh.* 3. (*Showing video clips.*)
9 其他 Others	实际标注时不能归入到以上方法类别的其他方法。 Other methods which cannot fit into any above eight categories in real practice.	

对于表中的九种教师支架方法，研究者用下画线标出了关键的判断。如“反馈”这项支架方法，对于英语教学中教师反馈的讨论很多，学者们有不同的定位和定义。在本研究中，反馈作为教师话语支架方法的一个细分类别，是一种具体的支架话语技巧。它是教师针对学习者对教师问题的回答直接给出的信息回复，它可以是对学习者回答的肯定与确认；可以是对学习者回答的否定与纠正；也有可能是不置可否，而对回答的进一步追问。

同时，每一项方法和操作定义同时用中英文表述，消除由于翻译可能会产生的歧义和误判。再次，在培训中研究者针对标注员的疑惑进行解答，如部分教师话语看起来是问题的形式，但实际是确认学习者作答的反馈或是对语言内容的解释，并不是在提问。研究者指导标注员联系前一个话轮和后一个话轮，通过会话意义进行综合判断。如例 4-1 的 T8 教师话轮中，教师 R 对上一话轮学习者回答“Hardworking(勤奋)”给予回复“Hardworking, just like you, just like you, right?(勤奋，像你一样，正像你一样，对吧?)”看起来是问题形式，但实际是对学习者回答的反馈。

4.3.2.3 支架策略标注工具

为了提高标注的准确性和效率，并方便后期对标注结果进行数据统计处理，本研究使用 UAM CorpusTool 标注软件进行大学英语听说课堂互动教师话语支架策略的标注工作。UAM CorpusTool 由西班牙马德里自治大学 Mick O'Donnell 于 2014 年研制开发，是一款针对文本和图像语言多层级标注的免费工具集软件。针对自然语言处理和标注的软件较多，如 Stanford CoreNLP、BRAT、labelme 等。相比之下，UAM CorpusTool 既可以使用其自带的语法标注体系，也可以自定义标注层级及内容；同时操作界面友好，使用简便高效。到目前为止，该软件的下载量已近六万次(O'Donnell, 2021)。其核心内容包括用户制定的一个“项目(project)”，即一组文档，和应用于每一文档的“分析规则(scheme)”。每一类“分析规则”可视为标注的“层系(layer)”。通过对各层系的标注统计，计算分析出文本或图像语言隐含的模式和规律。

UAM CorpusTool 现提供有两种类型的文档标注。第一种是整体文档(whole document)标注，它标注文档(文本或图像)的整体特征，例如可以表明该文档的语域(语场、语旨、语式)或文本类型。第二种是文档内的节(segment)标注，即用户选择文件中的某些节并赋予这些节某些用户指定的特征。节的选择可通过鼠标在文本/图像中拖动指定语段实现。切分完成后，软件会提示用户选定节的特征值。特征值由用户提前在软件中编写或导入。

本研究采用的是节标注方法，即不以整篇课堂互动为单位进行标注，而以句为最小单元对教师话语进行支架意图和方法的标注。节由标注员根据研究员的培训标准选取，被选节由标注员先后标注支架意图和方法。节的支架意图可以选一到两项，支架方法只能选择单一特征。支架意图的多选功能通过标注员选择每个意图类别下的“yes”或“no”特征来实现。由于 UAM CorpusTool 软件目前没有汉化版，标注的分析规则、层级和具体特征都用英文表示。针对本项目的标注分析规则如图 4-1 所示：

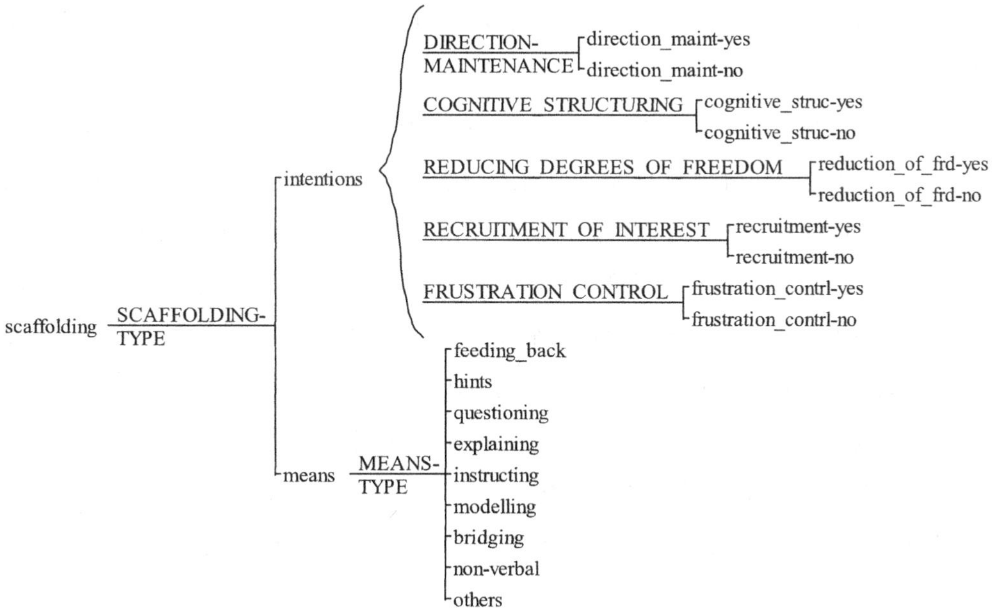

图 4-1 基于 UAM CorpusTool 软件的教师支架策略标注分析规则

在设定分析规则时，需考虑以下两个原则：1. 各标注项目需简洁明了，方便标注员识别和使用；2. 各项目的操作定义和示例需清晰，各项目间有区分度，不给标注员造成判断上的困扰。第一层级是"scaffolding"(支架)，第二层级是"intentions"(意图)和"means"(方法)。意图的下一层有五个细分层级"DIRECTION _ MAINTENANCE"" COGNITIVE STRUCTURING"" REDUCING _ DEGREES_OF_FREEDOM""RECRUITMENT_OF_INTEREST"和"FRUSTRATION_CONTROL"。它们分别代表保持目标、构成认知、简化任务、引起兴趣和控制挫败五个细分意图。每个细分意图又有"是""否"两个选项，如保持目标下有"direction_maint-yes"和"direction_maint-no"，由标注员根据实际情况点选。方法的下一层有九个细分层级"feeding _ back""hints" "questioning""explaining""instructing""modeling""bridging""non-verbal""others"，分别对应代表反馈、提示、提问、解释、传授、示范、搭桥、非言语和其他，共九种支架方法。

UAM CorpusTool 标注软件的工作界面如图 4-2 所示。文档标注窗口有四部分：

1. 界面上半部分的文本框，用于显示加载文本文件，滚动鼠标可显示整个文本；

2. 最顶端的菜单栏，方便用户进行各类操作，如编码、显示和帮助等；

3. 界面下半部分的标注框，共有三栏。第一栏为最左边的已选特征栏，其标签名为"selected"(已赋值)，显示已选的文本赋值特征。第二栏为中间的待选项目栏，它显示待选的文档特征。如，图中的可选标签是对语段的"SCAFFOLDING-TYPE"下的两个细分层级的选择。双击其中一个选项"intentions"或"means"则表明需标注节的"intention"或"means"，随后待选项目栏就会出现细分的意图或方法列表，双击列表选项就可以将该选项移至已选特征栏。对于有多个选项的列表项，选中上一列表下的细分特征后，下一个列表项下的细分特征会显示以供选择。如选择错误，双击已选特征栏下的错误特征即可撤销选择。

4. 最右边一栏为释义栏，标签名为"GLOSS"，用于备注特征的释义。

在标注过程中，标注员需要在中间栏双击鼠标选中各特征的所有下级选项，直至待选项目为空则表示对节的标注已完成。

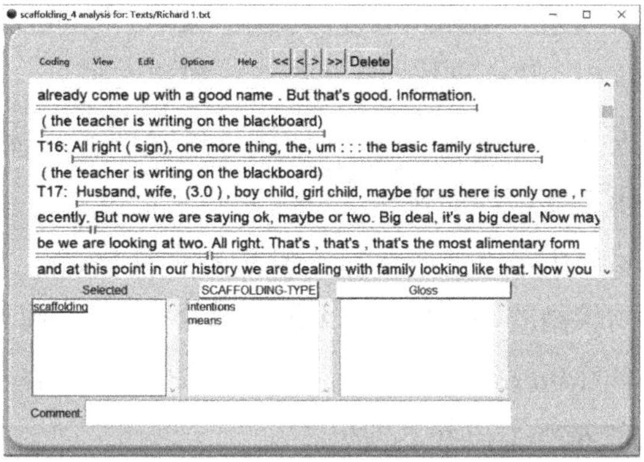

图 4-2　UAM CorpusTool 软件教师支架策略标注操作界面

4.3.2.4　支架策略标注过程

支架策略标注工作历时两周。第一周由研究者对标注员进行标注培训，标注员间达到较高的内部一致性后，第二周由每个标注员独立完成标注工作。

对标注员的培训分三轮进行，第一轮和第二轮为小组培训，所有标注员一起参加集中培训，第三轮为一对一培训，各标注员分开进行。在第一轮的培训中，由研究员介绍本研究基本情况，对大学英语课堂互动中教师支架策略的关键概念进行解释。随后，研究员详细讲解图 2-2 的支架策略总图、表 4-2 的各支架意图操作定义和示例以及表 4-3 的各支架方法操作定义及示例。讲解过程中，研究者对标注员提出的疑问进行解答。在标注员对各概念操作定义的理解达成共识之后，研究者指导四位标注员安装 UAM CorpusTool 标注软件和熟悉软件操作界面及各功能按钮。随后标注员同时试标研究者事先准备好的一段包含 29 个话轮、涵盖所有支架意图和支架方法的支架片段。试标过程中，由研究者逐一查看并纠正各标注员软件操作规范。试标完成后，四位标注员导出“.xml”格式的标注结果，统一上交给研究者。第一轮的现场培训部分结束。

随后由研究者统一列表查看各标注员对每个教师话轮的支架策略标注结果，并计算标注员的一致性(Inter-rater Annotation Agreement，简称 IAA)。由研究者将四位标注员试标的策略结果分意图和方法两张总表呈现，包括各选定“节”(segment)和标注员对各节的标注选项及频数。研究员记录标注员统一存在的问题和个人存在的理解偏差。如标注员容易混淆“提示”和“解释”“搭桥”这三项支架方法。一位标注员对“保持目标”的支架意图理解有偏差，将支架序列进行中的多数“构成认知”标成了“保持目标”。标注员概念理解的各项问题由研究员总结形成文字，作为第二轮培训的材料。

整个语料字数超过十六万字且无法实现机器自动标注，为了保证标注质量，标注员之间需要达到较高的一致性。IAA 的计算公式为：(简单一致率-机会一致率)÷(1-机会一致率)(Brezina，2018)。第一轮计算出的 IAA 比率为 72%，已经达到了 IAA 的门槛值 60%，但并不理想。

第二轮集中培训先由研究者下发第一轮标注反馈材料，对标注不一致处与标注员逐一讨论，交换意见，最终达成统一共识。达成一致后的标注结果则为标注的黄金规则。随后开始第二轮集中培训，研究员发放第二次试标材料，由标注员分别单独标注后上交试标结果。第二轮集中培训现场部分结束，本次标注员间的一致性达到 92%。

第三轮培训由研究者向各标注员发放各自标注的语料任务，每位标注员负责一位教师课堂语料。每位标注员的培训材料都由研究员随机从标注员负责的各教师课堂语料中挑选一个支架片段序列产生，标注材料分别发给负责该课堂的标注员。研究者根据标注员的标注结果，再次确认各标注员对于各支架策略的判定，并针对各课堂教学内容和教师概况与标注员沟通注意事项。根据本轮反馈结果，四位标注员都可以做到完全与标注的黄金规则一致。第三轮培训结束后，由四位标注员分头独立启动并完成标注工作。

在标注过程中，标注员若有疑问，可随时与研究者取得联系并与研究者共同解决疑问。如有标注员对语料的特定部分理解困难时，由研究者调取原始录音或录像，给出背景线索帮助其理解。个别语料存在转写失误，如标点符号的使用有误，从而导致断句不精确，或一句话因包含教师所说的数个句子而过长。这些失误则需要标注员根据语意将其拆分成数个“节”，再进行支架意图和方法的标注。

4.4 数据整理及分析

标注员完成所有 14 节课的教师支架策略标注之后，再由研究者对标注结果进行整理、核对和清理异常数据。具体步骤如下。

首先，研究者将所有“.xml”格式的标注结果原始数据导入 Excel 表格中。共导出支架意图原始数据 3194 行，支架方法 3602 行。每一行包括一个鼠标拖选的“节”(即教师支架话语原文)和与之对应的支架方法或意图。由于原始文本中的换行符所导致的数据行增加的情况，由研究者回到原语料确认后整合数据并消除多余数据行。整理完毕后，再将同一话语段所对应的支架意图和支架话语相关联。由于支架意图往往包含多个支架方法，因此在关联两者时，以支架意图为标尺，将相应的支架方法与之对应，逐节进行核对。

通过 UAM CorpusTool 标注后，共得到标注后的教师支架方法 3527 节，标注后的教师支架意图 3195 节。一个节即标注员在标注时鼠标选中的一个语段，一个节对应一个教师支架方法，一个节或连续的数个节对应一个或两个教师支架意图。即一个节的教师话语对应一种支架方法，教师通过该方法来实现一个或两个辅助学习者语言学习的意图。

在研究设计时，从探索和严谨的角度考虑，研究员对支架方法设置了“其他”选项。标注员在标注具体语料时，无法归入现有八类支架方法的支架方法需归入“其他”一类。经统计，在 3527 个支架方法的标注中共发现 17 处标注为“其他”。研究者针对这 17 个节逐一与标注员进行讨论排查，发现这类节可分为两种情况：

第一，不属于支架话语，这样的节共 3 个。这些节是教师在课堂开始和结束时出于课堂管理所作的课堂介绍和总结。它们并非辅助学习者掌握课堂具体教学任务的语言形式和语言内容的支架话语，应删除。如 R 教师在下课时说的一节“Okay, the time is up. It’s a rainy day, and I’m gonna go. Glad to see you.(好，下课了。今天下雨，我准备走了。很高兴见到大家。)”，该语段有关课堂管理，删除不用。

第二，看似不包括在操作定义内，但实际应包括在内的意图或策略，共 14 个节。事实上，这些支架方法可以归入已有的支架方法分类，而非新的支架方法内涵或特征出现，不能提出新的支架方法。研究员逐一将这些节准确归入已有的八类支架方法中。如，R 教师在介绍美国大学生的生活时，谈及大学生在校期间会利用寒暑假在企业里当实习生(intern)，他列举自己一个朋友的经历作为例子。

这位朋友曾利用三个暑假分别在微软、苹果和谷歌实习。学生听到后回复"Amazing.(太棒了。)"。教师随后一个节的支架话语是"Amazing, isn't it?(太棒了，不是吗?)"，该反义疑问句是教师对学生评价给予的一句反馈，肯定了学生的看法。这一节被归入"反馈"支架方法。

对这17个标注为"其他"的支架方法进行逐一排查处理后，最终共得到支架方法标注3524节。以支架方法的节为基准，研究者首先将每个节对应的支架方法和支架意图进行了一一对齐，对齐后总共得到3524个被标注的节，每一段对应一个意图或意图组合。

例如"Social structure in a big view, it means how we are connected to other people. The structure that establishes relationships, that are important to our lives. Now, through history, that structure has got increasingly more complex.(总的来看，社会结构就是我们如何与他人联系在一起。该结构建立我们生活中的重要关系。随着历史的发展，社会结构也越来越复杂。)"是一个节，对应的教师支架方法是"解释"，教师对学习者解释"social structure(社会结构)"的定义；对应的支架意图是"构成认知"，教师通过该定义帮助学习者建立什么是社会结构的认知。

另外"You are *farmers*, you are not talking about money, you are talking about the things important like work.(你们是*农夫*，你们讨论的不是钱，你们讨论的是像工作这样重要的事情。)"同样是一节，在这一节中，教师使用的支架方法是"提示"，使用的支架意图是"保持目标+构成认知"双重意图。在这一节中，教师辅助学习者思考在农业社会中，农民一天的工作，因在上一节中同学们的回复是"Making money.(赚钱。)"，所以教师该节的支架话语需要把他们的注意点拉回到正确的轨道，同时引导他们思考，在支架方法上使用的是给提示，提示他们考虑的语境是在农业社会，学习者现在假想的身份是农民。

通过这样的一一对应，研究者整理出了四位教师14次课的所有支架话语分节和与之对应的支架意图和支架方法。

研究采用"定性分析为主，定量分析为辅"的方法对数据和结果进行分析。分析数据前清理语料，对齐完毕后得到完整的支架意图和方法对齐总表。由研究者在此基础上进行各支架策略分类的频数和分布统计，包括支架意图和方法的总体使用频数及各教师使用倾向，教师之间包括中国教师和外籍教师的支架策略使用异同比较。此外，研究者分析了教师支架意图和方法之间可能存在的对应关系。研究者具体分析的内容包括，教师通常采取何种支架方法实现同一支架意图。换言之，当教师采用某支架方法时，通常可达到何种支架功能和目的。具体结果在下一章支架策略分布特征部分进行详细汇报。

对于会话分析中定量统计和定性数据分析之间的关系，Schegloff(1993)清楚地说明："在研究大量数据时，我们研究的是许多单个实例的倍数(multiples)或集合体(aggregates)。定量分析，从这个意义上讲，不是可替代单个案例分析的另一研究方法。"因而，在支架策略分布信息的基础上，研究者使用会话分析方法，针对各支架片段序列，探索大学英语课堂互动中教师话语支架策略的话轮构建和序列结构规则。具体包括实现支架策略的话轮语码和话轮组织形式特征，以及实现支架策略的教师话语序列结构规律及优先序列结构模式。会话分析的讨论将在第六章支架策略会话分析部分展开。

4.5 本章小结

根据第二章对EFL课堂互动教师支架策略研究回顾发现的不足，以及第三章对会话分析研究范式进行的理论基础阐释，本章根据研究问题进行研究设计。研究采用实证的方法，将质性的会话分析辅以定量的语料库统计，针对微观课堂互动、二维支架策略分析框架和动态支架策略实施，设计语料采集的对象和过程；确定语料处理过程中转写、支架片段划分和支架策略编码标注规则，完成对超过16万字的语料整理、标注工作。最后介绍对标注数据采取的分析方法，包括统计支架策略的频数和百分比分布，以及考察支架序列的话轮构建和序列结构。

5 教师支架策略分布特征

本章阐明及分析三点内容。第一，四位教师在大学英语听说课堂中的教师支架意图使用情况，包括各意图的频数和百分比分布。第二，四位教师在大学英语听说课堂中的教师支架方法使用情况，包括各方法的频数和百分比分布。第三，课堂互动中教师实施支架意图和方法之间的相关关系。

5.1 教师支架意图分布

在观测大学英语课堂互动教师支架策略时，“为了什么”是支架意图维度，为了该意图“干什么”是支架方法维度。本研究支架策略理论框架中共包含五种支架意图：保持目标、构成认知、简化任务、引起兴趣和控制挫败。教师的同一支架话语只能使用一种支架方法，但可以同时实现一个或两个支架意图。

5.1.1 教师支架意图总频数及百分比分布

将本研究采集的 14 次课，四位教师所有的支架意图和支架意图组合作频数和百分比的统计，结果如表 5-1 所示。

大学英语听说课堂互动中，教师支架策略意图共 12 种，包括单一意图 5 种和组合意图 7 种。单一意图使用频数共 2910 次，占总频数 3524 次的 82.58%；组合意图频数共 614 次，占 17.42%。单一支架意图的使用远高于组合意图。在教师使用的单一支架意图中构成认知最多，达 1701 次，占支架意图使用的 48.27%，接近一半。排在第二位的是简化任务，共 615 次，占 17.45%，在学习者完成任务出现困难时，教师将学习者能力暂时还不能完成的部分拿掉，从而简化语言学习任务。排在前两位的构成认知和简化任务属于支架意图策略中的认知策略，共占65.72%。即在大学英语听说课堂中，教师与学习者的互动中接近三分之二的教师支架意图都用于辅助学习者对于英语语言形式和内容的认知。

表5-1 **教师支架意图总频数及百分比分布**

序号	支架意图及意图组合	频数(次)	百分比(%)
1	保持目标(A)	250	7.09
2	构成认知(B)	1701	48.27
3	简化任务(C)	615	17.45
4	引起兴趣(D)	312	8.85
5	控制挫败(E)	32	0.91
6	保持目标+构成认知(AB)	50	1.42
7	保持目标+简化任务(AC)	33	0.94
8	保持目标+引起兴趣(AD)	10	0.28
9	构成认知+简化任务(BC)	210	5.96
10	构成认知+引起兴趣(BD)	226	6.41
11	构成认知+控制挫败(BE)	11	0.31
12	简化任务+引起兴趣(CD)	74	2.10
总计		3524	100

保持目标属于教师支架的元认知策略，频数为250次，占比7.09%。即教师用于维持语言学习目标，帮助学习者清醒地控制自身语言习得行为的教师支架话语占7.09%，是三大类支架意图中占比最小的。

引起兴趣和控制挫败属于教师支架意图的情感支架，分别使用了312和32次，分别占8.85%和0.91%，共占9.76%。即在大学英语听说课堂中，教师单纯用于调节学习者情绪的支架意图占总支架意图的近10%。其中绝大部分用于调动学习者的积极情绪，刺激其对语言任务的兴趣，使其积极参与内容的讨论或语言形式功能的表达；极少一部分用于学习者受挫时给予鼓励，或利用奖惩规则、手段减少其消极情绪，激励其继续完成语言学习任务。

组合支架意图共七种。其中，保持目标可与除控制挫败之外的三种意图搭配，构成认知可与所有其他四种支架意图搭配，简化任务可与引起兴趣搭配。课堂互动各类教师支架意图的总频数分布柱形图及百分比分布扇形图如图 5-1 和图 5-2 所示。

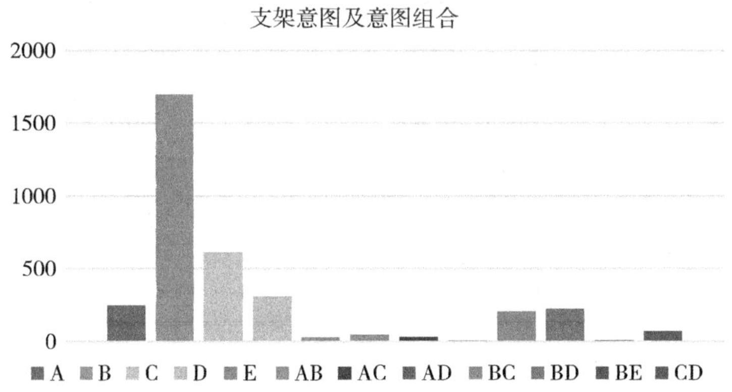

（A＝保持目标、B＝构成认知、C＝简化任务、D＝引起兴趣、E＝控制挫败）

图 5-1　教师支架意图总频数分布图

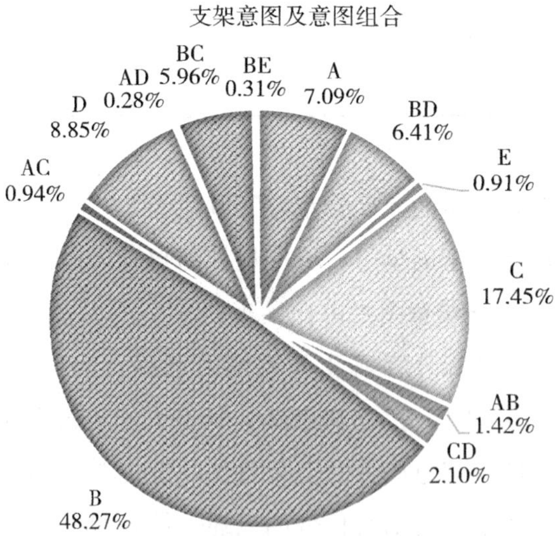

（A＝保持目标、B＝构成认知、C＝简化任务、D＝引起兴趣、E＝控制挫败）

图 5-2　教师支架意图总频数百分比分布图

在这七种组合支架意图中，使用较多的是构成认知+引起兴趣(BD)及构成认知+简化任务(BC)，频次分别达226和210，占比分别为6.41%和5.96%，共占12.37%。即教师在支架学习者语言认知时，常结合激发学习者兴趣和简化学习任务，既让学习者更加愉悦地学习，又适当降低任务难度，都属于调节性的支架意图。当语言学习者在ZPD中够不到任务目标时，激励其跳起来或者将目标下移、锁定更具体的目标，让学习者可以够到，成功完成认知。

使用频数超过50次的支架意图组合有两个：简化任务+引起兴趣(CD)以及保持目标+构成认知(AB)，分别占2.10%和1.42%。这两个组合结合了认知和情感、认知和元认知策略。简化任务+引起兴趣(CD)可以在降低任务难度的同时进一步激发学习者兴趣，而保持目标+构成认知可以在学习者偏离语言任务时，辅助其回到正确的轨道并同时构建认知。

其余三个支架意图组合使用频数均不足50次：保持目标+简化任务(AC)33次，构成认知+控制挫败(BE)11次，保持目标+引起兴趣(AD)10次，共占比仅为1.53%。

理论上，五种支架意图两两搭配应该共存在十种组合，但实际采集的语料中并没有出现以下三种支架意图搭配：保持目标+控制挫败、简化任务+控制挫败、引起兴趣+控制挫败。三种均是与控制挫败进行的组合，可以看到控制挫败本身是使用频率最低的支架意图，一般不组合其他意图使用，仅单独使用或与构成认知组合使用。

5.1.2 各教师支架意图频数及百分比分布

对外籍教师R、教师M和中国教师Z、教师P在课堂中使用的支架意图分别进行统计，其频数和百分比分布如表5-2所示。

对于元认知策略的保持目标使用最多的是教师M，共123频次，占12.55%，高于其他三位教师。相关原因为教师M的课堂偏重语言形式的支架教学，且有较多语言学习任务，需要在学习任务中切换，且切换时需要不断保持学习者的注意力。

表 5-2　　　　各教师支架意图频数及百分比分布

	教师 R		教师 M		教师 Z		教师 P	
	F(次)	P(%)	F(次)	P(%)	F(次)	P(%)	F(次)	P(%)
A	39	4.41	123	12.55	71	6.29	17	3.20
B	398	45.02	468	47.76	516	45.74	319	59.96
C	97	10.97	17	1.73	377	33.42	124	23.31
D	143	16.18	133	13.57	35	3.10	1	0.19
E	10	1.13	9	0.92	9	0.80	4	0.75
AB	23	2.60	9	0.92	9	0.80	9	1.69
AC	2	0.23	8	0.82	23	2.04	0	0.00
AD	2	0.23	8	0.82	0	0.00	0	0.00
BC	65	7.35	51	5.20	75	6.65	19	3.57
BD	41	4.64	146	14.90	7	0.62	32	6.02
BE	2	0.23	4	0.41	1	0.09	4	0.75
CD	62	7.01	4	0.41	5	0.44	3	0.56
合计	884	100	980	100	1128	100	532	100
总计	3524(100%)							

(A=保持目标、B=构成认知、C=简化任务、D=引起兴趣、E=控制挫败)

四位教师在认知策略的构成认知和简化任务使用百分比都较高，其中构成认知占比均超过了45%，教师P甚至达到59.96%。简化任务意图使用最多的为教师Z，共377次，占比达1/3，女教师Z最善于降低学习任务难度来辅助学习者的语言学习。简化任务意图使用最少的为教师M，仅17次，占1.73%，这与教师M最年轻、教龄最短以及是外籍教师相关。可以看到教师M使用最多的意图组合为构成认知+引起兴趣(BD)。即教师M在遇到学习者语言习得困难时，很少降低语言任务难度，没能预测到学习者的困难点，而是通过继续提高兴趣的方式来构建学习者认知。在四位教师所有的支架片段中，仅教师M出现了唯一一次支架失败的情况。具体见附录6实例。

对于情感支架策略的引起兴趣和控制挫败来说，四位教师的控制挫败使用均不高，占比仅在1%左右。这从一个侧面说明，四位教师课堂的支架策略使用都较为成功，教师可以很好地通过一系列支架方法辅助学习者的语言习得，完成语言学习任务，学习者最终真正出现挫败的情况非常少。至于采取引起兴趣的支架意图，外籍教师R和M的采用明显高于中国教师Z和P。外籍教师分别达到了143和133次，分别占16.18%和13.57%，远高于中国教师Z的35次(3.10%)和教师P的1次(0.19%)。即外籍教师在大学英语听说课堂中表现出更多用提高学习兴趣来支架学习者语言习得的策略。

在组合支架意图中，四位教师的保持目标+构成认知(AB)、保持目标+简化任务(AC)、保持目标+引起兴趣(AD)使用频次均不高，单项最高仅23次，教师Z未使用保持目标+引起兴趣(AD)意图，教师P未使用保持目标+简化任务(AC)、保持目标+引起兴趣(AD)意图。保持目标的元认知支架意图与其他意图组合的使用概率不高。

组合意图中使用较多的是构成认知+简化任务(BC)和构成认知+引起兴趣(BD)，前者的使用百分比在3.57%至7.35%之间，后者在0.62%至14.9%之间。使用构成认知+简化任务最多的是外籍教师R和中国教师Z，分别达到65和75次，二者倾向于利用降低难度来支架学习者认知。使用构成认知+引起兴趣最多的是外籍教师M，达146次。即外籍教师M倾向提升学习者兴趣来辅助其认知。

其他两种组合意图构成认知+控制挫败(BE)和简化任务+引起兴趣(CD)四位教师均极少采用，均不超过5次，仅教师R在简化任务+引起兴趣(CD)组合意图的使用中是个例外，采用62次，占7.01%。在四位教师中，外籍教师R擅长利用“苏格拉底式诘问”不断刺激学习者ZPD中的认知，通过一系列与学习者自身紧密相关的问题，引发他们的兴趣，从而一步步构建对于语言内容的认知。

下面对四位教师支架意图的使用分布情况分别进行汇报及讨论。

5.1.2.1 教师R支架意图使用分布

教师R在课堂互动中所使用的支架意图频数分布柱形图和百分比分布扇形图如图5-3和图5-4所示。

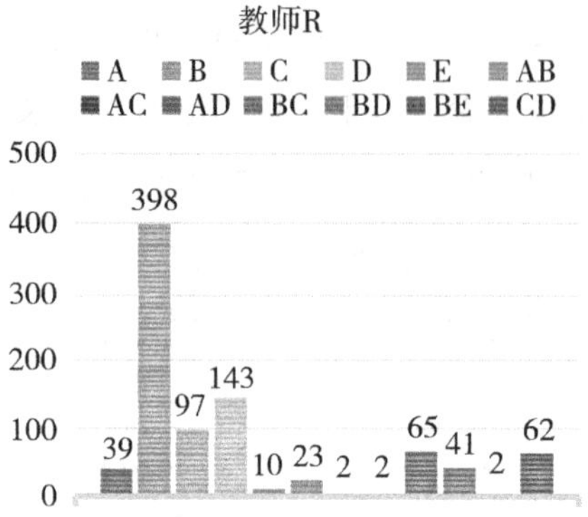

图 5-3　教师 R 支架意图频数分布图

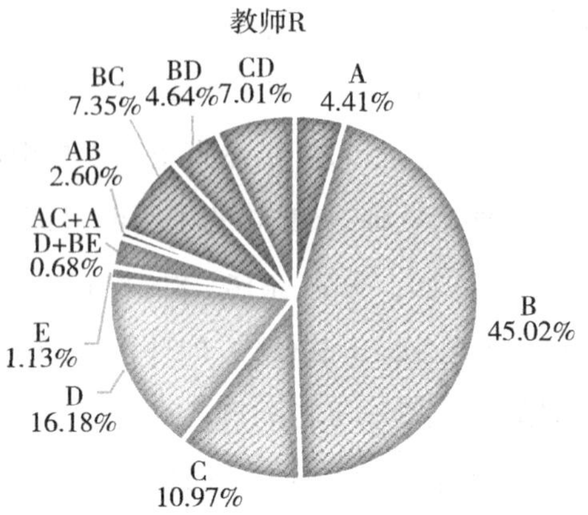

图 5-4　教师 R 支架意图百分比分布图

教师 R 的意图使用与整体趋势相符，认知策略使用最高(共占 55.99%)，元认知策略居中。其特点是善于使用情感策略中的引起兴趣，并善于使用认知和情感的意图组合。其组合意图的使用占比达 22.31%，是四位教师中组合意图使用较多且分布最均衡的。教师 R 是最年长的一位，其支架话语意图表现出老练丰富的特点。

【例 5-1】

[T：教师 R　S：某学生　Ss：数个学生]

T1：Now this is a kind, kind hard to imagine maybe. If you are this kind of person. Remember how we talk about these people? How：：the education：was not very difficult that they may be living by finding food, by catching food, by digging food. And wherever they move out, they didn't have a lot of material possessions, and they grew up fast and died pretty young. But they had family, because family was important to them just like it is to all of us. So men and women are looking for another. Probably when a lot of people to choose from and if you are a young woman, looking for a husband, and you are this kind of person, what would you look for?

S：Um, um, um. Now, I don't look for.

T2：Again please.

S: Now, I don't look for.

T3: No, you don't. But you have to imagine. Create this in your mind. If you are a primitive, primitive lady living in the jungle, looking for a man. What kind of man would you want? A man that get you food, right?

S: Strong.

Ss: Hhehh.

S: Good job.

S: Maybe I think um um um I love him.

T4: You *love* him?

S: The first I must love him.

T5: I think you are thinking about you *today*. I think you'd better be practical. I think you'd better be sure you can eat tomorrow. You need a man who get you food.

S: Um, what is practical?

T6: Practical? Eating, that's practical. Okay, clothing, that's practical. Housing, that's practical.

(Ss are discussing.)

T7: If you are one of these primitive in the jungle man, what kind of woman would you look for?

S: Maybe production.

Ss: Hhehh. production.

S: It's a right answer.

T8: It's real. Yeah, it's real.

S: I thought she could be a good wife.

T9: A good wife? What's a good wife, living in the jungle?

Ss: Hhehh.

T10: Swinging from tree to tree. Hhehh.

Ss: Hhehh. (Ss applause and praise the answer in Chinese.)

S: I just can't imagine.

T11: You can't imagine. I know, you know um that's possible, that's possible because so many of us today grow up in city. We have no idea what it's like living in the countryside, no idea how to do it, no idea how difficult it is. Let me give you some concludes, you gonna look for a woman with good *teeth*.

S： Good teeth?

T12： So she can chew leather and make your shoes. So find a woman with good teeth. Hhehh.

Ss： Hhehh.

T13： Okay?

S： Okay.

T14： That may be basic, that may be the most important thing she had good teeth. Now, (4.0) if um um a young woman is gonna look for a man who can get her food, or who those would find her food, who may can shoot a deer and chase it until it drops because they are strong and FAST, get it? You get the idea? I've spent some time with these people, and they are interesting people, they can be very nice people. One of the things that really impresses me is after the day's activity, the people sit around the camp and men tell stories to the children. They talk, they talk. And they sing songs. They don't have television, um, they don't have Majiang to play. They just, they just enjoy one of another. All right, let's take this one step further....

上例的支架片段，充分展示了教师 R 支架策略的意图使用情况。在该片段中，教师 R 帮助学习者构建原始社会中的家庭关系，包括丈夫和妻子各自扮演的角色。教师 R 充分使用了构成认知的意图，并组合使用了引起兴趣；在构建学习者认知的同时，保持了他们的学习兴趣。整个片段充满学习者的欢声笑语，学习者愉快地进行语言形式和内容的习得。

教师 R 在片段起始 T1 使用了保持目标的支架意图"Now this is a kind, kind hard to imagine maybe.（现在，可能我们要做些难点的假想。）"，告诉学习者马上开始一项新的语言学习任务。然后使用认知构成支架学习者回顾之前讲授过的原始社会人类的生存，"How：：the education：was not very difficult that they may be living by finding food, by catching food, by digging food. And wherever they move out, they didn't have a lot of material possessions, and they grew up fast and died pretty young.（原始人受的教育并不复杂，他们学习如何靠找食物、捕捉食物和挖食物来生存。不管他们去哪儿，都不带很多物品。他们生长得很快，寿命也不长。）”。接着抛出问题“if you are a young woman, looking for a husband, and you are this kind of person, what would you look for?（如果你是一个年轻女性，要找丈夫，你现在是这样的情况，那么你会找什么样的人?）”将责任转移到学习者身上，让他们开始构建原始社会家庭关系的认知。

在学习者给出了“Now, I don't look for.（现在我可不想找。）”和“The first I must love him.（首先我得爱他。）”的回答后，教师R重新采用了保持目标的支架意图：T3的“But you have to imagine. Create this in your mind.（但你们要想象。在脑子里创造情境。）”和T5的“I think you are thinking about you *today*.（我觉得你们考虑的是*现在的*你们。）”，帮助学习者回到正确的互动轨道上来。接着继续用到了构成认知来帮助学习者在ZPD中搭建认知，如T5的“I think you'd better be practical. I think you'd better be sure you can eat tomorrow. You need a man who get you food.（我想你们最好实际一点。得确保明天有吃的。你需要找一个人能带给你食物。）”和T6对“practical”的解释“Eating, that's practical. Okay, clothing, that's practical. Housing, that's practical.（吃饭，是实际的。那么，穿衣，是实际的。住所，是实际的。）”。

当教师R继续提问构建原始社会要找什么样的妻子，而学生回答“I just can't imagine.（我就是无法想象。）”时，教师R这时的反馈使用了控制挫败的意图，在T11中，教师R的支架话语为：“You can't imagine. I know, you know um that's possible, that's possible because so many of us today grow up in city. We have no idea what it's like living in the countryside, no idea how to do it, no idea how difficult it is.（我们无法想象。我明白，这情有可原，我们绝大多数人是在城里长大的。我们不知道住在乡下是什么样的，干些什么，生活多艰难。）”，纾解了学习者因答不上问题的焦虑情绪。

在这个支架片段中，教师R多次使用到引起兴趣的支架意图，如T9的“What's a good wife, living in the jungle?（生活在荒野丛林里的，什么样的叫作好妻子?)"和 T10 的"Swinging from tree to tree. Hhehh.(在树丛中游来荡去?呵呵。)",用有趣的提问来构建学习者的认知。在该支架片段中,标注的学习者笑声达五次之多。

最后的 T14 中,教师 R 用一个亲身经历的小故事介绍了一个家庭真实的生活,使用了构成认知+引起兴趣的支架意图组合,帮助学习者进一步理解原始社会的家庭关系。圆满地结束了该部分的话题互动讨论,完成了语言学习任务。

5.1.2.2　教师 M 支架意图使用分布

外籍教师 M 支架意图使用符合总趋势,但其认知策略的使用不平衡,构成认知(468 次)远高于简化任务(17 次),并且其元认知策略和情感策略中的引起兴趣意图及其意图组合在四位教师中是最高的。这与教师 M 的课堂偏重语言形式教学紧密相关,任务相对短小、明确,不需要频繁使用简化任务的支架意图,但在任务切换时需要不断使用保持目标的元认知支架策略。教师 M 在课堂互动中所使用的支架意图频数分布柱形图和百分比分布扇形图如图 5-5 和图 5-6 所示。

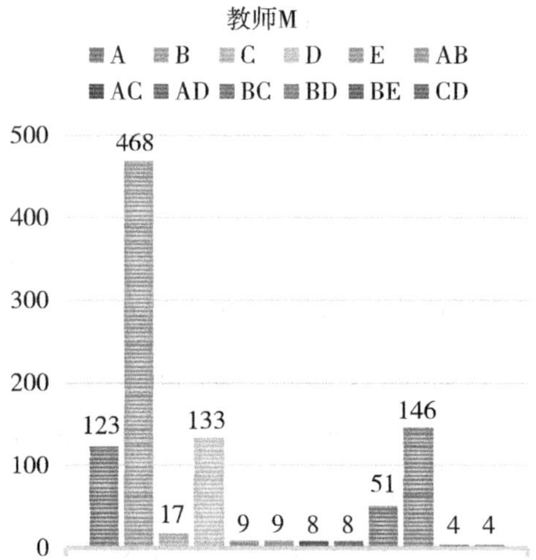

图 5-5　教师 M 支架意图频数分布图

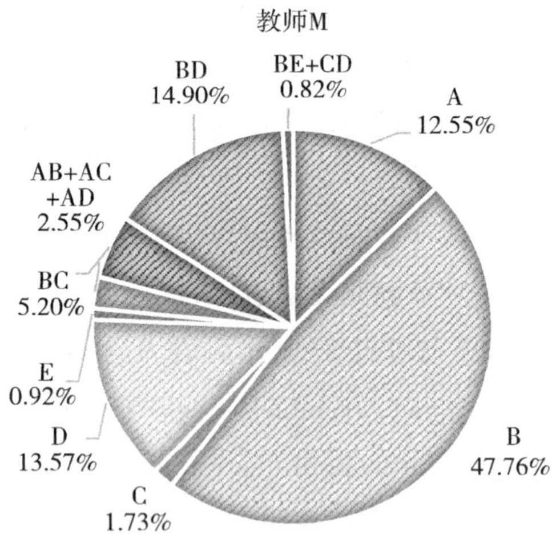

图 5-6　教师 M 支架意图百分比分布图

例 5-2 展示了教师 M 支架学习者对于一个句型"I'm keen on...(我喜欢/喜爱……)"习得的片段。在教师 M 邀请两位学习者在全班朗读了一个短对话之后,紧接着对其中的关键词汇和短语逐一进行解释，并让学习者造句。

【例 5-2】

［T：教师 M　S：某学生］

T1：So for this, over there on the side, the language on the side, the key word, key language on the side, saying no, right? I'm not keen on, K E E N, what does that mean? K E E N, Charles, what does that mean, keen? I'm not keen on, finish that sentence for me. I'm not keen, what?

S：I'm not interested in.

T2：Yeah, yeah, it means having interest, finish that sentence for me. I'm not keen on, finish it.

S：I'm not keen on...

（T & Ss are laughing.）

T3：Come on! It's not hard at all. Do you like bees?

S：Bees?

T4：Yeah, zizizizizizi. Do you like bees?

S：No.

T5：No, I'm not keen on bees. （T is laughing.） Right? It's actually, it's not hard to finish. You can put anything you don't like after that sentence, right? I'm not keen on Wilson, right? I'm just kidding, it's a joke.

S：I'm not keen on exams.

T6：Yeah, perfect, I'm not keen on exams. I'm not too keen on this. It means I don't want to do something, I don't really like it.

在这个只有六个教师支架话轮的支架片段中，教师 M 首先在 T1 中使用"So for this, over there on the side, the language on the side, the key word, （下个任务，在材料的边上，旁边的语言，关键词，）"保持目标的元认知策略，帮助学习者将注意力集中到学习材料中的关键词上。然后使用构成认知解释了"keen"的意思。再邀请学习者使用该句型造句，学习者未想到合适的内容表达时，教师 M 使用了非言语的大笑和T3的话语来控制挫败“Come on! It's not hard at all.(加油！这一点儿也不难。)”。紧接着简化任务及引起兴趣“Do you like bees?（你喜欢蜜蜂吗?)”，在学习者反馈“Bees?（蜜蜂吗?)”，T4中采用了构成认知和引起兴趣的组合意图“Yeah, ziziziziziz. Do you like bees?（对，嗞嗞嗞嗞嗞嗞，喜欢吗?)”。得到学习者的肯定答复后，T5中继续使用构成认知“You can put anything you don't like after that sentence, right?（你可以把任何你不喜欢的东西放在这个句子后面，对吧?)”和用一个同学的名字“Wilson”造句引起兴趣“I'm not keen on Wilson, right? I'm just kidding, it's a joke.(我不喜欢Wilson，对吧？我开玩笑的，这是个玩笑。)”。

最终成功支架学习者用正确的语言形式和内容表达“I'm not keen on exams.(我不喜欢考试。)”。最后教师M再次使用了认知构成加强该语言点的教学“I'm not too keen on this. It means I don't want to do something, I don't really like it.(我也不喜欢它。意思是我不想做某事，我并不是真的喜欢它。)”。

5.1.2.3 教师Z支架意图使用分布

教师Z的课堂互动支架意图使用频数分布柱形图和百分比分布扇形图如图5-7和图5-8所示。符合整体意图分布趋势，认知策略中认知构成(516次)和简化

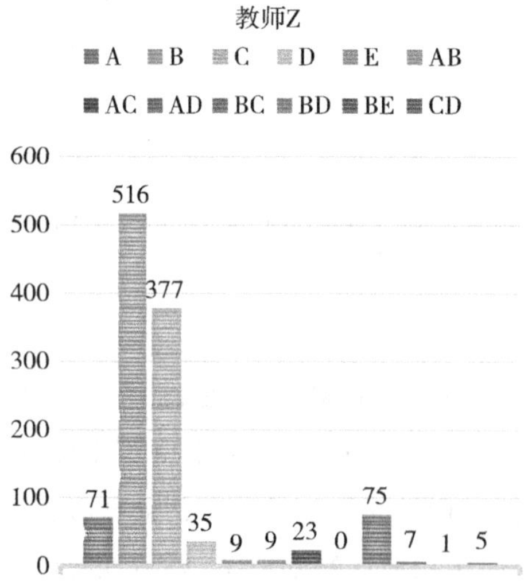

图5-7 教师Z支架意图频数分布图

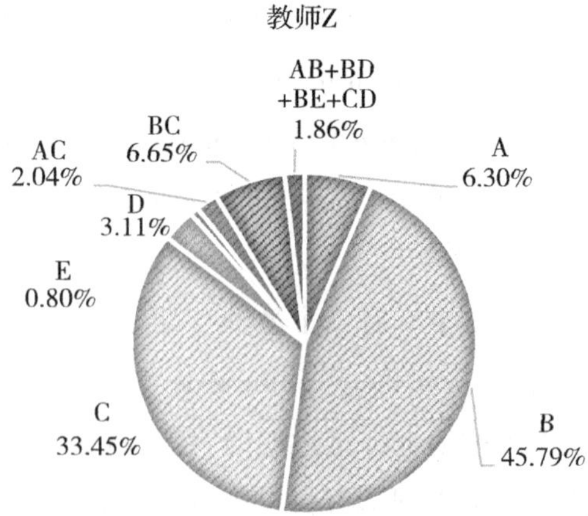

图5-8 教师Z支架意图百分比分布图

任务(377 次)的使用都非常高，分别占 45.79%和 33.45%，组合支架意图除了构成认知+简化任务(75 次)，其他组合均较少使用。构成认知、简化任务这两种意图组合共占 85.89%，即教师 Z 课堂绝大部分的支架教学用于辅助学习者的认知。其情感支架意图使用较低，仅占 3.91%。例 5-3 是教师 Z 在播放完一段雅思听力后，支架学习者对于语言内容的梳理，展示了其认知支架意图的使用。

【例 5-3】

[T：教师 Z　　S：某学生　　Ss：数个学生]

T1：OK, questions. What are the announcements you hear? What did the announcement say? There will be what?

S：Classical music.

T2：Classical music broadcast in the:::

Ss：Cafeteria.

T3：Cafeteria, right. During the meal time, right? For what purposes? For what purposes?

Ss：Relax.

T4：For students to relax and:::

Ss：Talk.

T5：To communicate and connect with each other. Unplug their, you know, earphones, their headsets, 就是为了相互的来 catch up, OK? And then what did the two students say? What did the man say?
(Ss are discussing.)

T6：So what about two purposes? 这个 announcement 说的 two purposes，大家就要针对性地去寻找相对应的信息嘛，这样子说起来才条理很清楚。我说条理，topic development，很大程度上就是看你有没有条理，right? 关于第一个 relax，他说学习是很紧张的，是吧，所以吃饭的时候需要放松，What did he say?

Ss：Hard to concentrate.

T7：Hard to concentrate. And some students, you know, when they are at meal time, what do they actually want to do?

S: Prepare for exams.

T8: Right. Maybe, having the meal is not their major purpose, 本身在吃饭的时候也许是要怎么样啊, 也许是要 to study, to prepare for the examination, 这样子的话 music 就很难让人 concentrate. 是吧, hard to focus and concentrate. So then what about the next one, next point?

S: Their own preference.

T9: Right. The students have their own personal preferences concerning their choices of music, right? 如果他只放 classical music 就会带来这样的后果, probably more students, right, will bring their mp3, right, and other devices, just to 怎么样? 为了::: Lock out, 听到这个词了吗? 对吧, 要把它怎么样, 挡在外面, 不听, 为了不听这个音乐。

教师Z首先在T1中用一句非常简短的"OK, questions.(好, 下面回答问题。)"来保持目标, 然后开始提问支架学习者的认知"What are the announcements you hear? What did the announcement say? (你们听到的公告是什么? 公告是怎么说的?)", 紧接着使用简化任务的支架意图"There will be what? (马上会发生什么?)", 先抛出去一个学习者容易回答的小问题。

接下来的T5"Unplug their, you know, earphones, their headsets, 就是为了相互的来 catch up, OK? (摘掉他们的入耳耳机、他们的头戴耳机, 就是为了同学之间相互交流, 对吗?)"和T6的"这个 announcement(公告)说的 two purposes(两个目的), 大家就要针对性的去寻找相对应的信息嘛, 这样子说起来才条理很清楚。我说条理, topic development, 很大程度上就是看你有没有条理, right?"继续使用构成认知的支架意图, 理解听力材料并指导听力技巧。同时, 教师Z善于用给出部分提示, 即不把答案说全的方式来达成构成认知+简化任务的支架意图。如本支架片段的三处T2的"Classical music broadcast in the::: (播放古典音乐, 在:::)", T4的"For students to relax and:::"(为了让学生放松和:::), T9的"probably more students, right, will bring their mp3, right, and other devices, just to 怎么样? 为了::: (可能更多的学生会带上他们的 mp3, 对, 或者其他的设备,就是为了怎么样？为了：：：）”。通过简化任务来构建学习者的认知，可以将其语言习得的注意力聚焦到非常明确、具体的语言任务上，学习者可以通过更小的努力，在 ZPD 中达到习得目标，完成语言学习任务。

5.1.2.4 教师 P 支架意图使用分布

教师 P 与教师 Z 相似，支架意图分布符合总体趋势，认知策略中认知构成（319 次）和简化任务（124 次）意图使用均较高，分别占 59.96%和 23.31%，共占 83.27%。教师 P 的构成认知意图占比和认知组合意图占比均是四位教师中最高的。但其情感策略和组合意图使用率都较低。教师 P 在调动课堂气氛激发学习者兴趣的支架策略的使用上稍显不足，但其课堂显示出较强的知识性，构建学习者的语言文化知识图谱，绝大部分的课堂互动支架都在辅助学习者的认知构成。教师 P 的课堂互动支架意图使用频数分布柱形图和百分比分布扇形图如图 5-9 和图 5-10 所示。

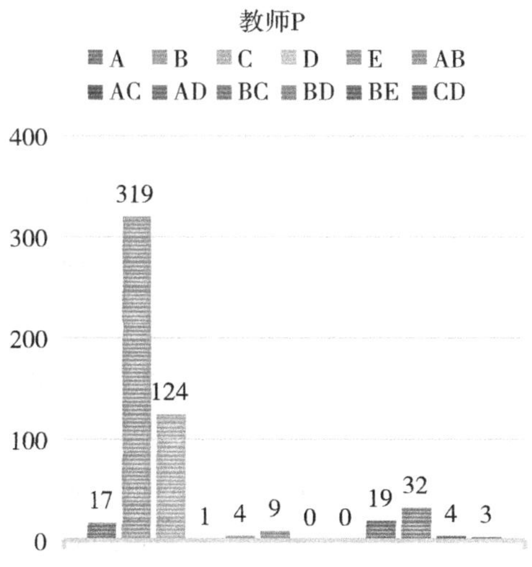

图 5-9 教师 P 支架意图频数分布图

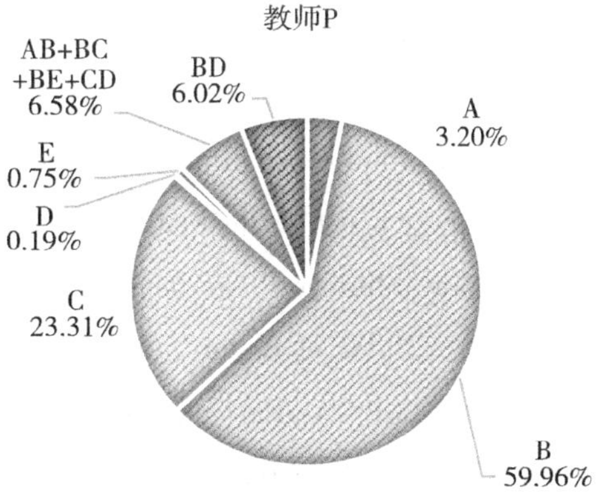

图 5-10 教师 P 支架意图百分比分布图

例 5-4 是教师 P 引导学习者对四则关于经济新闻报道的内容回顾，中间使用了大量认知构成的支架意图，帮助学习者构建涉及的经济组织相关背景知识。

【例 5-4】

[T：教师 P　S：某学生]

T1： Now, let's review what we have learned from the four pieces of video, right okay. Um, particularly, we will focus on the historical look at the G20. We learned that G20 is actually a group of 19 countries and one economy, the European Union. And the first G20 summit was held in 1999, right okay, 1999, in which country?

S： Berlin.

T2： Okay, in Berlin. And the golden time of G20 is during the::

S： 2008.

T3： Okay, 2008, 2009, and 2010, right okay. We may say particularly during the, okay, the global financial meltdown, crisis, meltdown. Specifically, the program told us that during the financial crisis, G20 summit was held in (2.0), which three cities?

S： Um, Washington.

T4： Washington.

S： London.

T5： London and Pittsburgh. I could still remember a video I have watched in 2008, sorry, 2009, about the G20 summit in London. The report told us that China was the only country which had economy move during the global crisis. And China is the power house of the world economy. And China is the only server of the world economy. Just now, we have talked about that the G20 summit made a pledge to invest trillions of dollars, and during that crisis, China promised to invest four trillion RMB. And also, we say, according to the program, G20 economy accounts to almost 90% of the total GWP of the world. So it's one of the most important organizations in the world. Um, just now some of you have told us that G20 actually is not merely attended by the 20 members, but also some invited guests. So, in Hangzhou G20, which country or which countries are invited as guests?

S： Egypt, Norway.

T6： Okay, Egypt, Norway.

S： Um, Argentina.

T7： Argentina.

S： South Africa.

T8： South Africa. South Africa is a member country, right okay. Now, let's just draw an end to our discussion about the G20. Just now, we have said that G20 is one of the most important financial organizations globally. Besides G20, there may be some other organizations such as World Bank, such as AIIB. What is AIIB? AIIB, 亚投行, right okay. Asian Infrastructure Investment Bank. Today, we will not talk about these organizations. Instead, we will get to the BRICKS (writing on the blackboard). Okay, BRICKS: : :

教师 P 首先在 T1 中用"Now, let's review what we have learned from the four pieces of video, right okay. Um, particularly, we will focus on the historical look at the G20. (现在，我们一起回顾一下这四条视频。嗯，特别是，我们要聚焦 G20 的发展历史。)"完成保持目标的支架意图，安排了这一支架片段的语言学习任务。接下来教师 P 使用了大段的支架话语来构建学习者对于 G20 发展历程的认知。如 T1 中的"We learned that G20 is actually a group of 19 countries and one economy, the European Union. (我们知道 G20 是十九个国家加一个经济实体，欧盟。)"，T3 中的"We may say particularly during the, okay, the global financial meltdown, crisis, meltdown. [我们可以说(G20 的黄金时期)是在全球经济下滑、危机、下滑过程中。]"，T5 中介绍自己曾看到的 2009 年伦敦 G20 的情况，和 T8 中"Besides G20, there may be some other organizations such as World Bank, such as AIIB. (除了 G20，还有其他一些重要的国际经济组织像世界银行和亚投行。)"进一步来拓展学习者对于 G20 作为重要国际经济组织的背景知识。同时，教师 P 的数次提问均关于 G20 举办的时间、国家和嘉宾国家，旨在辅助学习者语言背景知识的认知。

5.1.2.5 各教师支架意图使用相关关系

四位教师使用支架意图的整体趋势相同，但同时存在各自不同的风格。运用非参数秩和检验判断支架意图的总体分布是否有显著差异，首先对中国教师和外籍教师之间使用 Wilcoxon 卡方检验，发现中外教师之间无显著差异($w=87$，$p=0.4024$)。再对四个教师使用 Kruskal-Wallis 卡方检验。结果表明，四位教师之间无显著差异($\chi^2=1.6304$，$df=3$，$p=0.6525$)。从统计角度来看，本研究所采集的四位教师，在支架意图的整体使用上无显著差异。

使用 SPSS，对单个意图进行 Mann-Whitney 非参数检验，发现引起兴趣意图，中国教师和外籍教师使用有显著差异($p=0.003$)。

再对四位教师的支架意图使用频数作相关分析，其两两相关的相关系数分布矩阵如表 5-3 所示。

表 5-3　　**各教师支架意图及意图组合频数相关系数矩阵**

	教师 M	教师 R	教师 Z	教师 P
教师 M	1.00	0.92	0.70	0.85
教师 R	0.92	1.00	0.84	0.91
教师 Z	0.70	0.84	1.00	0.95
教师 P	0.85	0.91	0.95	1.00

从表 5-3 和图 5-11 可以看到，四位教师在英语课堂中对支架意图的使用均具有统计学上的显著相关。其中，教师 Z 和教师 P 的相关系数最高，达 0.95；教师 Z 和教师 P 同为中国教师，在认知构成的意图使用上非常相似，都注重语言知识和语言技能的讲授。其次是教师 M 和教师 R 相关系数也较高，达到了 0.92。二者均为外籍教师，都倾向在课堂中既支架学习者认知又引起学习者兴趣。教师 P 和教师 R 的支架意图相关系数也达到了 0.91。

四位教师的支架使用意图频数相关系数可视化如图 5-11 所示。

教师 P 和教师 M、教师 Z 和教师 R 的相关系数居中，分别为 0.85 和 0.84，表明教师之间支架意图存在相似但又有细微差异，正好是两对中外教师之间的相关。教师 P 和教师 M 都善于支架认知构成，但教师 M 会结合引起兴趣；教师 Z 和教师 R 都善于使用构成认知及简化任务组合意图，但教师 R 的引起兴趣意图使用更多。相关系数最低的是外籍教师 M 和中国教师 Z，为 0.70。虽然二者意

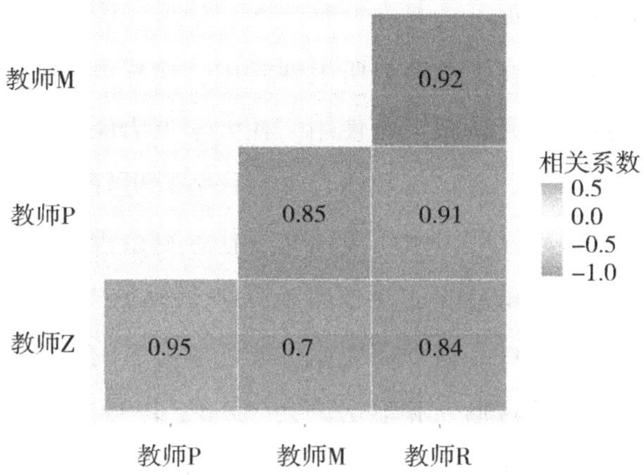

图 5-11 各教师支架意图频数相关系数图

图的使用也是正向相关，但相关度低于其他教师。二者主要的差异就在于教师 Z 在四位教师中对简化任务意图使用最多，而教师 M 使用最少；教师 M 引起兴趣和引起兴趣+构成认知意图组合使用频率远高于教师 Z。

在支架意图使用频数相关系数分析中可以看到国籍成为重要的影响因素，中外教师在大学英语课堂互动支架意图中表现出明显的倾向性。中外教师在英语课堂支架意图的采用上，虽然都注重学习者的认知构成，但外籍教师表现出了更注重激发学习者学习兴趣的倾向。

5.1.3 讨论

对于支架意图的统计，可以看到大学英语听说课堂互动中，教师支架意图使用的特征之一为：单一支架意图的使用远高于组合意图。其中使用最多的为认知策略相关支架意图，包括构成认知和简化任务，占教师使用支架总意图近三分之二；其次是情感策略相关支架意图，包括引起兴趣和控制挫败，但前者的采用远大于后者；最后是元认知策略相关支架意图。七种组合支架意图中使用较多的是构成认知+引起兴趣及构成认知+简化任务，均是与构建学习者认知相关的支架意图。

这与 van de Pol 等的研究发现有同又存异。van de Pol 等(2010)综述的支架策略研究中，教师完成最多的支架意图也属于认知策略，但居中的是元认知策略，最后是情感策略。可见不论是在何种层次、学科的课堂上，教师辅助学习者认知始终占据第一位。但在大学英语听说课堂中，情感策略以及情感组合认知策略的使用高于维持目标的元认知策略使用。在大学英语课堂中，大学英语学习者不同于中小学学习者，他们对自身和语言学习任务有更好的认识和监控，不需要教师对学习任务进行不断提醒。大学英语学习任务复杂程度较高，处理单一任务的时间更长，相对任务数量减少，用于维持任务目标的支架意图使用频率更低。同时，基于二语学习的特点，教师需要积极调动学习者的正面情绪参与到语言活动中来，最大化地制造语言输入和输出机会(Long，1996)，既辅助学习者对于输入的认知，又激励学习者的表达意愿和语言输出认知加工。

教师支架意图使用特征之二是：从教师角度看支架意图分布，整体没有显著差异，教师之间支架意图完成相关系数高，但在引起兴趣的情感支架上，中外教师差异显著，外籍教师比中国教师采用了更多引起兴趣的情感支架，辅助学习者的英语学习。

实证的结果反映了在大学英语听说课堂中，教师支架意图分布的真实样貌。不论教师的主观意愿如何，对于课堂角色的理解如何，个人教学风格如何，国籍如何，教师话语实际表现出来的支架意图没有显著差异。教师之间使用元认知、认知和情感支架来辅助学习者二语习得的意图紧密相关。国内学者曾调查中外教师对于课堂中介作用的看法(徐锦芬、李斑斑，2007)，发现外籍教师在“让学生明白意图”“超越当前目的”“培养胜任感”等九个方面的中介意识水平要高于中国教师。可以看到，经过十多年的教学改革实践，中国本土外语教师的中介意识也明显提高，更加注重在交际式教学互动中完成教学目标。

本研究发现外籍教师使用引起兴趣的情感支架意图高于中国教师，在相关研究中亦得以展现。王勃然等(2015)采用调查问卷和访谈的方法从学习者视角调查了大学英语外教教学，结果显示外教在个人魅力、语言表达和教学模式等方面具有一定优势。正面情绪有利于学习者调动学习积极性(Li et al.，2020)，如何在加强互动的基础上，合理设置学习任务和利用互动言语激发学习者兴趣，可以成为本土外语教师进一步思考的课题。

5.2 教师支架方法分布

5.2.1 教师支架方法总频数及百分比分布

首先，本研究对所有四位教师采用的支架方法，包括反馈、提示、提问、解释、传授、示范、搭桥、非言语的总频数和百分比分布进行统计，结果如表5-4所示。

从统计数据可以看出，大学英语听说课堂互动中教师使用最多的支架策略方法是反馈，共999次；其次是提问和传授，分别为894次和712次；解释使用频次也较多，为395次；非言语、提示和搭桥使用略少，分别为167次、157次和115次；使用最少的支架方法为示范，仅85次。各支架方法的频数分布可以用图5-12的柱状图直观地呈现。

表5-4 教师支架各方法总频数及百分比分布

	反馈	提示	提问	解释	传授	示范	搭桥	非言语	总计
频数(次)	999	157	894	395	712	85	115	167	3524
百分比(%)	28.35	4.46	25.37	11.21	20.20	2.41	3.26	4.74	100

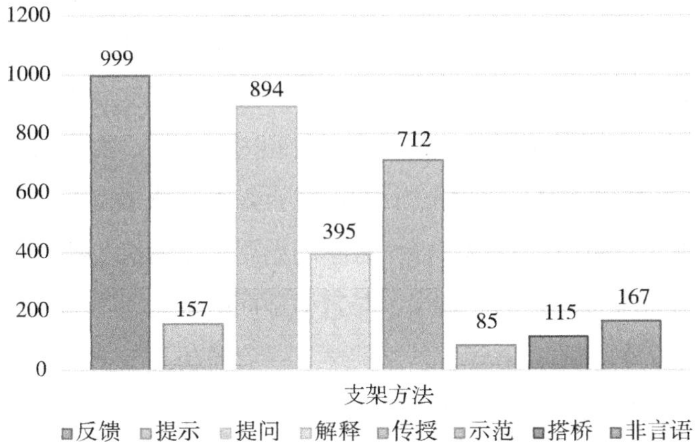

图5-12 教师支架方法使用频数分布图

各支架方法的使用百分比分布可以直观地由图5-13显示。

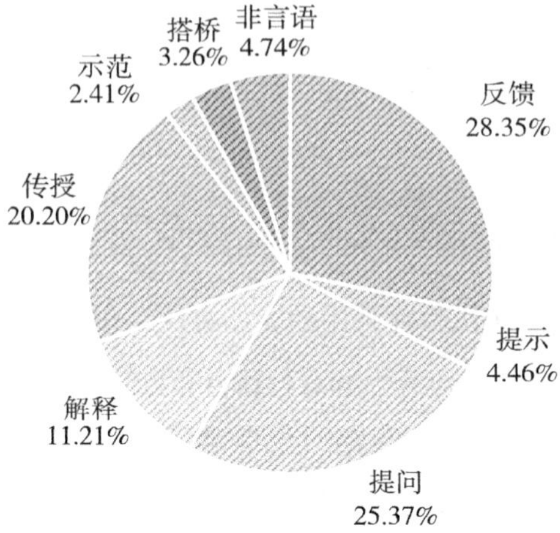

图 5-13　教师支架方法使用百分比分布图

可以看到，在大学英语听说课堂中，教师与学习者的互动中，教师对于学习者支架方法中使用频数超过四分之一的方法是反馈和提问，分别占 28. 35% 和 25. 37%，两者加起来超过 50%。即，教师使用超过一半的支架方法是用于向学习者提问和对其进行反馈。这符合大学英语听说课的本质，在师生的言语互动中，教师主要通过向学习者提问和对其回复直接反馈，从而帮助学习者完成对英语语言形式和内容的习得。

其他六种支架方法百分比不到一半，共 46. 28%。排在第三位的是传授，占 20. 20%。即教师向学习者讲授语言点，并指导学习者如何学习。解释的支架方法使用亦较多，占 11. 21%。即教师在传授语言知识时进一步给予阐释，包括单词释义、语法点解释、意义的协商等，是更加深入的支架方法。非言语和提示使用不到 5%，分别为 4. 74% 和 4. 46%。非语言也是大学英语课堂教学中重要的支架手段，非言语行为因其不间断性而存续于课堂教学的始终。本研究主要观测的是教师支架话语，所以仅统计穿插在言语互动中，与言语不同时进行，作为言语辅助，并可以由课堂录音转写的教师非言语行为，如笑声、声音模仿和板书声。

百分比最少的支架方法是搭桥和示范，分别占 3. 26% 和 2. 41%。搭桥是联系学习者已有知识图谱或亲身经历。该方法整体使用较少，具体实例及分析将在下一章搭桥方法的话轮分析中给出。另外，大学英语听说课堂与中小学英语教学不同，大学英语听说课堂教师直接向学习者作示范，让其鹦鹉学舌或依葫芦画瓢的百分比总体较小，教师更强调学生对于语言形式和意义的内化理解。

本研究采集的四位教师课堂，人均总时长基本持平，均为400分钟左右。下面对四位教师的课堂分别使用的支架方法频数及百分比作汇报，并同时观测四位教师在支架方法使用上的相关关系。

5.2.2 各教师支架方法频数及百分比分布

首先，对四位教师课堂分别使用的各类支架方法进行统计，其使用频数和百分比分布如表5-5所示。

可以看到，所标注的外籍教师R、教师M支架方法总节数的频数分别为884和980，所标注的中国教师Z和教师P支架方法总节数分别为1128和532。教师P的支架方法频数远低于其他三位教师，因其课型为听说课，教师P在课堂上播放了英语新闻的听力或视频材料，而且为了帮助学习者充分理解和讨论材料，需要播放两至三遍。在相同时长的课程时间内，其进行教师支架话语的时间减少，单纯从频数上来看其支架方法的使用节数少于其他三位教师。

表5-5 **各教师支架方法频数及百分比分布**

	教师R		教师M		教师Z		教师P	
	F(次)	*P*(%)	*F*(次)	*P*(%)	*F*(次)	*P*(%)	*F*(次)	*P*(%)
反馈	301	34.05	221	22.55	319	28.26	158	29.70
提示	30	3.39	18	1.84	64	5.67	45	8.46
提问	260	29.41	184	18.78	336	29.79	114	21.43
解释	59	6.67	170	17.35	145	12.85	21	3.95
传授	158	17.87	204	20.82	194	17.20	156	29.32
示范	0	0.00	79	8.06	2	0.18	4	0.75
搭桥	34	3.85	53	5.41	15	1.33	13	2.44
非言语	42	4.75	51	5.20	53	4.70	21	3.95
合计	884	100	980	100	1128	100	532	100
总计	3524(100%)							

注：*F*=频数　*P*=百分比

从极值来看，四位教师分别使用频数最多的支架方法如下。教师 R、教师 M 和教师 P 均为反馈，分别使用 301 次、221 次、158 次，百分比占 34.05%、22.55%和 29.70%，均超过各自总数的 20%，教师 R 甚至超过三分之一。教师 Z 使用最多的支架方法为提问，共 336 次，占 29.79%；但反馈是其使用频数仅次于提问的支架方法，达 28.26%。四位教师分别使用频数最少的支架方法为：教师 R、教师 Z 和教师 P 均为示范，分别使用 0 次、2 次、4 次，占 0.00%、0.18%和 0.75%；教师 M 使用最少的支架方法为提示，共 18 次，占 1.84%；但教师 M 的示范方法也使用了 79 次，占 8.06%，远高于其他三位教师。

教师 R、教师 M、教师 Z 和教师 P 的课堂互动支架方法频数分布柱形图和相对应的百分比分布扇形图分别如图 5-14 至图 5-21 所示。从图形的分布上，可以直观地看到各位教师的支架策略方法使用情况。

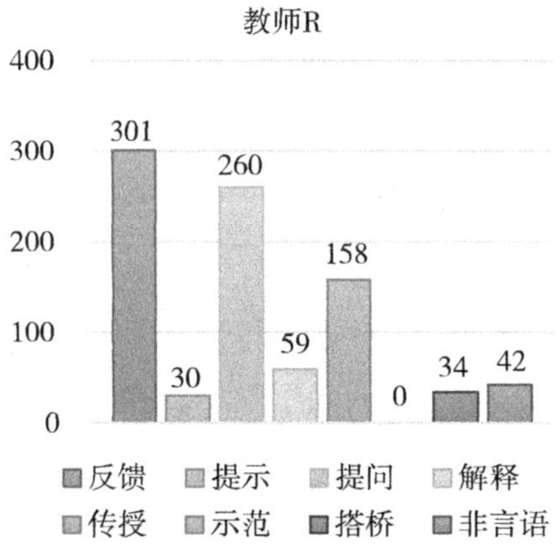

图 5-14　教师 R 支架方法频数分布图

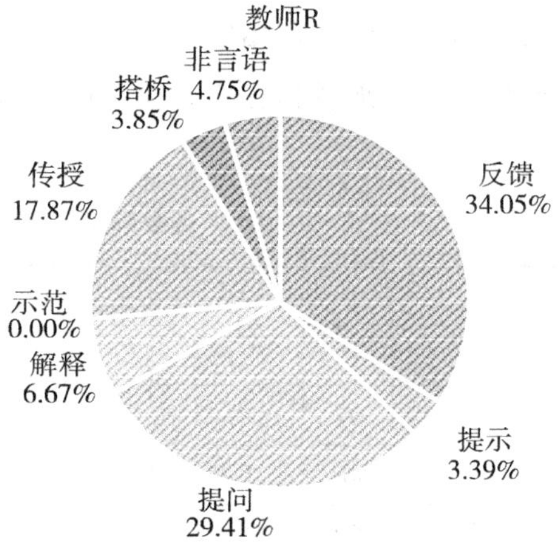

图 5-15　教师 R 支架方法百分比分布图

5.2.2.1　教师 R 支架方法使用分布

外籍教师 R 的反馈、提问和传授使用最多，总共百分比达 81.33%。教师 R 是四位教师中最年长的一位，在采集的四次口语课中，他分别与学习者讨论了社会结构、社会关系、大学生活和职业选择四个话题。在与学习者的互动中，教师 R 确保学生对于相关概念的充分理解和让学生用自己的语言表达出来。该教师在互动开启时的引导语中就明确告知学习者，在教师进行基本的话题介绍之后师生之间将对话题进行“a Socratic interaction（苏格拉底式互动）”。同时，教师 R 利用其特殊的外教身份，向学习者介绍了大量相关的西方文化。在外教 R 的课堂中，提问、反馈和传授的支架方法占到高达 80%以上。教师 R 也使用解释、搭桥、提示和非言语四种方法，但频数都在 60 次以下，百分比均不超过 7%。且该教师使用的示范方法为零。这与教师 R 重视学习者对于语言内容的理解和意义协商密切相关。其向学习者分发的讲义仅涉及需要讨论的话题，并不包含可以使用的相关句型、语法等。在与学习者的互动中，当学习者出现语言形式错误时，教师 R 并没有示范或纠错，而是根据学习者表达的意义继续话题讨论，中间没有停顿。学习者注意力也聚焦在话题讨论的意义上，能够不断地进行语言产出。

比如在下例中，教师 R 引导学习者讨论“work（工作）”在人类社会各个不同阶段的形式和含义，快速回顾了之前对于人类社会形式的划分，并聚焦农业社会中工作的内涵，主要用到了提问、反馈和传授的支架方法。

【例 5-5】

[T：教师 R　S：某学生]

T1：What I'd like to do is to put this into the context that I frequently do, the changes in, in cultural patterns through history. The reason I wanted to do this is because that I continuously emphasize that we're in the process of changing. And the things are changing, and that regards work, okay? So using a model that I've been using all semester, you know, most human in history, people have been living very simply, right? What we call that? Horizon. In human history.

S：Horizon?

T2：That level of structural organization.

S：Family? Family.

T3：Well, that's the basic structure. But we have a name for the whole system. Call it subsistence, right? Subsistence.

S：Society?

T4: Subsistence. Hunt together. Remember? OK? Come back. Subsistence, alright? Subsistence. I won't put it on board, I've done it too often. Subsistence, alright? Hunt together, just live in what you can find, catch, fish, hunt, dig, pick... those kinds of things. And if you, and that's how most human, humans have been through history, right? And um, and tell about ten thousand years ago, we develop these all when we talked about food earlier this semester, what, what is it? How these changes occurred? So, then we talked about the first great revolution, the great, first great structural revolution in human history, which became what? How did everybody change? How did the world change?

S: Agriculture?

T5: We changed agriculture, we started producing food. So human beings began to take control of their food supply. Now to do that, they have to apply energy. If if if any, I mean, our ancestors grow up, are all farmers. Are any of you farmers? Any of you grow up in a farm? No, not any more. I did, but I'm the last of the generation. There's something that's really, um, pretty dramatic and aesthetic I think, in the life of a farmer. They get up in the morning, they do what? What did they do?

S: Farm.

T6: They farm. What's that called?

S: Uhhh...

T7: It's called work, isn't it?

S: Work.

T8: Yeah, you go to work, right? Dawn, you go to work, because the more work you do, the more food you get, right?

S: Yeah.

T9: So maybe, maybe, maybe we'd even benefit from having some sons, right? So maybe we ought to get a lady that's gonna help you have some sons, some babies. They are gonna be boys, they're gonna help you work in the field, right?

S: Yeah.

T10: So this is the... this became to be the standard for the world. And in many respects, it still is the standard for the world. But fewer and fewer of us are farmers. But these farmers are all the same, if you notice the world over, they WORK. And there's no question about what they do, that's work. Alright?

在上例中，教师 R 在 T1 中用“What I'd like to do is to put this into the context that I frequently do, the changes in, in cultural patterns through history.（我想把工作这个话题放在历史的文化模式变化中来讨论，就像我以前做的那样。）”，T4 的“Subsistence. ... Hunt together, just live in what you can find, catch, fish, hunt, dig, pick... those kinds of things.（衣食生存。……共同狩猎，像我们现在发现的那样，抓捕、打鱼、狩猎、锄地、收获……这类的事情。）”，T5 中的“We changed agriculture, we started producing food.（我们改变了农业，我们开始生产食物。）”等话语实施传授的支架方法，向学习者输入相关文化知识。

同时使用 T4 的“How these changes occurred? ... How did everybody change? How did the world change?（这些变化如何发生的？……个人是如何变化的？世界是如何变化的？）”，T5 的“They get up in the morning, they do what? What did they do?（农民早上起床后干什么？他们做什么呢？）”和 T6 的“What's that called?（这叫什么？）”来向学习者提问和追问。

在学习者给出回答后，对回答使用反馈的支架方法，如 T2 的“That level of structural organization.（在结构的组织层面。）”回复学习者的“Horizon（范围）”的回答，来辅助学习者缩小答案范围；用 T8 的“Yeah, you go to work, right?（对，你得去工作，对吧？）”来肯定反馈学习者的回答。

由上述例子可知，教师 R 主要使用提问、反馈和传授支架方法来激发、引导学习者对话题的理解和完成对相关语言文化知识的构建。

5.2.2.2 教师 M 支架方法使用分布

外籍教师 M 是四位教师中最年轻的一位，其使用最多的四种支架方法为反馈、传授、提问和解释，使用频数分别达到 221、204、184 和 170，百分比总共达 79.50%。教师 M 的课堂兼顾语言形式和内容的讲授及练习。采集的四次课堂的授课模式为先邀请学习者朗读最新的英文新闻，然后对语言形式进行练习，如语音语调和特定句型。在朗读新闻时会支架学习者对于新闻内容的理解，包括词汇的讲解和读音纠正。在语音语调练习中会讲解不同发音的不同意义。句型练习中会让学习者联系自身具体语境将句型活学活用。教师 M 使用示范的支架方法共 79 次，占总方法的 8.06%，是四位教师中最多的，其他三位教师使用频数均在 5 次以下。教师 M 的搭桥、非言语和提示方法使用最少，频数均不超过 53。教师 M 各项支架方法使用频数及百分比分布如图 5-16 和图 5-17 所示。

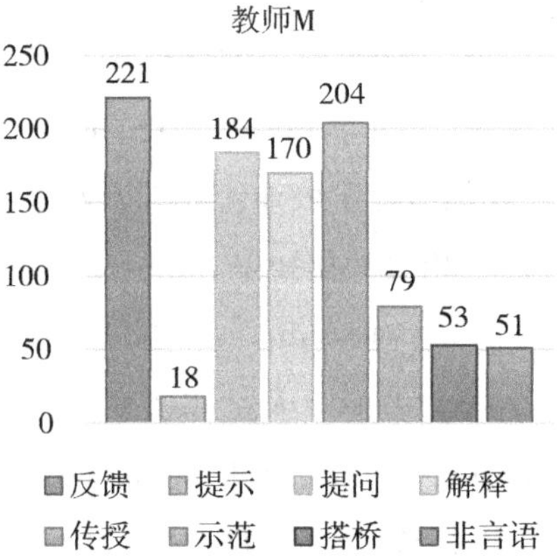

图 5-16　教师 M 支架方法频数分布图

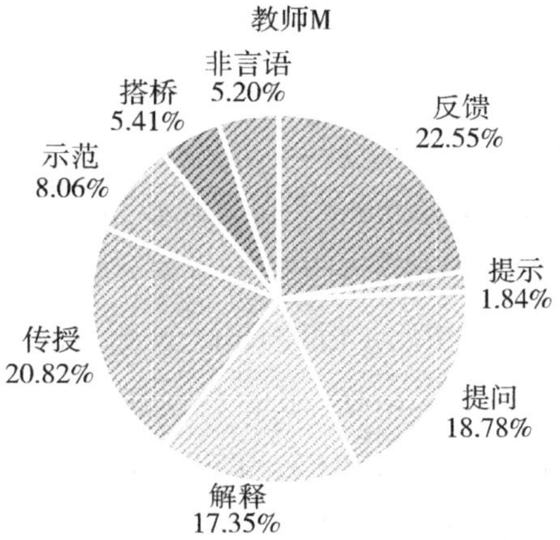

图 5-17　教师 M 支架方法百分比分布图

教师 M 支架学习者对一句话的重音练习过程如例 5-6 所示：

【例 5-6】

［T：教师 M　S：某学生］

T1：OK so this is a short little sentence. The sentence is "I didn't say she stole my money". That is a sentence we have here, "I didn't say she stole my money". Now what we're gonna do with that is we're gonna try to put the stress or the emphasis, put the force on a different word in that sentence. And obviously to see how it changes the meaning there. So Tom, Tom, let's get you for the, hey Tom, hey Tom, for that first one right there, with an emphasis, pay attention to the black *I* right? Emphasis on the *I*. So go ahead and read this for us "I didn't say she stole my money" but give us the emphasis on the *I*. Read that second line, so read this right here.

S: *I* didn't say she stole my money, someone else said it.

T2: Perfect, right? *I* didn't say she stole my money, someone else said it, right? The emphasis is on the *I*. If you just simply say I didn't say she stole my money, it can mean so many things, right? It can mean so many things. So really the stress, the tone, the place that you force is important in what you mean. So good, good, thank you Tom and let's get Charles. Right there. Charles, yeah, emphasis on the *didn't*. Emphasis on the *didn't*.

S: I *didn't* say she stole my money, I *didn't* say it.

T3: Perfect, right? It's not true, right? Emphasis on the *didn't* right? It's a force thing right? This is what I'm telling you, you know hey I *didn't* say that. Good, beautiful. And then the next one down here, after Charles, we got Ann, Ann you're up here. You up again, yeah, Ann can you get the emphasis on the *say*.

S: I didn't *say* she stole my money. I didn't *say* she stole my money.

T4: I only implied it. Yeah, very good. One more time, I didn't *say*: : :

S: I didn't *say* she stole my money, I only implied it.

T5: Perfect, yeah right? I didn't *say* she stole my money, right? I only implied it, I only imply that she stole my money. Good and after Ann, Jerry, where's Jerry? Jerry is right there. Jerry, *she*, emphasis on the *she*.

S: I didn't say *she* stole my money, I said someone did but not necessary, necessarily her.

T6: Yeah, necessarily. Yeah make sure you get the number of ssss, right? Necessarily right? Necessarily. Good, I didn't say *she* stole my money right? I didn't say *she* stole my money, someone did, not necessarily her. Good!

…

在该例中，可以清楚地看到教师M首先使用传授的支架方法在T1中告诉学习者“That is a sentence we have here，‘I didn’t say she stole my money’. Now what we’re gonna do with that is we’re gonna try to put the stress or the emphasis, put the force on a different word in that sentence. And obviously to see how it changes the meaning there.（我们要练习的就是这个句子，‘我没说她偷了我的钱’。我们现在要做的就是在这个句子不同的词上加上重音、强调或者说力度。然后更直观地看看它怎么改变句子的意义。）”

然后教师M用提问的支架方法邀请了四位学习者进行不同的重音朗读，分别强调“I”“didn’t”“say”和“she”四个单词，如T1中“hey Tom, for that first one right there, with an emphasis, pay attention to the black ***I*** right? Emphasis on the ***I***.（嘿汤姆，这儿的第一处，加上重音，注意到这儿黑体的‘***I***’了吗？强调‘***I***’。）”在学习者给出朗读之后给予及时反馈，如T2、T3的“Perfect, right?（太棒了，对吗？）”，T6的“Yeah, necessarily. Yeah make sure you get the number of ssss, right?（对，necessarily。注意你发音当中s的个数，好吗？）”反馈中对答案进行肯定，同时纠正学习者的发音。

教师M支架中的一个特点就是作示范，如在每一个学习者对不同重音进行朗读之后，教师M在给予肯定反馈之后，又亲自示范一遍，演示正确重音的同时加强学习者对于该发音的认知和掌握。如T2的“***I*** didn’t say she stole my money.（**我**没说她偷了我的钱。）”，T3的“you know hey I ***didn’t*** say that.（嘿，你知道吗？我可**没**说。）”，以及T4、T5对于“say”和T6对于“she”重读的示范。

教师M同时使用了大量的解释支架方法。如，他在示范各句不同重音的同时，解释了该重音给句意带来的变化，如T2解释对于“*I*”的强调“someone else said it, right? The emphasis is on the ***I***. If you just simply say I didn’t say she stole my money, it can mean so many things, right?（是别人说的，对吧？强调在‘我’。如果你只是说‘我没说她偷了我的钱’，它可以有很多种意思，对吧？）”，如T5对于重读“*say*”的解释“I only implied it, I only imply that she stole my money.（我只是暗示，我只是暗示她偷了我的钱。）”等。通过这些解释，学习者知其然且知其所以然，明白了不同重音带来的表意区别。

5.2.2.3 教师Z支架方法使用分布

中国教师Z使用各支架方法的频数和百分比分布如图5-18和图5-19所示。

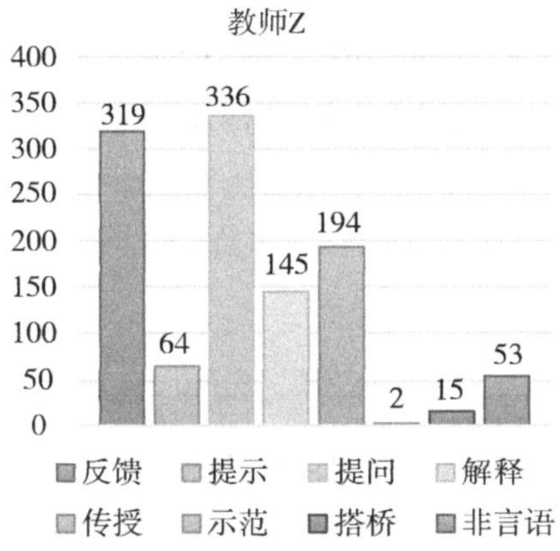

图5-18 教师Z支架方法频数分布图

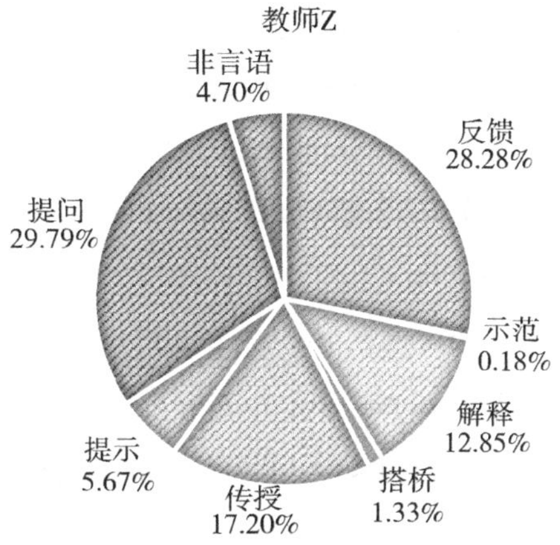

图5-19 教师Z支架方法百分比分布图

教师Z使用最多的支架方法是提问和反馈，分别达到336次和319次，占29.79%和28.28%；其次是传授和解释，分别达194次和145次，占17.20%和12.85%，四种方法共占88.12%。教师Z是四位教师中唯一的女性教师，其支架方法使用的频数在四位教师中也是最高的，共高达1128次。其使用相对较少的支架方法为提示、非言语、搭桥和示范，共占11.88%。其方法使用类型与教师M较为类似，但提问方法的使用远高于教师M。其提问的百分比与教师R相似，都接近30%。教师Z讲授的英语口语课为特定类型的口语，即辅助学习者准备雅思和托福口试。课堂对学习者语言的内容和形式都有非常明确的要求，教师需同时支架辅助学习者语言表达的内容和形式。教师Z授课的模式为每次课先导入需要讨论的话题，与学习者一起头脑风暴，激发基本的词汇短语表达，然后让学习者作一分钟话题展示。因在语音实验室授课，教师Z使用了一个授课技巧：让学习者同时开耳麦录音，可一分钟采集全班所有学习者的话题陈述；然后随机调取其中数位学习者的录音在全班播放，并与学习者一起共同互动评价，探讨表达的内容和形式。

下例是教师Z支架学习者对一则录音的讨论：

【例5-7】

［T：教师Z　S：某学生　Ss：数个学生］

T1：Okay, we are going to listen to a part of answers and of course while, er the rest of you are listening, you know the job, right, listen and watch out for the three different angles, remember, the three different criteria in evaluating the TOEFL speaking, yes, the first one:::

Ss：Deliver.

T2：Delivering, yes, second?

Ss：Language.

T3：En, language, the use of language, and the third? Topic-development, yes, topic development. Okay, alright, now, listen to this one.

S：(S's recording) Basketball is an awful sport. First, the equipment of, the professional equipment of basketball is so cost, costly. For example, one pair of basketball shoes may cost over one thousand RMB. So, to make it possible means you have to pay a lot of money. Second, since basketball players are also teenagers, er, we we might be propelled by emotion so easily, which means conflicts, conflicts between basketball players is so common to see. And for example, the court of the basketball is, quantity of the court is limited, so many players may fight for the usage of the basketball court. So the conflicts in basketball game is also common.

T4：Okay, alright. En, what do you think? Li, Li Xiyang, what do you think?

S：Er, I think it's brilliant.

T5：It's brilliant. Okay, all right, on the three different levels, right, the first, er, delivering? Brilliant, hhehh.

S：Delivering is very, er, fluently.

T6：En, Fluent.

S：He speaks clear.

T7: And clearly, he speaks clearly, right. Okay, what about the use of language?

S: Er, Language, I think, it's OK, I didn't hear many mistakes.

T8: En, not too many mistakes. Okay, alright, how about topic development?

S: Er, Topic, that, I think, it gets to the point and er he has a logical... (2.0)

T9: Logical way of developing the ideas? Er, okay, alright, let me put it in this way. Was it easy for you to follow his point?

S: Yes.

T10: Yes, it was easy. Do you still remember his two points?

(Ss are laughing.)

T11: Hhehh, of course that was very easy, right?

S: It's expensive.

T12: Expensive, yes, and?

S: Conflicts.

T13: Conflicts, causes a lot of conflicts, okay, alright, good. Remember how he describes? Further elaborate on both points like when he talks about how expensive the cost could be, he talks about what, he talks about:::

S: Shoes is more than one thousand yuan.

T14: Hhehh, okay, the cost for basketball shoes, right, okay, and when he talks about the conflict part?

S: Er, The area of the court is too small for so many people to play on it.

T15: Uh-huh, why, is that the reason for conflicts, I think you've got part of the reasons, but it doesn't explain why this causes conflicts, right?

S: The, the players, the most of the player is teenagers and is very aggressive.

T16: Most of them are teenagers, so they are easily propelled by emotions, okay, and?

S: (3.0)

T17: Hhehh, thank you very much, that's almost everything. So the reason why I am asking him "was it easy for him to follow" is because if you were elaborating on your ideas, right in a very good way, then it should be very easy for the audience to follow your points, right? And this answer I would agree is pretty good. The delivering is very clear, almost fluent without er, many signs or signals of hesitation, right? Use of language, okay, I think I noticed some, you know, inaccurate use of grammar and choices of words, but most of it is acceptable. Most importantly, the reason why he said it was brilliant was the way he developed his idea, right? This is I think a very good example of how you know you go forward with a point and then immediately continue with your description further, right? Explanation, right? So that is pretty good although there is just one thing that is not quite logical to me. "Most basketball players are teenagers." 'cause to me, I think I see people of different ages, er children, teenagers, middle-aged man right, and of course also senior citizens, you know people of different ages, they just love basketball, right? So I wouldn't say that part is completely logical, but still the way he develops the ideas, that's pretty good, right?

上例是一个典型的教师Z支架学习者语言习得的例子。在这个片段中，她大量使用提问和反馈引导学习者自身在ZPD一步步探寻答案，每一次的提问都让学习者朝着一定的方向往前探寻一步，在现有的语言水平上推进一步思考，最终达到更高一级的语言发展水平，在该教学任务中，即达到托福口语的标准。在此过程中，在最开始和结束的话语中结合了传授的支架方法，中间穿插了解释的支架方法。

如T1中教师Z用"listen and watch out for the three different angles, remember, the three different criteria in evaluating the TOEFL speaking.（听的时候注意三个角度，记得吗，托福口语的三个评价标准。）"传授学习者在听同伴发言时将注意力集中在三方面，在最后片段结束的T17中，结合解释总结评价了这三方面，如评价语言"Use of language, okay, I think I noticed some, you know, inaccurate use of grammar and choices of words, but most of it is acceptable.（语言的使用，我发现有些语法和用词上的错误，但大部分都是很不错的。）"；如评价话题组织发展"Most importantly, the reason why he said it was brilliant was the way he developed his idea, right? This is I think a very good example of how you know you go forward with a point and then immediately continue with your description further, right? Explanation, right?（最重要的是，他评价很棒的原因是发言的同学对观点的组织，对吧？我认为这是一个非常好的例子，你怎么给出一个观点然后紧接着进一步给出描述，对吧？进一步解释，对吧？）”。

中间使用 T2 的“yes, second?（对，第二个标准呢？）”，T3 的“and the third?（那么第三个标准呢？）”，T4 的“Li Xiyang, what do you think?（李同学，你怎么评价？）”，T7 的“what about the use of language?（语言的使用呢？）”，T8 的“how about topic development?（话题的展开呢？）”，T9 的“Was it easy for you to follow his point?（理解他的观点难不难？）”，T10 的“Do you still remember his two points?（你还记得他的两个观点吗？）”等一系列紧锣密鼓的提问，不断激发学习者对语言形式和内容的理解与表达。基本上教师 Z 的每一个话轮都使用了提问的支架方法。在学习者提供回复之后，教师 Z 立即使用了反馈的支架方法，如 T2 的“Delivering, yes（表达，对）”，T3 的“En, language（嗯，语言）”，T5 的“It's brilliant.（很不错。）”，T6 的“En, Fluent.（嗯，很流利。）”，一直到 T17 的“Hhehh, thank you very much, that's almost everything.（呵呵，谢谢，答案基本上就这些了。）”。从 T2 开始，基本上每一个话轮教师 Z 都对学习者的回答进行了反馈，肯定学习者回答的同时，对细微的语言错误进行了修正，逐步构建正确的语言形式和内容。

5.2.2.4 教师 P 支架方法使用分布

中国教师 P 与教师 M 一样在课堂中引入了英文新闻，但是是以听力的形式将语言材料播放给学习者，再与他们共同讨论新闻内容，学习特定表达，并在此基础上展开相关话题的讨论。三次采集的课堂分别聚焦女性教育、经济和科技发展三个话题。教师 P 各种支架方法使用的频数和百分比分布如图 5-20 和图 5-21 所示。

教师 P 使用最多的支架方法为反馈、传授和提问三种，分别为 158 次、156 次和 114 次，百分比分别为 29.70%、29.32%和 21.43%，共占 80.45%，与教师 R 的支架方法频数和占比相似。其解释、非言语、搭桥和示范的使用都不高，共占 11.09%。在四位教师中，教师 P 使用的提示方法最高，占 8.46%。这与该课堂相对偏重语言形式的教学相关，对于听力新闻材料的理解，有标准答案，教师会提示支架学习者朝这个方向努力。

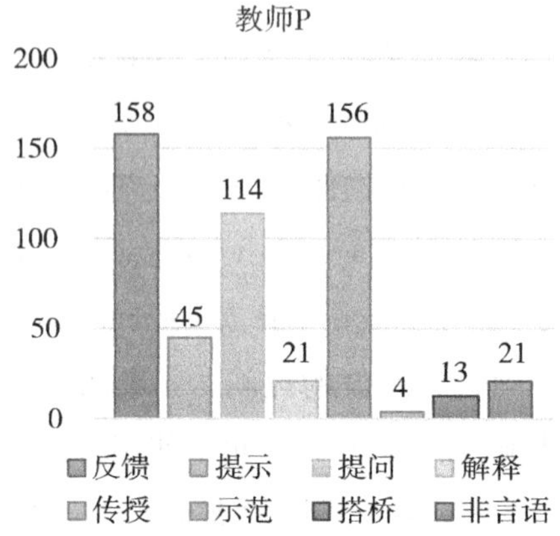

图 5-20　教师 P 支架方法频数分布图

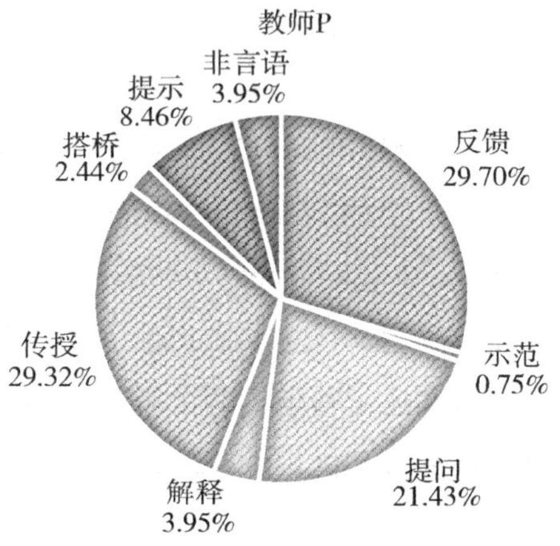

图 5-21　教师 P 支架方法百分比分布图

下例显示了教师 P 让学习者听一则关于妇女教育主题的演讲，在播放完第一遍之后，与学习者互动支架他们说出演讲的主要内容。

【例 5-8】

［T：教师 P　S：某学生　Ss：数个学生］

T1：Okay, um just now, we have gone over this program one time and now I have some questions for you, right okay? When we get to a piece of listening, actually, it may also be the same for a piece of reading, right okay? After we listen to it or read it, the first question we will ask should be "what is it mainly about". That is to get the main idea. So, can you tell me what is Peng's speech mainly about?

Ss：Her Chinese dream.

T2：Okay, her Chinese dream. So, what is her Chinese dream?

Ss：Children's education.

T3: Okay, our children. Especially:: (Students say "girls" together with the teacher.) girls will have a access to:: good: education. She emphasized the education, or we may say that children especially girls should have the access to receive education. Yes? The main idea may come at the very beginning or the main idea will be what mostly repeated in this piece of news. So she talks about education, or to be more specific, the importance of education. What's specifically the aspects does she cover?

S: Girls and women.

T4: Okay, education is important to women and girls. Secondly, education is crucial to address the equality. And lastly, she says education is important for the:: young people, right okay, for the young people. She uses parallel structure. What is a parallel structure? For a parallel structure, the speaker generally uses similar sentence patterns or sometimes even repetitions. So here, we say the idea or the sentence pattern she repeats is "education is about", "education is about" and "education is about". Later, we will particularly get to that. And next we say actually to illustrate the importance of education, she shares with us some stories. So whose story does she share with us?

Ss: Her father.

T5: Ok, first of all, her father's story. And secondly (2.0), yes, her own story, right okay? Yes, she shares with us her father's story and her own story. And next, we will particularly get to her father's story. What have you learned about her father's story? Remember the focus must be on education.

Ss: Her father established a village school.

T6: Okay, her father set up a school. What kind of school did you get clear about her pronunciation? A large school or a night school?

Ss: Night school.

T7: A night school. Um, when we get to that, maybe you do not have the background information about that. We may say she says that her father was from a small village where few people could read. So her father set up a night school to teach people, to help people. So, in this sense we may say both her father and her husband did something to help the villagers to learn. So here, why does she use her father's example?

Ss: (3.0)

T8: Okay, to illustrate the idea that Chinese back that time received very poor education. Okay, I will give you some choices. No. 1, A. to illustrate that Chinese back then received very poor education; No. 2, B. the importance of education.

S: Both A and B.

T9: Only A or B.

Ss: Okay:

T10: Okay, she uses her father's example to illustrate the importance of education. Later, she repeated the idea by saying that my father has made small differences, small progresses. And also from the sentence pattern she used, we may know that her father did something to change the situation. She uses repetition by saying "with his help". Do you still remember, what kind of differences, what kind of changes her father has brought to the village?

Ss: Many people could write.

T11: Yeah, many people could write their own names. Okay, many people could read newspapers for the first time (Students are saying at the same time.). And many women were able to teach their children how to read (Students are saying at the same time.). So, that is, education changes the life of these people. They become capable of reading, writing, and even teaching their own children. Okay, yes, she talks about the importance of education by setting her father's example. And next, what dose she say about herself? China has done a long way in education and I myself is a:::

S: Beneficiary.

T12: Okay, is one of the beneficiaries. And when she get gets to this idea, she uses um subjective mood. "Without education, I could never be a soprano and a professor of music." Okay, yes, that's it. We have got the main idea.

在这个支架片段中，教师 P 首先使用传授的支架方法，告诉学习者"When we get to a piece of listening, actually, it may also be the same for a piece of reading, right okay? After we listen to it or read it, the first question we will ask should be 'what is it mainly about'.（当我们听一段听力材料时，就像阅读一样。当我们听完、读完之后，我们要问的第一个问题是'它的主要内容是什么'。）"，对于听力材料认知理解的方法，需要总结其大意。

然后用一系列提问来辅助支架学习者一步步构建起这则听力材料的主要内容，如 T1 的"So, can you tell me what is Peng's speech mainly about?（好，你们能告诉我彭的演讲主要讲的是什么吗？）"，T2 的"So, what is her Chinese dream?（那么她的中国梦是什么？）"，T3 的"What's specifically the aspects does she cover?（她具体谈到哪些方面？）"，T4 的"So whose story does she share with us?（那么她跟我们分享了谁的故事？）"等。

在学习者给出回答后立即使用反馈的支架方法，在 ZPD 中给予肯定或指引，继续向既定方向的未知探索，如 T2 的"Okay, her Chinese dream.（对，她的中国梦。）"，T4 的"Okay, education is important to women and girls.（对，教育对妇女和女孩很重要。）"，用于肯定和部分修正学习者的语言和认知，T9 的"Only A or B.（只能是 A 或 B。）"用于纠正学习者的回答。

教师 P 的提示支架方法使用是四位教师中最多的，提示即提供一些线索或故意不给全答案，让学习者自己寻找完整的答案。如在 T3 中"Okay, our children. Especially::（Students say "girls" together with the teacher.）girls will have a access to:: good: education."先对学习者的回答给出肯定反馈"对，我们的孩子们。"，然后使用"特别是::"拖长声音，缩小范围，并没有直接说出正确答案，让学习者来填补这个空白，由学生们齐声和教师一起说出"女孩"，得到答案后再继续给出完整的表达"女孩能够受到良好的教育"。在 T6 中"What kind of school did you get clear about her pronunciation? A large school or a night school?"，先使用提问的支架方法询问学习者"大家可以从她的发音中清楚听到(她父亲开办的)是哪种学校吗？"，然后缩小范围，提示道"是一所大学校还是夜校？"。另外 T8 的支架话语为“Okay, I will give you some choices. No. 1, A. to illustrate that Chinese back then received very poor education; No. 2, B. the importance of education.”，在教师提出为什么讲演者要举她父亲的例子后出现了学习者沉默，为了降低回答难度，缩小答案范围，教师采用了提示的支架方法：“好的，我给大家两个选择：第一个A，用来说明中国当时的教育很落后；第二个B，说明教育的重要性。”这样，学习者踩在这根“脚手架”上，可以更加轻松地“够到”正确的答案，从而完成语言内容的认知。

5.2.2.5 各教师支架方法使用相关关系

从四位教师总的支架方法使用频数和百分比以及四位教师各自的支架方法使用频数和百分比来看，四位教师使用的支架方法上趋同。即使用最多的都是提问、反馈和传授的支架方法，中国教师Z还使用了较多的解释支架方法。在其他使用较少的支架方法中，外籍教师M使用了相对较多的示范，中国教师P使用了相对较多的提示，各位教师搭桥、非言语的支架方法都使用较少。

运用非参数秩和检验判断支架方法的总体分布是否有显著差异，首先对中国教师和外籍教师之间使用Wilcoxon卡方检验，发现中外教师之间无显著差异（$w=33$，$p=0.9591$）。再对四个教师使用Kruskal-Wallis卡方检验，结果表明，四位教师之间无显著差异（$\chi^2=0.233$，$df=3$，$p=0.9721$）。从统计角度来看，本研究所采集的四位教师，在支架策略的方法使用上无显著差异。

再对四位教师的支架使用方法进行频数的相关分析，其两两相关的系数分布矩阵如表5-6所示。四位教师的支架使用方法频数相关系数可视化如图5-22所示。

从表5-6和图5-22可以看到，四位教师在英语课堂中支架方法的使用均具有统计学上的显著相关。其中，教师R和教师Z的相关系数最高，达0.97；其次是教师R和教师P的相关系数，达0.89。教师P和教师Z的相关系数居中，为0.85，教师M和教师Z的相关系数也居中，为0.85。教师M分别与教师R和教师P的相关系数相对较低，分别为0.82和0.79。两位外籍教师M和R之间的支架方法使用相关系数为0.82，两位中国教师Z和P之间的支架方法使用相关系数为0.85，低于外籍教师R与两位中国教师之间的方法使用的相关系数。

表 5-6 **各教师支架方法频数相关系数矩阵**

	教师 M	教师 R	教师 Z	教师 P
教师 M	1.00	0.82	0.85	0.79
教师 R	0.82	1.00	0.97	0.89
教师 Z	0.85	0.97	1.00	0.85
教师 P	0.79	0.89	0.85	1.00

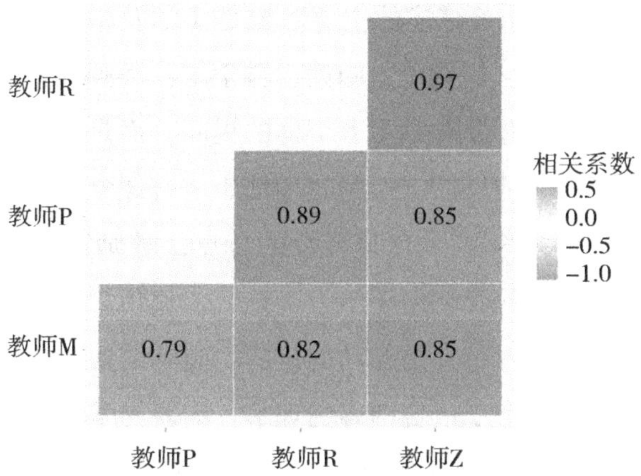

图 5-22 各教师支架方法频数相关系数图

本研究的样本并不能显示来自相同国籍的教师在大学英语课堂中采用的支架方法会更加趋同。而教师 R 与教师 Z、教师 P 支架方法使用相关系数更高，教师 M 与其他教师相关系数偏低。其原因可能在于：除了教师 M，其他三位教师课堂互动更加偏重学习者语言内容的支架学习；而教师 M 在兼顾语言内容和形式的同时，更偏重支架学习者语言形式的习得。但应整体看到，四位教师使用的支架方法之间在统计学意义上没有显著差异。

5.2.3 讨论

通过频数和百分比统计，大学英语听说课堂互动中教师使用最多的支架方法为反馈、提问和传授，其次是解释，非言语、提示和搭桥使用略少，使用最少的支架方法为示范。

这与相类似研究框架下 van de Pol 等的研究发现一致，各支架策略方法在课堂使用的频数并不相同。但在频数分布上，排序有相似和不同之处。van de Pol 等的综述统计结果显示示范和提问，是使用最多的支架方法，传授和解释居中，使用频率最低的是反馈及提示。与 van de Pol 等的综述结果类似的是提问，是教师使用最多的支架方法之一，传授和解释也较多，提示较少。但与 van de Pol 等综述结果的不同之处在于，本研究得到的示范使用最少，而反馈属于最多的支架方法之一。

分析原因，van de Pol 等综述的主要对象是小学及中学课堂，并包括各种学科。在中小学学科课堂上，如数学、阅读、科学等，教师的提问主要服务于知识传授，大量引导性问题并非针对学习者个体的提问，而是对学习者群体的认知支架，进而基于学习者回答的反馈支架频率远低于语言课堂。并且在中小学学科课堂中，中小学生的认知理解能力有其自身的特点，教师需要大量使用示范的方法，清晰明确地给出目标答案，便于学习者记忆或模仿。而在大学英语听说课堂互动中，英语既是互动的工具又是互动的目的，教师需要学习者在回答输出时既练习语言的形式，又展示对于语言内容的理解，需要与学习者个人进行频繁的问答或协商互动，通过反馈支架发挥的中介作用，在学习者 ZPD 进行调节，刺激其不断拓展自身语言认知边界。

在本研究所采集标注的四个大学英语听说课堂中，教师均以一个个明确的主题作为每次听说课的主线，并不以某个语法规则、语言形式或功能的习得定位一节课。在讨论主题、辅助学习者意义构建的基础上，附带语言形式习得。不像中小学母语及二语课堂，教师专门对学习者示范某一语言形式的用法。大多数情况下，大学英语教师在不影响意义交流的前提下，并不中断互动，不专门停下来向学习者示范某一具体语言形式的正确用法。

所以在大学英语听说课堂互动中，教师支架方法的使用特征之一为：教师频繁使用反馈、提问和传授的支架方法来进行与学习者的互动，其次是进行解释，非言语、提示和搭桥使用略少，而示范使用最少。特征之二为：在各支架方法的分布上，教师使用支架方法相关系数高，不同国籍和不同教学风格的教师，其支架方法的使用没有显著差异。

5.3 教师支架意图和方法相关关系

在文献综述和研究方法部分，本研究已详细说明所使用的理论框架主要基于荷兰学者 van de Pol 等于 2009 年发表于国际权威期刊的师生互动支架策略研究综述，并特别融合了二语课堂互动教师支架研究的最新成果。前两小节利用本研究支架策略框架分别分析了中国大学英语课堂互动中教师支架意图和方法分布特征，对本研究采集的四位中国及外籍教师的大学英语课堂，14 次课共 166320 字的实证调查语料，进行了频数和百分比的分布分析。在语料的分析处理过程中，没有发现新的支架策略方法，分析框架能够明确、全面、高效地对课堂互动中教师支架的方法及意图进行归类分析，本研究理论框架对于大学英语课堂互动研究具有较好的适用性。

该理论框架支架策略的两个维度，即支架意图和支架方法之间，采用本研究实证采集的大学英语课堂互动教师支架策略语料，检测其是否相关。提出如下假设：

H0：大学英语课堂互动中教师支架意图和方法不相关。假设拒绝，则，

H1：大学英语课堂互动中教师支架意图和方法相关。

对支架意图和支架方法频数进行皮尔森卡方检验，结果 $\chi^2 = 3499.57$，$df = 77$，$p<0.001$，拒绝假设 H0，接受 H1，大学英语课堂互动教师支架方法和意图显著相关。本理论框架的两个维度具有非常高的内部适应性。

为了进一步考察支架意图和支架方法两个维度下的各变量之间的相互关系，将各类支架意图和支架方法频数整合为列联表，结果如表 5-7 所示。该表列出了各单一支架意图和组合支架意图所对应采用的各支架方法频数。

表 5-7　**教师支架意图及支架方法列联表**

支架意图	支架方法								
	搭桥	解释	反馈	提示	传授	示范	非言语	提问	合计
1 构成认知	25	287	807	35	323	72	56	96	1701
2 构成认知+控制挫败	0	0	2	1	1	2	1	4	11

续表

支架意图	支架方法								
	搭桥	解释	反馈	提示	传授	示范	非言语	提问	合计
3 构成认知+引起兴趣	44	65	26	2	43	7	4	35	226
4 构成认知+简化任务	4	21	19	42	57	0	5	62	210
5 保持目标	6	2	24	2	186	0	1	29	250
6 保持目标+构成认知	3	6	4	2	29	0	0	6	50
7 保持目标+引起兴趣	1	0	0	0	5	0	0	4	10
8 保持目标+简化任务	0	1	0	3	27	0	0	2	33
9 控制挫败	0	3	16	1	6	0	0	6	32
10 引起兴趣	25	5	71	4	8	2	99	98	312
11 简化任务	1	5	19	63	27	2	1	497	615
12 简化任务+引起兴趣	6	0	11	2	0	0	0	55	74
合　　计	115	395	999	157	712	85	167	894	3524

将支架意图(表 5-7 中的意图 1～12)作为横轴，支架方法在各支架意图中所占的百分比作为纵轴，将二者的关系可视化后如图 5-23 所示。纵向的各不同颜色方块代表了各支架方法使用的百分比。

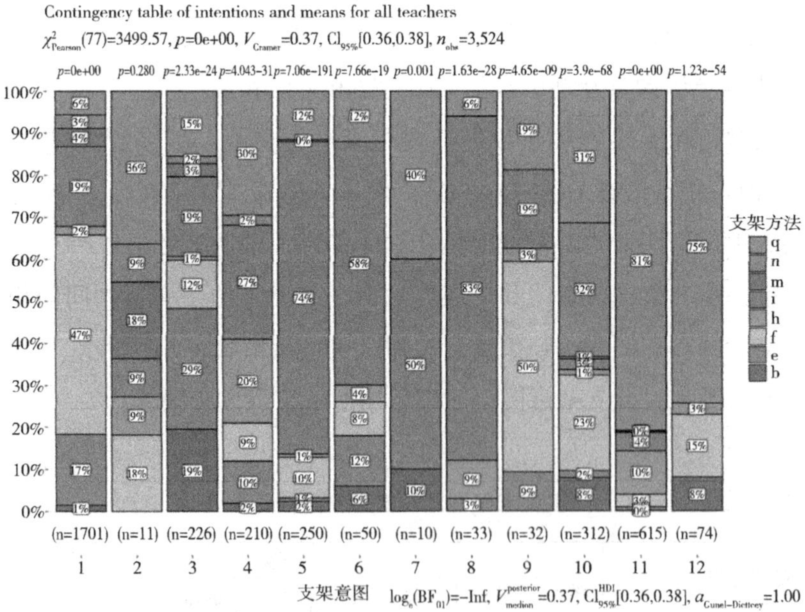

(q=提问　n=非言语　m=示范　i=传授　h=提示　f=反馈　e=解释　b=搭桥)

图 5-23　教师各支架意图对应支架方法百分比分布图

表5-7及图5-23可以展示大学英语听说课堂中，教师辅助学习者语言习得使用的支架意图和对应支架方法之间的相互关系。

5.3.1 单一支架意图对应高频支架方法

5.3.1.1 元认知支架意图对应高频支架方法

对于教师的元认知支架意图来说，为了保持目标(5)，让学习者的注意力聚焦到某项学习任务上，教师采用最多的支架方法是传授(占74%)，即明确地向学习者说明开始或结束一个语言学习任务。其次教师使用较多的支架方法为提问(占12%)和反馈(占10%)。这两种方法多发生于任务完成过程中，学习者偏离轨道时，由教师提一个具体的与任务相关的问题或直接评价偏离行为，让学习者意识到自己的问题从而重新回到正确的学习轨道上来。

从本研究采集的语料库中对支架意图和对应方法进行交叉提取，随机选取示例，如例5-9、例5-10和例5-11分别为教师为了维持学习者的目标而采取的传授、提问和反馈方法。

【例5-9】

TZ：OK，alright，get prepared for task No. 3.

(教师Z：好，准备好我们完成任务3。)

【例5-10】

TR：All right. Gentlemen，you get the picture that I am trying to paint here?

(教师R：好的，先生们，明白我这里想描绘的画面/了解我们今天要干什么了吗?)

【例5-11】

TZ：I heard Chinese again，no Chinese，no Chinese!

(教师Z：我又听到中文了，不说中文，不说中文!)

可以看到，使用传授、提问和反馈的支架方法都可以帮助教师在辅助学习者语言任务时完成保持目标的支架意图。

5.3.1.2 认知支架意图对应高频支架方法

为了达到构成认知和简化任务的认知支架意图策略，教师综合使用了所有八种支架方法。其中，为了完成认知构成(1)，使用最多的三类支架方法为反馈(807 次，占 47%)、传授(323 次，占 19%)和解释(287 次，占 17%)。这三种方法所占百分比共 83%。例 5-12、例 5-13 和例 5-14 分别具体展示了教师使用该三种方法达到构成认知的支架意图。

【例 5-12】

TM：En-huh. Border, yeah, just jump straight the border. 833 miles right? 833.
(教师 M：嗯哼。边界，对，(俄罗斯)越过了边界。833 英里，对吧？833。)

这里教师 M 在学习者朗读完俄罗斯与乌克兰冲突的新闻后，对其给予反馈，确认了新闻的内容。

【例 5-13】

TZ：See, sometimes we may have a problem like this topic is something you really have trouble with. In this case, there are two different kinds of ways to respond to it. Maybe, you know, you are hesitating all the time, but then make sure that you are finishing with what we call, you know, a group of meaning, you know, meaning that should be grouped together. 就是一个意群一个意群中间来暂停。那，and then another way is to stop and pause every single word, just as what we had heard. 对吧？所以呢，大家平时要训练自己能够一个完整的意群把它表达出来，然后再来思考，哪怕这个时候，you don't have much to talk about, and you have trouble with it, right? ...如果你是在意群与意群中间来停顿的话，至少人家知道，still I think he's meaning to say something. 他还是想要完整地、很好地表达什么意思的。对吧，OK，这个要注意一下哈。

（教师 Z：看到了吗，有时候我们就会碰到我们有困难的话题。这时，我们有两种应对的方式。可能你一直在犹豫，但是试着用我们说的一组意思，能放在一起的一组意思，来完成。就是一个意群一个意群中间来暂停。那，另外一种方式就是在每个单词中间暂停，就像我们听到的那样。对吧？所以呢，大家平时要训练自己能够一个完整的意群把它表达出来，然后再来思考，哪怕这个时候，你没有多少可说的，你说起来有困难，对吧？……如果你是在意群与意群中间来停顿的话，至少人家知道，我想他/她还没说完。他还是想要完整地、很好地表达什么意思的。对吧，好，这个要注意一下哈。）

该例是典型的教师使用传授的方法来构建学习者认知的实例。教师 Z 在同学们听完了一个学习者关于“如何看待冒险”的一分钟回答后，邀请同学们进行反馈点评，然后讲授了如何在表达中应对自己不熟悉的话题，提供了两种方法，并建议学习者多采用第一种方法。

【例 5-14】

TR：One of his responsibilities is managing the General Motors' facilities all over the world. Shanghai, now Wuhan, Israel, Brazil, Russia, yeah he has to visit all these places, and he has to hire people to run all those buildings, to maintain all the buildings, and all kinds of other things. OK. That's his jobs, he's material engineer but he's managing building. This is the way things work, right guys?

（教师 R：他的职责之一就是管理通用汽车全球的资产。上海，现在武汉、以色列、巴西、俄罗斯，对，他要到这些地方出差，他要雇员工来管理这些大楼，维护这些大楼，各种各样其他的资产。好，这就是他的工作，他是材料工程师但是他现在在管大楼。事情往往是这样，对吧？）

该例也是教师使用解释支架方法来构建学习者认知的典型例子。外籍教师 R 在该片段中，与学习者互动讨论大学生将来就业的话题，他通过自己朋友的例子向大家解释，大学学习的专业与将来工作的内容也许并不完全对口。

除了反馈、传授和解释，对于其他五种支架方法，教师都有一定频数的使用，用于辅助学习者的构成认知。这一支架意图上，教师呈现出最多样化的支架方法分布，即在大学英语听说课堂师生互动中，教师在辅助学习者认知方面付出的努力最多。其主要目标就是通过各种方法让学习者在 ZPD 里到达认知的彼岸，完成对英语语言形式和内容的习得。促进学习者构成认知的支架方法是教师支架策略最值得关注的话题，也是新手教师培训时需要着重培训的技能。

在辅助学习者另一认知策略简化任务的支架意图中，教师采用最多的支架方法是提问(497 次，占 81%)和提示(63 次，占 10%)，百分比共计 91%。简化任务的支架意图一般发生在学习者认知出现困难时。此时，教师主要通过明确降低难度，在学习者 ZPD 缩小跨度的提问和提示的支架方法来帮助学习者完成简单化的语言学习任务。如例 5-15 和例 5-16 分别使用了提问和提示方法：

【例 5-15】

TZ：Right，但是讲到这个 reliable，这个 professor 有一个很重要的这个属于 major information 的应该是，看看大家听到了没有，应该是怎么样啊？Nowadays，most manufacturers::: are::: 怎么样？

例 5-15 是教师 Z 使用提问的方法来简化学习任务的例子。教师 Z 当前执行的任务是托福口语练习中的一项，由学习者听一个讲座，听完准备二十秒，再用六十秒来口头概述讲座的主要内容。在该讲座中，一位教授分析了影响消费者面对同样价格的两件商品作出选择的两个因素，因素之一是商品要“可靠(reliable)”，教师 Z 在辅助学习者获取该信息点时，询问教授在这个因素上给出了一个什么重要信息。在没有及时收到学习者回复后，使用了提问“Nowadays，most manufacturers::: are (1.0)怎么样？(现在，大部分的生产商::: 都是::: 怎么样？)”给出部分答案，最后拖长音留出关键词让学习者补充，从而降低任务难度，成功支架学习者认知。

【例 5-16】

TP：他说，嗯，金砖五国他们也会面临着很多的挑战，刚才其中讲到第一点是什么啊，okay，我们回忆一下，它说是，它们的经济是，它们的增长是 unsustainable(不可持续的)。

这里教师P引导学习者回顾听到的一则关于金砖五国的新闻，其面临的诸多挑战。挑战一共有三点，经济增长的不可持续性，对其他国家造成的威胁和人权问题。为了让学习者能够依次逐步给出答案，不对他们造成太大的认知负担，教师P简化了任务，通过提示抛出了第一个挑战，即"它们的经济增长是unsustainable"。这样学习者的思考轨迹可以继续完成第二个和第三个挑战。

因此在大学英语听说课堂的即时互动中，教师一旦发现学习者认知出现困难，可以通过提出更具体的问题或者给出部分答案的方法来简化学习任务，在更接近学习者已有的认知ZPD区域搭建支架，让互动可以继续进行下去。如果教师马上直接抛出答案，或者马上让另一位语言水平更高的学习者来回答，可能会缩短完成语言任务的时间，但没有在学习者认知区域进行调节，对部分学习者来说得到的答案并不能成为其认知的一部分。因此在二语课堂中，充分利用提问和提示的方法来搭建语言认知支架，具有非常重要的意义。

5.3.1.3 情感支架意图对应高频支架方法

对于辅助学习者语言习得的情感支架策略来说，教师在引起学习者兴趣(10)时，采用较多的支架方法为非言语(99次，占32%)、提问(98次，占31%)和反馈(71次，占23%)。从结果来看，除了被录音转写标注的非言语方式外，提问和反馈最能帮助教师在英语听说课堂中提高学习者学习兴趣。

首先对于引起兴趣的非言语支架方式来说，在采集的语料中进行筛选，发现标注的均是教师或教师及学生的笑声，以及三处教师对于声音的模仿："T is performing vomiting.（教师模仿呕吐。）""T is imitating a girl's voice.（教师模仿女孩的声音。）"及"T is pretending the child speaking.（教师假装孩子说话。）"。录音可以记录的笑声和声音模仿，属于非言语行为中的副语言特征。可以看出，在大学英语课堂互动中，教师仅凭声音特征就可以有效地调动课堂气氛，引起学习者的语言学习兴趣，教师本身积极的情绪和状态可以有效地支架学习者的情感，促进其语言习得。

另外使用提问方式来支架学习者的兴趣也较普遍，如例5-17和例5-18所示：

【例 5-17】

TM：Does that look delicious? Does that look yummy? Would you guys eat that?
（教师 M：这个看起来是不是很美味？看起来很好吃？大家想尝一下吗？）

【例 5-18】

TR：All right, so given the basic, giving the basic primes, do you think about, do you think about getting married?
（教师 R：好的，如果具备基本的条件，你们会考虑结婚吗？）

外籍教师 M 和教师 R 均善于使用提问来引起学习者兴趣。在例 5-17 中，教师 M 在用 PPT 演示万圣节主题活动，其中一张幻灯片展示的是万圣节食品，教师 M 就用“大家想尝一下吗？”来引起学习者兴趣。例 5-18 中，教师 R 在与学习者讨论基本社会结构的单位“家庭”时，在具体分析原始、农业、工业和现代社会家庭形式之前，教师向学习者提出“如果满足基本条件，你会考虑结婚吗？”这一问题来激发学习者的兴趣和思考。

反馈也是教师控制情感因素，引发学习者兴趣的重要手段。在学习者给出回答之后，教师使用反馈来激发兴趣，这不同于教师直接使用提问来激发兴趣。反馈中的激发兴趣基于学习者在该语言任务上已有的认知和教师对其的理解及激励，得到的效果是：一方面学习者感受到自己的认知得到了教师的认可，另一方面进一步激发了学习者语言学习的兴趣，达到了师生互动的合意。如例 5-19 所示。

【例 5-19】

TR：When you make mistakes, they say “I told you so!”
（教师 R：当你犯错误的时候，他们会说“我早跟你说过了！”）

例 5-19 中，教师 R 在与学习者讨论现代家庭形式的话题，之前向学习者提问他们的父母是否会干涉自己对于配偶的选择，一位学习者回答他希望可以自己作决定，教师 R 在反馈该回答时自然而然地达到了引起兴趣的意图，模仿学习者父母的口吻“我早就跟你说过了！”进一步激励学习者进行愉快思考。

除了提问和反馈，搭桥虽然占百分比不多(8%)但也是能够引起学习者兴趣的有效支架方法。

【例 5-20】

TM：You guys, how many of your guys eat like a hamburger every week or like you know, once a week a steak or some kind of beef? You guys eat meat with every meal right? Every meal some kind of meat right? Some kind of chicken, pork or something.

(教师 M：同学们，你们多少人每周会吃比如说一个汉堡，或一次牛排，或牛肉？大家每顿都会吃肉对吧？每顿饭都会吃点肉类，对吧？鸡肉、猪肉或其他的。)

在例 5-20 中，教师 M 在与学习者分享一则关于用更加环保的养牛方法的新闻。为了辅助学习者的认知，传统养牛的饲料消耗巨大，新的方法节约了资源，对于环保的影响重大。教师首先使用搭桥的方法将这则新闻与每一个学习者的日常生活饮食联系起来，与学生发生联结。从而激发了学习者对这则新闻语言内容的兴趣。

对于第二种情感支架策略意图——控制挫败，该意图本身是教师使用最少的。在为数不多的教师需要控制学习者挫败或消极情绪的情境中，反馈是教师使用最多的支架方法，共 16 次，占到总频数(32)的 50%。在学习者出现认知困难或倦怠，体现为焦虑或消极情绪时，反馈是教师第一时间作出的反应，是及时削弱或消除其负面情绪的重要手段。在反馈时，教师可以采用两种不同的途径，一种是安抚，另一种是善意的批评。如下两例所示：

【例 5-21】

TZ：Thank you, don't be nervous, okay.

(教师 Z：谢谢，不用紧张，好吗。)

【例 5-22】

TR：God, guys. This is gonna to be a final examination schedule question.

（教师 R：天哪，同学们。这可是期末考试要考的问题。）

例 5-21 是教师 Z 对一个学习者汇报刚听到的一段口头录音中两个主要观点的反馈。录音中另一学习者讲到了自己喜欢阅读的两个理由，一是从书中可以汲取丰富的知识，二是到图书馆可以遇到有趣的朋友。学习者仅回答出了第一个原因，并很紧张地回复说忘记第二个原因了。教师 Z 这时肯定了他的回答，并安抚其"不用紧张"，及时缓解了学习者的焦虑情绪。而在例 5-22 中，教师 R 在支架学习者复习上次课讲过的社会结构变化的不同阶段，但经过数次提问及提示，学习者都没有给出满意的回答，出现了沉默的互动空白。为了重新激发学习者正面的情绪，教师采用了善意批评的途径，明确告诉学习者"这可是期末考试要考的问题"，暗示学习者该问题非常重要，因没有复习而回答不上来是不应该的。

5.3.2 组合支架意图对应高频支架方法

使用百分比较高的支架组合为构成认知+简化任务（4）和构成认知+引起兴趣（3），分别为认知意图策略内部的组合和认知策略与情感策略的组合。为了同时辅助学习者构建语言学习认知并简化学习任务，教师采用最多的支架方法为提问、传授和提示，与简化任务意图使用最多的三种支架方法正好重合。举一例来说明：

【例 5-23】

TM：So does that mean everybody needs, you have to have a frightening costume for Halloween? Does that mean we want only scary costumes? Only scary stuff? Have you ever seen any other costumes that were funny? Or maybe just interesting?

（教师 M：是不是说每个人万圣节的时候必须穿吓人的服饰呢？是不是说我们只想要吓人的服饰？吓人的装扮？你们以前看到过其他服饰吗？搞笑的？或者只是有趣的？）

在该例中，教师 M 使用提问的支架方法，从除了“吓人的服饰”到“搞笑的”“有趣的”其他服饰，缩小答案范围，向学习者指明了更为具体的思考方向，简化了任务。同时在学习者的认知中，构建了万圣节不只是有恐怖的、令人感到害怕的装扮，还有其他有趣、搞笑的服饰，拓展了学习者对于异域文化的认知。

而为了构建学习者认知并同时提升其学习兴趣(3)，教师采用最多的支架方法为解释(65 次，占 29%)，其次是搭桥(44 次，占 19%)和传授(43 次，占 19%)。另外提问和反馈的使用次数也不少，分别为 35 和 26 次，分别占比 15% 和 12%，其他三类支架方法提示、示范和非言语也有一定分布。可以看出，构成认知+引起兴趣的支架意图组合与构成认知意图所使用的支架方法及分布类似，教师可以采用类似方法来同时支架学习者的认知，激发其语言学习兴趣。二者不同之处在于构成认知+引起兴趣采用最多的支架方法是解释而不是反馈。该方法在单独构建认知构成的意图时使用最多。如下例所示：

【例 5-24】

TM：Splurge means to buy but it's got a special meaning as well, kind of unnecessarily, something you shouldn't really buy. Maybe you should save the money, right? Maybe you should save the money a little bit. You know, hey, you know it's getting cold, I think I'm gonna splurge on a new fur jacket, right? You know, I should just get a simple one, but I wanna a nice jacket, right? I really want a nice jacket. Splurge, spend the money unnecessarily.

(教师 M：Splurge 的意思是买，但它也有一个特殊的含义就是不太必要，你买了你本不需要买的东西。也许你该把钱存起来，对吧？也许你该省着点。比如说，嘿，天变冷了，我觉得我要 splurge 一件新的皮草外套，明白吗？实际上，我只需要一件普通的外套，但我就想要一件漂亮的，对吧？我就想买一件漂亮外套。Splurge，花不必要的钱。)

在该例中，教师 M 向学习者解释生词“splurge”的含义，同时给出了该单词的意义以及它的用法，假设了一个天气变冷自己要买皮草外套的情境，让学习者通过有趣的实例充分理解该语言点，完成了认知构建。

例 5-25 和例 5-26 是使用另外两种方法搭桥和传授来同时完成构成认知+引起兴趣意图的示例。

【例 5-25】

TP：Okay，我们汉语讲到一个庆祝，讲到一个庆典，okay，我们往往也会这样。阅兵的时候，你们是去年参加的阅兵，对吧，你们军训阅兵的时候一开始可能那个广播里面也会说秋高气爽，我们说秋高云淡，或者说彩旗飘飘、锣鼓喧天，等等，都是一样的，是吧？

【例 5-26】

TZ：Okay，alright，see，interesting，when people are saying digital books are portable，somebody is also claiming that paper books are portable.

（教师 Z：好的，看，有趣吧，当大家说电子书方便携带的时候，有人会说纸质书方便携带。）

在例 5-25 中，中国教师 P 的授课主题是女性教育，与学习者讨论分析米歇尔·奥巴马在给全球女性青少年教育慈善筹款演讲的一则新闻，为了更好地让学习者理解她受到的接待礼遇，教师 P 使用搭桥的方法让学习者联系亲身经历军训场景，用熟悉的情境顺利构建了学习者认知并提升了学习兴趣。例 5-26 中，中国教师 Z 引导学习者讨论电子书和纸质书的优缺点，一位学习者回答纸质书方便携带后，教师 Z 给出反馈并没有直接下结论，而是点出前面有学习者总结电子书方便携带；这里又出现有趣的观点，有人认为纸质书方便携带，引起学习者兴趣，探究原因，激发下一步的认知思考。

从列联表中可以看到，其他五种支架意图组合，构成认知+控制挫败(2)、保持目标+构成认知(6)、保持目标+引起兴趣(7)、保持目标+简化任务(8)和简化任务+引起兴趣(12)采用频数不高，百分比均不超过总支架意图的 2%，其实现支架方法也主要是提问、反馈和传授，即使用最多的三种支架方法。

5.3.3 讨论

本研究结果的支架策略分布特征印证了 Brophy(1999)的研究发现，即同一支架方法可完成不同的支架意图。Brophy 的研究仅调查了示范支架所实现的不同支架意图，根据本研究发现，除了示范和非言语完成的支架意图较为固定和局限，多用来区分支架认知和情感活动，其他六种支架方法均可用于辅助学习者的元认知、认知和情感活动，使用某支架方法的一节教师话语既可完成多种单一支架意图又可完成多种意图组合。大学英语听说课堂互动中的教师支架策略呈现出更加丰富的方法和意图组合。

同时，在大学英语听说课堂互动中，教师支架意图和支架方法呈显著相关。本研究采集的大学英语课堂互动教师支架话语语料很好地证明了本研究理论框架的适用性。本研究验证了 van de Pol 等(2010)提出的融合了支架意图和支架方法的策略框架，可以通过策略框架开展自上而下的实证研究，同时印证了国内学者刘萍和张雪梅(2018)的观点，认为 van de Pol 等的相关策略梳理为教师支架研究构建实践分析提供了可借鉴的理论框架。

在实证教师支架意图和方法显著相关的基础上，本研究总结发现了大学英语听说课堂中高频使用的支架意图与方法搭配的组合，如表 5-8 所示。教师根据即时课堂互动反映的学习者学习障碍，确定对学习者展开支架教学的方向后，可以从对应的支架方法中选取最为适用的方法，即教师支架学习者学习时“想给予何类辅助”和有针对性地“如何开展”。

表 5-8　**大学英语课堂互动高频教师支架策略**

支架意图		支架方法
元认知策略意图	保持目标	传授、提问、反馈
认知策略意图	构成认知	反馈、传授、解释
	简化任务	提问、提示
情感策略意图	引起兴趣	非语言、提问、反馈
	控制挫败	反馈

续表

支架意图		支架方法
组合意图	构成认知+简化任务	提问、传授、提示
	构成认知+引起兴趣	解释、搭桥、传授

从高频支架意图和支架方法组合来看，根据 Thornbury (1996) 和 Cullen (1998) 的分类，大学英语听说课堂师生互动中，教师的支架话语具有明显的交际特征，区别于其他的学科课堂。教师作为交际主体的一方，既要即时分析、诊断学习者当下语言输出，评估其语言问题，同时又要确定恰当的支架方法来精确辅助其语言形式和内容的修正。教师支架方法众多，从高频支架方法来看，其选择原则在于能够为学习者提供更多学习机会(learning opportunity)。基于 Vygotsky (1978) 的社会文化理论，教师支架为学习者在 ZPD 区域创造了丰富的发展高级心理机能的中介环境，从认知互动论(Swain，1985，2000；Krashen，1982，1985；Long，1985，1996 等)视角来看，当学习者将教师的支架输入变为认知加工，与其相互影响作用时，便能最终产生语言习得。

同时，基于支架意图和支架方法维度相关关系的确立，本研究采用的二维支架策略框架可进而作为辅助大学英语课堂互动教师支架话语分析的工具，也可作为辅助新手教师师资培训工作的理论框架和参考资料。

5.4 本章小结

本章阐明并讨论第一大研究问题的研究结果。其中包括大学英语听说课堂互动中，教师支架意图和支架方法的使用频数及百分比分布特征，以及二者的相关关系。

基于语料库数据统计方法，可以看到认知意图和认知意图组合支架是教师采用最多的支架意图。大学英语听说课堂互动中，教师互动教学活动重点聚焦于辅助学习者对语言形式和内容的习得，同时兼顾元认知和情感意图支架，元认知和情感意图支架服务于认知意图支架。

同时，教师实施各支架意图时，综合采用多种支架方法。总体而言，反馈、提问和传授支架方法使用频数最高，解释、提示、搭桥和非言语在实施不同支架意图中亦得到高频使用，但示范方法整体采用最少。

教师支架意图和方法的使用虽体现了个人教学风格差异，但教师间除了中外教师在引起兴趣支架意图有显著差异外，其他意图和方法使用上均无显著差异。支架意图和支架方法二维度呈显著相关关系，二维支架策略分析框架具有良好适用性。

6　教师支架策略会话分析

上一章阐释了大学英语课堂互动教师支架策略的频数、百分比分布及意图和方法维度的相关关系，得到了大学英语听说课堂教师支架学习者英语语言习得的静态整体样貌。本章将基于会话分析机构性谈话的重点分析内容，对教师支架策略的话轮构建和动态支架序列作详细考察。

6.1　教师支架策略话轮构建

人类互动交流并非杂乱无章，言谈应对中交际者按照一定的轮次进行发言（Goffman，1959；Kendon，1967）。Sacks、Schegloff 和 Jefferson 于 1974 年最早提出了话轮转换的基本内容和理论框架。师生之间的课堂互动属于机构性谈话，机构性谈话以任务为驱动，会话的展开利用了双方的社会身份。大学英语课堂中，师生谈话不同于日常生活闲聊，以一定的语言学习任务为驱动，以学习者最终习得某项语言形式和/或内容为目的。课堂上交际双方具有固定的社会身份，以教师和学生的身份进行互动。

互动中，教师和学习者话语依次轮流出现，教师话语出现的时间及表达的内容有赖于学习者在当下互动情境中的话语表达。针对学习者当下语言认知的水平，在其 ZPD 中所处的位置，教师选取不同的支架策略，构建合宜的话轮，完成教师轮次的会话，为学习者下一话轮的话语作好铺垫。

教师话轮非孤立、单独存在，必须依赖于前后话轮进行构建。教师在构建支架话轮时同时扮演听话人和说话者的角色：首先，需要作为听话人充分解码上一话轮学习者的输出，对其表达的语言形式和内容作出评估，诊断学习者当下需要得到的帮助；其次，需要在此基础上作为说话人编码下一话轮的支架话语，对学习者的习得提供合宜的支架。

6.1.1 教师支架策略话轮构建的语码选择

教师构建支架话轮时，如何选择语码是研究者们关心的话题。Turnbull 和 Arnett(2002)认为教师话语是二语课堂学习者目的语输入的主要来源，教师目的语使用最大化是合理的。二语语码的大量使用一直得到学者们的肯定。早在1988年，Chaudron 就提出在典型的外语课堂中，学习者目标语能力的充分实现是通过教师提供丰富的目标语环境来达到的。但是在二语课堂中，一语语码的使用并非完全禁止。Anton 和 Dicamilla(1999)、Cook(2001)以及 Turnbull(2001)都支持了二语课堂中教师一语的使用，认为明智地使用一语并不会对学习者的二语学习产生阻碍，反而可以更好地让教师支架学习者将二语输入(input)变成其语言摄入(intake)。但 Atkinson(1987)也提醒应避免在二语课堂中过度使用一语。

本研究搜集调查的四个大学英语听说课堂，两个为外籍教师课堂，两个为中国教师课堂。外籍教师课堂一般不会出现一语，但本研究发现的一个有趣现象是年纪较轻的外籍教师 M 会说一定的中文，在其课堂支架话语中出现了中文语码。

对语料中教师 M 所有的中文支架话语节进行提取，发现共有 15 个含有一语的话轮。对这 15 个话轮进行细读分类，发现其中有 11 个话轮是穿插了简单的单词或词组翻译如“cocktail(鸡尾酒)”“Starbucks(星巴克)”“work out(健身)”“traffic jam(堵车)”等。如在支架学习者了解万圣节服饰时，教师 M 在一个话轮中提到“And down here, this last one down here. This girl in the spiderwebs. Spiderwebs, right, 蜘蛛网. Spiderwebs. Yeah, she has a big spider on her shoulder here, a little one down here. This is a more traditional scary costume, right? Trying to be creepy, trying to be scary.(下面最后一张图片。这个女孩穿着蜘蛛网。蜘蛛网，对吧，蜘蛛网。Spiderwebs。对，她肩膀上有一只大蜘蛛，下面还有一只小点的。这是比较传统的吓人服饰，对吧？想要变得诡异，想要变得吓人。)”这 10 个词汇对于学习者来说都不困难，教师 M 这里使用一语的主要目的是引起学习者兴趣，调动课堂气氛。

另外四处使用一语中的两处是学习者所在大学的名字，教师 M 直接使用了中文。这不属于辅助语言认知，而是采用搭桥联系学习者熟悉的概念，更好地支架语言任务情境的理解。剩下两处的中文语码分别是“No？真的吗？”和“对，now why, now give me why.（对，为什么，告诉我为什么。）”。同样是简单应对的语码替换，并非对构成学习者认知障碍的语言讲解。本研究的外籍教师一语使用仅为达到引起兴趣的支架意图。

在两位中国教师的课堂中，一语使用更为广泛。教师 Z 的 1128 个标注节中，有 294 个节使用到了一语中文，占总节次的 26.06%。进一步对语料进行筛选，其中支架学习者认知的最多，有 256 节，占 87.07%；支架学习者元认知的有 30 节，占 10.20%；支架学习者情感的仅 8 节，占 2.73%。而教师 P 的 532 个标注节中，144 节使用到一语中文，占总节次的 27.07%。进一步对这 144 节进行筛选，支架学习者元认知的仅 1 节，占 0.69%；支架学习者认知的共 140 节，占 97.22%；支架学习者情感的仅 3 节，占 2.09%。可以看到，两位中国教师的支架话语中，1/4 左右的支架使用到了一语语码，且绝大部分用于支架学习者认知。从教师 P 语料中选取有代表性的两例如下：

【例 6-1】

TP：But remember, she talks about the importance of education and also how education can::, okay, make difference as far as women are concerned. So she goes to the example of China. She particularly talked about, we may say, a program China takes. In Chinese, we call that 春蕾计划, the Spring Bud Program.

（教师 P：但回忆一下，她谈到了教育的重要性以及教育如何对女性产生影响。她举了中国的例子。她特别谈到中国开展的一项计划。汉语我们叫“春蕾计划”，the Spring Bud Program。）

【例 6-2】

TP：Okay, here we have gone over this program. Just now, I have told you that we will understand, develop our understanding of these six elements of this news report. If the task is just to get the six elements, it's enough for us to get to the news lead, right, news lead, L E A D，导语。我们刚才说到听新闻你如果仅

仅只是把握新闻的六个 WH 要素的话呢，那么听导语就足矣。

（教师 P：好，我们过了一遍这则新闻。刚才我已经说过我们要弄明白这则新闻的六要素。如果任务要求只要我们找六要素的话，我们听懂导语就够了。对吧，新闻导语，L E A D，导语。）

在上两例中，教师 P 均使用到了一语中文，但二者有区别。在例 6-1 中，中文以词汇形式出现，例 6-2 中以完整句子形式出现。更重要的是，在例 6-1 中，教师使用中文是将一个英文专门用语对应的中文说出来，该用语本身来源于中国的一个教育项目“春蕾计划”。该计划于 1989 年由中国妇联发起，用于专门救助贫困地区失学女童重返校园。使用中文，可以最大化地支架学习者对于该语言文化点的认知。并且在提供相应中文表达之后，教师 P 又重复了“春蕾计划”对应的英文表达“the Spring Bud Program”，让学习者巩固了一遍对该语言点的目的语学习。在例 6-2 中，教师 P 将他用来传授新闻听力技巧的话语用中文简单翻译了一遍，这是本堂课训练和需要学习者掌握的关键，必须确保每一个学习者都完全明白。

除了上两例展示的教师使用一语辅助学习者认知的情况，在语料中还存在着一定比例的教师使用一语来完成保持目标支架意图的情况。如“OK，我们再来听一个看看”“那我们再来听一遍”等，对学习者给出指令，一方面该信息不构成二语认知困难也不是习得的目标，另一方面可以高效直接地确保学习者注意力调整、集中。

因此，在大学英语听说课堂中，一语的使用部分印证了前人的结论，即教师只有在“使用目标语代价太大”时才应使用一语（Cook，2001）。本研究同样发现在使用目的语进行语言认知加工和理解过于困难、耗时过多或没有必要时，尤其是用目的语构建中国语言文化特有现象时，中国教师会同时辅助使用一语进行支架教学。其次，本研究发现在传授语言技巧时，中国教师会适当辅助使用一语，确保学习者对重要听说技巧的理解构建。另外，本研究还发现有条件的外籍教师，在听说课堂上会适量采用学习者一语，可以达到辅助提升学习者兴趣的目的。

6.1.2 教师支架策略话轮构建的言语手段

大学英语听说课堂互动中，学习任务和目标固定，但由于学习者不同、认知水平不同，不同的支架方法被教师用来实现不同的支架意图，二者共同组合成灵活多变的支架策略。具体实施不同的支架策略，教师需要有效利用教师话语，积极构建教师话轮。本节以不同支架方法实现主要意图的策略搭配为主线，梳理相应的教师话轮构建技巧。

6.1.2.1 提问支架策略话轮构建言语手段

提问是最为高频的教师支架方法之一，也是IRF结构第一步的重要形式。从研究支架策略框架来看，不同的提问话轮可以实现不同的支架意图。从上一章梳理的支架方法和支架意图相互关系列联表(见表5-7)中可以看到，在大学英语听说课堂中，提问方法主要用于完成“简化任务”和“构成认知”的认知支架意图。其中用于简化任务的提问占教师提问的一半以上，而用于构成认知的提问占教师提问的近1/4，即教师用于简化学习任务的提问远大于构成认知的提问，前者使用频数是后者的一倍。当学习者回答教师的构成认知提问遇到障碍时，教师会采用简化任务的提问方法继续追问，从而将任务切分，降低难度，让学习者在ZPD够得到的范围内逐步推进。

例6-3展示了教师Z如何使用提问一步步简化任务，支架学习者认知的过程。

【例6-3】

[T：教师Z　Ss：数个学生]

T1： Okay, what's her problem?

Ss： (2.0) Computer broken.

T2： Her computer broke down, and she sent it for repair, right? And she she needs her computer urgently for what?

Ss： For the paper.

T3： For the paper, right, that is what she is about to do. When, when is the paper due?

Ss: The next week.

T4: Er, at the end of next week, right, okay. Very good, that's her problem. Okay, so what are other solutions?

Ss: Go to computer:::

T5: One solution is since she needs to use computer that urgently she can use the computer::: in the (2.0) in the library? Was that library? Or computer lab?

Ss: Computer lab.

T6: Hhehh, okay, alright. And then what problems would she have if she uses that?

Ss: =Noisy. =

T7: =It would be too noisy right, even when:::

Ss: In the morning. =

T8: =Right, even in the morning and in the evening, because:::

Ss: Everybody is working on their paper.

T9: Right, at this moment or at this season. 这个这个季节正好是什么，就是这个 everybody is working on their paper 的时候，对吧。So even in less busy hours, probably the labs would still be very noisy and she can't concentrate with these noises, she needs to be quiet, 对不对? Right, 这是第一个 solution，那第二个 solution 呢，what about the second?

Ss: (2.0)

T10: What the man suggested is what, she can call the repair shop, 就是这个维修点，对吧。And ask them what?

Ss: (2.0)

T11: En, (1.0) see? 这个从 task number three 开始，往后面三四五六都是一样的，你如果听力做得不够到位，信息不够准确的话，后面就不，对吧，你就没办法比较好地完成这个任务，第二个 solution 应该是什么啊，是说 call the repair shop to see whether they could have her computer ready 怎么样啊?

Ss: At the beginning=

T12: =At the beginning of next week, 对吧? So that she would have still one week to work on her paper, right. And that could be enough, okay. What, what's the problem with this solution, 这个 solution 的问题在哪里?

Ss: The shop will close today and:::

T13: Right, the shop is closed for the long holiday, right, so she won't be able to talk to them for: at least a couple of days, right? 至少有几天都怎么样啊, 没办法去给他们打电话, 因为整个 shop 都是关门的, 对吧, 就是这个问题。Okay, so here 大家知道这个这个任务它会问的是什么啊?

Ss: 两种方法。

T14: Right, what's her problem and right which solution would you recommend and why, right? So please get ready.

教师Z在这一支架序列中帮助学习者共同构建一段听力材料的主要内容, 学习者需要在听懂这段听力材料的基础上, 对基于这段听力对话提出的问题完成60秒的口语观点表达。该材料展示的是一位说话者告诉另一位说话者她电脑坏掉所带来的问题及两个解决方案。教师Z首先在T1中提出"what's her problem? (她的麻烦是什么?)"构成认知的提问, 这一问题为大方向上的、具有概括性和目标导向性的问题, 在学习者给出不完整的关键词回答"Computer broken(电脑坏掉)"后, 教师针对对话细节继续逐步抛出了简化任务的两个提问"And she she needs her computer urgently for what? (她急着用她的电脑干什么?)""When, when is the paper due? (论文提交什么时候截止?)"。进一步支架学习者将注意力聚焦更加具体的问题, 发掘问题的细节。

紧接着教师Z在T4提出另一认知构成的提问"so what are other solutions? (那么有其他解决办法吗?)", 提出该语言任务的另一大方向性问题。在学习者给出不完整的信息"Go to computer::: (去电脑:::)", 并表现出该信息认知的困难时, 教师Z在T5给出了简化任务的提问: "Was that library? Or computer lab? (是在图书馆? 还是在计算机实验室?)"。这两个问题将答案限定在两个选择范围之内, 大大降低了学习者认知难度, 很快让学习者回忆到听力材料内容, 进而顺利完成该语言点的习得。紧接着教师Z又在T6进行了简化任务的提问"And then what problems would she have if she uses that? (如果她去计算机实验室会有什么问题?)”，支架学习者进一步发掘对话细节。同样，教师 Z 在 T9 提出说话人第二个解决方案的认知构成问题，在 T10、T11 和 T12 进一步简化任务的提问。

另外，在上一章例 4-3 的 T8“Okay, alright, how about topic development?（好，那么他的话题展开怎么样?)”，T9“Er, okay, alright, let me put it in this way. Was it easy for you to follow his point?（嗯，好，这样说吧。你很轻松就能抓住他的观点吗?)”中，即在教师 Z 提问话轮中还可以看到，当学习者对回答教师的提问有障碍时，教师使用了对提问重新措辞的话轮构建方法，让学习者更易于回答。

在大学英语听说课堂中，教师在完成提问方法支架学习者认知意图的支架策略时，一般先进行构成认知的提问，话轮构成采用较宽泛的问题。在学习者表现出认知困难时，继而采用简化任务的提问。简化任务的提问通常有三种常见话轮构建言语手段：第一，针对具体的语言形式或内容，提出更加细化的问题；第二，采用选择的方式，将答案与类似选项并列，让学习者进行选择；第三，教师对提问进行重新措辞，让学习者更易于回答。简化任务的提问属于辅助性更高的支架，学习者付出的努力更少。

另外，在教师话语研究中，一般将教师提出的问题分为展示性问题和参考性问题(Richards & Schmidt, 2010)。前者为教师知晓问题答案，主要让学习者展示其语言形式的问题；而后者为教师不知晓答案，偏重向学习者寻求信息的问题。对本研究 196 节涉及支架学习者认知的提问话轮进行细读分类，发现本研究采集的语料中涉及展示性问题的提问 111 节，占 56.63%；涉及参考性问题的提问 85 节，占 43.37%。展示性问题的提问超过参考性问题的提问，与前人研究结果一致(Long & Sato, 1983; Pica & Long, 1986)。例 6-3 中教师 Z 的提问多为展示性问题，教师知晓答案，但需要确保学习者输入并精确输出表达出来。下面例 6-4 中，教师提问多为参考性问题，教师不知道答案，需要学习者提供信息。同时，教师希望在学习者提供信息的过程中，锻炼其英语二语的组织及表达能力。

【例 6-4】

[T：教师 R　　S：某个学生　　Ss：数个学生]

T1：Okay, um, let's open the door on the, on the next subject. I'm gonna call it a day and a life of an American university student. And I want to, I want to have you think about this in comparison to your lives, and I wanna talk about that with you. When you come here, you stay in the dormitory for 4 years, right? All 4 years? Do you get apartments off the campus?

S: No.

T2: No? You stay on campus? So there's no different between freshmen and sophomore, juniors, seniors, all the same?

S: All the same.

T3: But that's one of the differences. Um, in American universities, all students are acquired to live on campus in dormitories. This is thought to be necessary for...

S: All students?

T4: All students. The first year, the first year. This is thought to be necessary because it's the first time away from home for most students, and it's thought that universities should act as some kind of local parent, some kind of supervision. But there's an emphasis on freedom, and this emphasis on individual of behavior and freedom. So, as quickly as possible, students will remove themselves from students campus and get off campus. So typically, in the second year, they will get an apartment, and live independently. That of course, requires them to sign on leases, and be responsible for the lease for most cases for 12 months. On my campus, um, dormitories are, um, men live 2 to a room, 4 men to a suite. Every suite has its own bathroom, so 4 men share 1 bathroom. Fairly comfortable. How do you live?

S: 4 men share 1 suite.

T5: 4 men, 1 suite. 1 bathroom?

S: Yeah, one bathroom.

T6: Okay, the same.

S: But 4 men in 1 room.

T7: 4 beds in one room and the other room for study?

Ss: No, just 1 room.

T8：Just 1 room. Well, in my dormitory, there are 2 rooms, 2 beds. And between them is a bathroom. And sometimes the boys put all 4 beds in one room, and use the other room as a kind of living room. And they will make a kind of... they'll build, they build lofts, so there's stack up, and they get hammers and nails and create houses inside rooms. It's kind of neat. Problem is in spring time when they tear them all down, they throw everything outside the window. Now they have to hold away. Unlike you, students do not spend 30, 40 hours in class. How many hours a week do you spend in class?

教师R在本次课堂中与学习者讨论中美大学生生活的区别，在该支架序列中特别支架学习者对于中美大学生住宿区别的认知。教师R的数次提问均为参考性问题，如T1中的"When you come here, you stay in the dormitory for 4 years, right? All 4 years? Do you get apartments off the campus?（你们来上学，在宿舍里住四年，对吧？整整四年？会住校外公寓吗？）"，T2中的"So there's no different between freshmen and sophomore, juniors, seniors, all the same?（所以大一、大二、大三、大四学生没有区别，都一样？）"，T4中的"How do you live?（你们怎么住？）"等，一直到T8中的"How many hours a week do you spend in class?（你们每周上多少小时的课？）"引发下一序列的讨论。

6.1.2.2 反馈支架策略话轮构建言语手段

反馈是支架方法中使用频率最高的一种支架方式，也是IRF模式的第二大重要组成部分。根据本研究的操作定义，反馈是教师直接针对学习者语言表现回复信息的支架方法。根据上一章的频数分布统计，超过80%的反馈用于完成辅助学习者认知意图。对支架认知意图的反馈进行进一步划分筛选，发现教师直接给予积极正向反馈最多，占比51.87%；其次给予中性反馈居中，即教师话语中并没有明确的表示肯定或否定的措辞出现，占比44.96%；而直接给予负面反馈最少，仅占3.17%。

当教师给予积极正向反馈时，教师构建反馈话轮采取多种言语手段。如以下四例所示：

【例 6-5】

TM：Good. Yeah. Perfect.

（教师 M：好。对。非常棒。）

【例 6-6】

TP：Good，a very clear logic，logical flow，so it's easy for us to follow you.

（教师 P：好，非常清晰的逻辑，条理有逻辑性，所以我们很容易听明白。）

【例 6-7】

TR：We can recognize that the industrial portion of economy is slowing down. It still needs engineer tomorrow. But in another portion，economy is picking up.

（教师 R：我们会发现工业部门的需求在逐渐放缓。未来仍会需要工程师。但是另一部门，经济在攀升。）

S：Service.

（某学生：服务业。）

TR：Yeah，Service.

（教师 R：对，服务业。）

【例 6-8】

TZ：然后她怎么说的？

Ss：Part-time professors.

（数个学生：兼职教授。）

TZ：Right，she said if the budget is a problem，then they can hire part-time professors.

（教师 Z：对，她说如果预算不够，他们会聘请兼职教授。）

例 6-5 是教师 M 让学习者朗读一则英语新闻后给出的反馈，因为学习者朗读得非常流畅，没有错误，教师 M 直接使用了简短的赞许话语。例 6-6 中，教师 P 对一位学习者复述的一则新闻给予积极反馈，用“Good”肯定之后，对其语言组织的逻辑性进行点评赞许。例 6-7 中，教师 R 与学习者讨论将来就业环境的变化，提到经济构成中的工业部门需求将会减少，但另一部门的需求会增加。学习者马上回复是服务业。教师 R 对答案给予肯定，并原封不动地重复了该答案，将其变为教师向学习者的输入，加强了所有学习者对该概念的认知。而在例 6-8 中，教师 Z 支架学习者对于听力材料细节的理解，在学习者给出答案的关键词"Part-time professors"后，教师使用反馈支架。教师 R 首先对答案进行了肯定，然后对答案进行了完整的表述，从而将完整、正确的答案作为输入重新提供给学习者。

在构建积极反馈辅助学习者认知的支架策略时，教师通常采用三种话轮构建言语手段，一是仅使用简短的赞许话语，如"Yes""Good""Right""En-huh""Beautiful""Perfect""OK""Wonderful""Exactly"等；二是使用简短赞许加上评价，对学习者回答的语言表达或内容给予点评；三是先明确给出简短的赞许话语，再紧接着对学习者的回答进行重复或重述，部分情况下，赞许话语也可省略，直接重复或重述。重复时对学习者的回答不作更改直接复述，而重述时教师用更加准确、地道或完整的语言重新表述。

第三种话轮构建言语手段中的重述尤其适合重意义协商同时附带语言习得的二语听说课堂，教师没有中断互动去指出学习者缺陷，而是肯定学习者意义表达的同时，修正、拓展学习者的表达形式，让其一方面受到鼓励继续用英语进行交际任务，表达看法，同时又获得了更加确切的表达和用法。重述话轮构建方式在二语课堂教师积极反馈中扮演了重要角色，该发现与国外类似研究的结果一致（Long，1996，2007；Verplaetse，2000；Cullen，2002）。

在教师给予中性反馈时，教师话语中没有明确的表示肯定或否定的措辞出现。中性反馈也占有极大比例，仅次于积极反馈。具体如以下三例所示：

【例 6-9】

［T：教师 R　S：某个学生］

T1：Okay. So, we go. You know, when I am preparing the note for career and career future, I believe probably most of you, as I was, would choose your own major as your career which you would work for thirty years.

S： Some of us may not seek for a job which they would keep for so long a time, and some people may choose jobs which are not related with their majors. There are only twenty percent of graduates who would choose their major as the career.

T2： Only twenty percent?

S： Yeah.

T3： That doesn't surprise me.

S： What about the percentage in the United State?

T4： I don't know the specific percentage, but there are many students who come to work with pretty ambiguous majors, like my daughter, for example. She majors in communication.

S： What is that? (Ss laughing) Like talking?

T5： Well, it's a liberal arts program. It covers arts a lot, and maybe include writing. She has become a good writer.

在例 6-9 中，教师 R 与学习者讨论将来的职业选择，在 T1 中提到学习者可能会选择一份长久的事业，听到学习者回复也许并不会而且仅百分之二十左右的人会选择跟大学专业一致的职业时，教师 R 在 T2 中以问题形式反馈“Only twenty percent?（仅百分之二十吗?）”进一步追问确认比例。得到学习者肯定后，在 T3 中反馈“That doesn't surprise me.（这并不让我感到惊讶。）”，就话题内容本身与学习者交流。在学习者问到美国的情况时，教师 R 继续在 T4 和 T5 中给予中性反馈，提供学习者感兴趣的信息。

【例 6-10】

[T：教师 Z　S：某个学生]

T1： Addictive, okay, alright, again! Addictive, just like smoking, huh? Okay, alright, what else?

S： Competition.

T2： Yes?

S： Competition =

T3：=Competition?

S： Conflict.

T4：Conflict! Okay, conflict.

例 6-10 展示了教师 Z 支架学习者对一位学习者口语录音的理解，该学习者谈论了“为什么篮球运动很糟糕”。T1 中教师进行认知提问“what else?（还有吗?）”，学习者回答“Competition（竞争）”。因为回答与正确答案有出入，教师 Z 在 T2 中使用“Yes?（是吗?）”进行中性反馈，刺激学习者进一步思考。在学习者仍旧重复该答案“Competition（竞争）”时，教师 Z 在 T3 话轮中使用了重复该答案但使用升调的方式进行反馈，让学习者意识到答案有问题并在下一话轮中给出了正确的解答“Conflict（冲突）”，最终学习者得到了教师的积极反馈。

【例 6-11】

T1： Hhehh, wait for her wrist to heal, right, to become better, so that she could be playing on the concert. For that one, what's her possible problem, if she does, (2.0) then she's worried about:::

Ss： She (3.0).

T2： She's er what?

Ss： (1.0)

T3： Anybody got this bit of information?

Ss： (2.0)

T4： Okay, don't worry. So er, so solution number one, is to wait for, just wait, and heal or become better, right, and then play. But then in this case then what problem will happen that worried her? Fill in the blanks while you are listening to this for the second time, okay?

而在例 6-11 中，教师 Z 向学习者提问听力材料中说话人手腕受伤后的麻烦，在提示后学习者仍回答不上来，并产生了三秒、一秒和两秒的课堂沉默。教师 Z 在紧跟着的话轮中无表扬无批评，采取的中性反馈“Okay, don't worry.（好的，不用担心。)"完成控制挫败的支架意图。

可以看到，中性反馈可以针对交际内容、也可以针对语言形式给出回应。当对交际内容回应时，教师话轮构建言语手段通常有两种，一是针对学习者回答进一步追问，采用问题形式；二是针对学习者提出的疑问给予解答。当针对语言形式进行中性反馈时，教师多是激发学习者对其自身语言表达进行修正，话轮构建言语手段主要有两种方式：一是反问或重复，但重复时使用升调；二是从情感上对学习者的认知失败给予宽慰与支持。

教师直接给予学习者负面反馈的占比最低。在给予负面反馈时，教师会直接使用否定词，如下两例所示：

【例 6-12】

TM：He orders something and eats it in his car at the place, right. He's got to get it, nice and hot and fresh. OK, who's your partner, is Ann your partner? Ann, you, you like eating out, you like to go out, but where do you go? The most expensive restaurants. So Ann, so this is your lines, so whenever you eat out Ann, you like to go to one of the most expensive restaurants in town. You will never dream of going to a hamburger joint. So you and Ann are like not even close. You can't even, so go ahead, go ahead. Go ahead Jerry. Ask, ask her, ask her out for dinner.

S：Ann, do you want to go out for dinner?

TM：No no, try that again, give us some of the, give us some of the, this, right? Hey Ann? You want to go get some hamburgers? Let's go get some hamburgers.

例 6-12 中教师 M 要求学习者用材料上列出的短语造句，该片段需要学习者练习的短语是"get sth.(去吃……/去买……吃)"。在让单个学习者造句之前，教师 M 先使用示范的支架方法，自己先将该短语用在一个具体的情境当中："He orders something and eats it in his car at the place, right. He's got to get it, nice and hot and fresh.(他点了些吃的就在车上吃了，对吧。他就想买这些，热腾腾、美味又新鲜。)”。然后，教师M假定一个女生Ann “you like to go to one of the most expensive restaurants in town.（你喜欢去城里最贵的餐馆吃饭。)”，让另一男生用这个情境和“get sth.”造句。当学习者给出的回复是“Ann, do you want to go out for dinner?（安，你想出去吃晚饭吗?)”时，发现该学习者没有用上该短语，教师M明确给出负面反馈“No no, try that again, give us some of the, give us some of the, this, right?（不不，再试一次，得用上，用上这个，对吧?)”，点明问题所在，让学习者可以马上回到正确的轨道。

在大学英语听说课堂中，教师针对学习者语言表现的直接反馈并不是简单的赞许或否定，而是尽可能地利用反馈话轮制造语言学习机会，对正确的回复进行肯定和重复，增强学习者信心的同时强化学习者的认知；对于不完善的回复进行重述，在不影响交际继续的情况下向学习者输入正确、完整、精确的语言形式；对于错误的回复，多使用反问或重复的方式，让学习者自身认识到问题所在，从而进行自我修正。在学习者修正不成功的情况下，教师多采用控制挫败意图的反馈，换用其他方法继续支架。在极少数情况下，考虑到课堂效率等，教师才给予负面反馈，明示学习者的错误。

6.1.2.3 传授支架策略话轮构建言语手段

传授是另一高频支架方法，相当于传统的语言课堂中教师主导的讲授，即教师向学习者讲授语言点及相关原理、用法。主要完成认知意图搭配支架策略，教师向学习者讲授语言点是什么，如何使用。例6-13和例6-14分别为教师采用传授的认知支架策略来辅助学习者习得语言内容和形式的例子。

【例6-13】

TR：But the thing that's really interesting and important for us, for what I want to talk about today is, that what this employer is looking for is some characteristics that employee's going to present. Now, in a factory, what is that? That may be, you know, good eyesight, so you don't get in hand-cut machine; speed, getting your hand out of the way or something like that. I've looked at this pretty thoroughly in terms of the early industrialization of the United States. In

New England, and Boston, and Massachusetts, the, the Boston school masters, it's:: we referred to this a lot in American education. Uh, what did they teach in schools in those early days? And that's really pretty interesting. One of the first things they taught, can you believe this? How to tell time, how to read a clock.

(教师 R：今天我想讲的，特别有意思又重要的是，雇主看重的优点就是雇员应该表现出来的优点。比如说，好视力，这样你就不会被切割机器弄伤手；速度，这样你就能快速把手挪开之类。这一点我仔细研究过美国早期工业化，它在新英格兰地区，麻省的波士顿，波士顿的学校蓬勃发展，我们在讲美国教育的时候谈到了很多。那时的学校教些什么呢？这真的很有意思。他们最先教的事情之一，你们能想象吗？就是辨认时间，怎么认时钟。)

【例 6-14】

TM："I will make a cup of tea, what's the matter down here in the first place?" "In the first place" and we got blablablabla, plus... Now down here they do give you a note improving your conversation down here, it says in the first place, er in the first place is an expression, that proceeds the first point of an argument when you present oh you present when trying to convince somebody of something, right. So in the first place this, plus this.

(教师 M："我要泡杯茶，但首先这是怎么回事？""首先"再加上后面要说的话。下面这里说明了这个表达可以帮你改善口头对话。"in the first place"是个短语，当你想要说服某人某事时，用来引导你的第一个观点。所以用"in the first place"怎么样，再加上后面的东西怎么样。)

例 6-13 是教师 R 使用传授的支架方法支架学习者认知，构建找工作时应该表现出什么样的特点，为什么这样，它的源头从美国早期工业革命来说在哪里。通过知识框架的搭建分析其中的逻辑，让学习者充分理解该话题内容。而在例 6-14中，教师 M 使用传授加认知构建的支架策略辅助学习者习得"in the first place"。在这个话轮中，教师 M 首先展示了材料上的例子，接着解释了该短语的功能和具体用法，这样让学习者明白为什么要使用该短语，该怎么用。

所以，在大学英语听说课堂中，教师使用传授支架学习者认知语言内容时，话轮中讲解知识图谱各节点之间的逻辑关系来建立新认知；使用传授支架学习者认知语言形式时，话轮构建时除了讲授语言形式的具体用法，同时可以多角度讲解其使用场合、来源、功能，让学习者知其然，知其所以然，且能行之，知行并举。

6.1.2.4 解释、提示、搭桥支架策略话轮构建言语手段

在大学英语听说课堂中，解释、提示和搭桥使用频率稍逊于提问、反馈和传授的支架方法，但仍能有效完成多种意图组合的支架策略。

首先，解释用于进一步给出更加详细的信息或阐明，是更加深入、细化的支架方法，多用作传授、反馈支架方法的后续支架，如例 6-15 和例 6-16 所示。

【例 6-15】

TM：Ah, cows are especially bad for the environment. They are especially bad. They get really big, they make a lot of waste and they eat, they drink a lot of water and they need a lot of food and then you just get the nice steak. You get the nice steak out of them. So if we feed them seaweed, we could make them much cleaner, right?

（教师 M：啊，牛对环境有很大影响。影响特别大。它们个头长得很大，产生很多粪便，吃得多，喝得多，然后你才能得到很好的牛排。牛排得从它们身上得到。所以如果我们给它们喂海草，可以让它们干净很多，对吧？）

【例 6-16】

TR：I got this at the *Chronicle Higher Education*. *Chronicle Higher Education* is something that university administrators and teachers read every week, it's a weekly, it's a weekly newspaper. For college student, this means internships or any jobs that you have while in school. It not only shows them that you're serious about your work, but also that you're... are accustomed to the office environment. Yeah.

(教师 R：我是从《高等教育纪事报》上看来的。《高等教育纪事报》大学行政管理人员和教师每周都读，它每星期出，是周报。对于大学生来说，(工作经历)意味着你在校期间实习或其他任何工作经历。它不仅告诉雇主你对申请的工作很看重，而且你熟悉办公室的环境。对吧。)

教师在构建解释话轮来支架学习者认知时，可以解释一个事件的过程逻辑。如例 6-15 所示，教师 M 在学习者读了一则新闻之后，进一步向学习者解释为什么用海草养牛对环境友好；也可以解释一个具体的语言点，如例 6-16 所示，教师 R 在与学习者互动雇主看重雇员的五个特点时，解释这五点的来源，即《高等教育纪事报》是一份什么样的报纸。

常用的解释方法认知支架策略使用的话轮构建言语有：采用“… is …”“… means …”给单词、词组、固定句式下定义；以及用“…（because）…”解释过程、逻辑、原因等，有时 because 可省略。

其次，提示是基于学习者认知和表达出现困难时，教师给予的更加细化的支架方法。通过提示，教师提供线索或建议来帮助学习者继续向前推进，教师刻意不给出完整解答或详细的传授。提示可以针对语言任务的交际内容，也可针对表达的语言形式。如下面三例所示：

【例 6-17】

TZ：好，再来，往后面他说什么，it is a big city，但是为什么 big city 就一定要去呢，对不对，right，这个题的题干它主要问的是什么呀，a foreign friend visiting China，你要想到 foreign friend visiting China，他到底是来看 something different 还是 something he can also see when he stays overseas. Right，你想想这个问题。

【例 6-18】

TR：You all agreed that your baby，your son is Chinese？Chinese boy，born in San Francisco，never seeing China，doesn't speak Chinese？

（教师 R：你们都同意你的孩子，你的儿子是中国人？出生在旧金山，从来没有到过中国，不会说汉语，是中国人？）

例 6-17 和例 6-18 属于教师对交际内容的提示。在例 6-17 中，教师 Z 一步步地引导学习者如何就“向外国友人推荐一个最值得游览的中国城市并说明原因”话题，理解题目要求，组织观点。而例 6-18 中，教师 R 与学习者开展现代家庭形式话题互动时，引导学习者思考现代人文化身份问题。当学习者回复将来如果在美国工作，生的孩子是中国人时，教师顺着学习者的回答，用细化的身份特征进行提示，激发学习者逐步认识到该回复所存在的问题，引导学生重新进行思考。

【例 6-19】

［T：教师 Z　S：某个学生　Ss：数个学生］

T1：En now that er task number five and six are the most challenging one, so it's quite necessary for me to come through the details with everybody. Okay, what did you hear, normally for a discussion like this, ask you to state her problem first, right, what's her problem?

Ss：His arm injured and then:::

T2：She:::

Ss：(2.0)

T3：Her what, hhehh, she sprained (1.0) something, (1.0) her:::

Ss：=Arms

T4：=Arm or her:::

Ss：=Wrist

T5：=Wrist, right, okay. So, (T is writing.) (2.0) sprained her wrist, (2.0) right. We are going to listen to this all over again later, okay. But to come through every thing first, so that's her problem, and then so what are the possible solutions? This is a part of her problem, right, so based on this, due to this fact, she is worried that:::

Ss：…

T6：She probably won't be:::

Ss：=Able to

T7：=Able to play her:::

Ss：=Violin

T8：=Violin at the concert, when, next week, right. So, what and when very important, those are major details, you know. So she is worried that she probably won't be able to play her violin, so violin (T is writing.) (1.0) next week, concert, right. Violin, concert, next week, (1.0) did you write these down, 大家这些都写了吗? Okay.

例 6-19 是一个典型的教师支架学习者语言形式习得时，对其提供提示认知支架的例子。教师 Z 在该支架片段最开始 T1 就明确告知学习者，目标是听力材料中的"the details(细节)"。在提问学习者材料中的说话人有什么麻烦，而学习者回复中表现出明显的表达困难时，教师在 T2、T3 和 T4 分别使用"She:::(她:::)""she sprained (1.0) something, (1.0) her:::(她扭伤了什么，她的:::)"和"Arm or her:::(手臂还是她的:::)"。这些话轮非常细致地对学习者语言形式进行提示，仅仅空出答案让学习者来填空或选择，一步步最大化地支架了学习者认知，将最后一步留给了学习者自己去努力达到。在 T5、T6 和 T7 中，教师 Z 同样分别使用了"she is worried that:::(她担心:::)""She probably won't be:::(她也许不能:::)"和"Able to play her:::(能演奏她的:::)"进行提示。但是这三个提示有区别，T5 的提示支架学习者回复说话者的麻烦，在学习者未能作答的情况下，教师在 T6 和 T7 给出了难度更低的提示，仅需要学习者补充一个短语和单词。教师最大程度地提供线索，辅助学习者完成语言任务。

为了达到最后的任务目标，提示犹如教师为学习者进一步添加了一根根细化的支架，让其可以聚焦注意力，逐步够到目标，在 ZPD 中一步步向既定方向的未知拓展。提示主要完成认知构成和简化任务意图的支架策略，支架语言内容时可以使用正向和反向建议两种话轮构建言语手段；支架具体语言形式时，多采用给出部分或不完整答案从而让学习者进行补全答案的言语手段。

最后，搭桥的方法可以直接与学习者已有的知识和个人经验产生联结，激发学习者兴趣，是有效地支架学习者认知和情感策略的方法，如例 6-20 所示：

【例 6-20】

TM：Er, how many of you guys have ever come to the teaching building, and walked into the classroom and on every table in the classroom there are these sheets of paper and they say hey come to study TOFEL, come study IELTS, come study Spanish, come study math, come to take this tutoring class. Somebody's trying to sell you a class, right, somebody's trying to sell you they want you to come and take their course. So this one right here, "the hidden truth", "the hidden truth", what we mean is what's really going on, right.

（教师 M：嗯，你们当中有多少人到教学楼的时候，走进教室会发现课桌上放着宣传单，上面写着来学托福吧，来学雅思吧，来学西班牙语吧，来学数学吧，来参加辅导班吧。他们想给你推销课程，对吧，让你去上他们的课。所以这里，我们就可以用"the hidden truth""the hidden truth"，我们想说的是真正发生了什么，对吧。）

教师 M 在该例中，需要学习者完成的认知是语言形式"the hidden truth（隐藏的真相）"及其意义，选取了学习者日常极为常见的现象作为认知的联结，学习者可以立即调动这一部分经验，产生熟悉感和亲近感，顺利完成认知，也易于更长久记忆。

搭桥方法主要完成的是认知和情感意图的支架策略，可以充分地调动学习者已有的经验、认知，将其用于新的语言形式和内容的认知构建。同时，因为涉及独特的个人体验，可以与学习者产生非常具体的联结，充分激发学习者个人语言学习兴趣。在构建搭桥话轮时，教师通常使用"you""we"作为讲述的主体，让学习者产生参与感和归属感，并采用叙述而非议论的话语。

6.1.2.5 示范、非言语支架策略话轮构建言语手段

示范和录音采集并转写的非言语特征是教师互动中使用相对较少的支架方

法，但在具体的语境下亦不可或缺。例 6-21 和例 6-22 是教师 M 用示范来完成认知构成意图的支架策略。

【例 6-21】

TM：Anything else，Elvin？I really，I can't stand alcohol. I can't stand loud music.
（教师 M：还有吗，Elvin？我真的，受不了白酒。我受不了吵闹的音乐。）

【例 6-22】

TM：Yeah，Castillo or Castillo，right，Castillo or Castillo.（T is demonstrating two different pronunciations.）
（教师 M 展示 Castillo 的两种不同发音。）

例 6-21 中，教师 M 向学习者示范的是短语"can't stand（受不了）"的使用方法，自己造了两个句子，进一步打开学习者的思路。这里教师话轮构建使用的方式是造句，将语言点运用到具体的情境当中。而教师 M 在例 6-22 中示范的是单词的发音，他演示了地名"Castillo"的两种发音[ˌkæˈstiəʊ]和[ˌkæˈstiləʊ]。

教师的亲身示范，在大学英语听说课堂中，其特殊性在于展示的是语言形式本身，包括其发音和用法。首先，在学习者对于发音不确定，或朗读的语音语调有偏差，且确有必要纠正时，教师示范的话轮构建言语手段为直接展示正确的读音和语音语调。其次，在学习者对于语言形式的使用有困难时，教师在构建示范话轮时，通常利用造句，将其最具代表性的用法和使用语境展示给学习者。

从上一章本研究支架方法统计来看，示范方法使用并不多，这并不意味着学习者完成语言任务时的表达都完全符合标准。原因之一在于在重意义协商而附带语言形式习得的听说课堂中，教师不愿意牺牲意义的交际，而在不影响意义交流的情况下中断互动来示范学习者某个单词或词组的正确发音。且教师可以采用替代性的另一支架方法反馈，即在回复内容的同时有选择性地附带展示正确的语音语调。原因之二在于，示范支架多用于教学，任务本身就是辅助学习者的语音语调，或语言形式的应用而非理解，即语言的形式就是目的。这样的情境之下，教师才会花费时间完成特别设定的语言任务，示范语言形式。

最后，本研究记录转写的教师非言语方式局限于录音可以得到的声音信息，如教师的笑声、模仿的特殊腔调、在黑板上板书的声音。教师的笑声可以辅助完成情感支架策略，可以单独形成一话轮，或与言语共同组成一话轮。模仿特殊的腔调作为副语言用于完成认知和情感策略，让学习者构成认知的同时也激发学习者兴趣。它在话轮构建中依附于言语共同存在。而板书既可起到提示的作用辅助认知和元认知策略，如教师将关键词或授课要点写在黑板上；又可起到加强学习者认知的作用，如将答案写在黑板上，加强并确保学习者精确无误的认知。

综上，大学英语听说课堂中教师支架策略的话轮构建，有其常用的语码及言语表达方式，并非随意而为，体现了机构性谈话的制约性。在毗邻语对中，呼应上一话轮学习者的表达，针对其语言意义和语言形式存在的问题或潜在的拓展点，采取契合当下的话语实施支架策略，对下一话轮学习者的回复作出规约。对于大学英语听说课堂中高频使用的支架策略，其对应的话轮构建言语手段总结如表 6-1 所示。

在大学英语听说课堂中，学习者需要完成的语言任务不同，互动中展示的即时问题不同，教师需要根据当下学习者的困难，灵活采用不同支架策略，并对应选取不同言语来构建教师话轮，辅助学习者一步步习得并表达正确的语言形式及意义。

表 6-1　**高频教师支架策略常见话轮构建言语手段**

序号	支架策略	话轮构建言语手段
1	提问辅助认知	先采用宽泛的问题，后采用更具体、细化的问题。 将答案与类似选项并列，作选择性提问。 用更简易、平实的语言改变提问措辞。
2	正面反馈辅助认知	简短赞许。 简短赞许加对学习者回答语言形式或内容的点评。 简短赞许加对学习者回答的重复或重述。
	中性反馈辅助认知	对学习者回答进行追问。 对学习者回答中的提问给予回应。
	中性反馈辅助情感	对学习者回答进行反问或重复(使用升调)。 对学习者回答失败给予宽慰。
	负面反馈辅助认知	使用否定词“no”引导，否定学习者回答。

续表

序号	支架策略	话轮构建言语手段
3	传授辅助认知	讲解语言内容、知识图谱各节点之间的逻辑关系。 讲授语言形式的用法、使用场合、来源及功能。
4	解释辅助认知	采用“...is/means...”给单词、词组、固定句式下定义。 采用“...(because)...”解释过程、逻辑、原因等。
5	提示辅助认知	提供正向建议，包括构建答案的步骤和具体内容提示。 提供反向建议提示错误。 提供部分、不完整答案，留白让学习者补全。
6	搭桥辅助认知	使用“you”“we”作为讲述的主体，联系学习者个人经验。
7	示范辅助认知	直接展示正确的词汇读音和句子语音语调。 用生词造句，展示最有代表性的用法。
8	非言语辅助认知 非言语辅助情感	板书要点及答案。 使用特殊语音语调。 笑声。

6.1.3 讨论

首先对于教师支架话轮构建的语码选择，中国教师的二语使用占绝大比例，这一特点基于英语语码在二语课堂中扮演的特殊角色。不同于普通的学科课堂，语码仅仅是教师构建学习者认知的工具。在 EFL 课堂中，二语语码英语同时作为教师传授语言知识、讲解相关语言文化背景知识的工具，又作为学习者需要学习的目标语来源。教师二语语码既是工具又是目的(Long，1983)。教师需要大量使用二语语码，让学习者接触到真实的语言表达(Turnbull & Arnett，2002)。尤其在本土教学环境中，课堂是学习者英语学习的主要阵地，教师需要对学习者保障最大化二语语码输入。

同时中国教师没有放弃一语使用。一语语码在教师支架话语中占四分之一，且绝大部分用于支架学习者认知。该结果印证了前人相关研究，如在用目的语解释耗时费力(Cook，2001)，影响课堂教学效率时，教师多采用一语。此时，一语语码更多地在辅助二语语码理解，作为工具而非目的，服务于二语语码的构建。本研究发现本土教师解释中国文化特定术语表达时，往往更多诉诸一语，亦是提高课堂效率，更好支架相关二语习得。另外在传授听说技巧时，教师多采用一语进行二次说明，目的是确保重要语言技巧能够清晰无误被学习者接收，对学习者接收到的二语进行确认，作为二语输入之辅助。

其次，对于支架话轮中表现出的常用支架言语手段，本研究按照高频支架策略脉络进行了梳理。这些话语是教师在课堂机构性谈话中扮演教师角色所采用的特殊话语，帮助教师构建身份，执行支架功能，达到让学习者习得语言的目的。

对于课堂互动教师话语讨论的热点问题之一，在提问方式上究竟是展示性问题还是参考性问题更能促进学习者二语学习。从本研究教师提问的言语手段来看，二者在真实课堂互动中均大量存在，在大学层次的英语听说课堂中，参考性问题多于展示性问题。原因在于，展示性问题能督促学习者参与课堂互动，而参考性问题能帮助课堂互动更具交际性(Thompson，1997；Shoomossi，2004)。展示性问题更利于支架重意义协商同时附带语言形式习得的学习者二语任务，而参考性问题更利于支架重意义协商的学习者二语任务。展示性问题的话轮构建更偏重与学习者需要附带习得的语言形式相关联；而参考性问题的话轮构建与学习者需要认知的意义内容相关联。在大学英语听说课堂中应考虑具体的课堂教学语境，根据具体需要完成的教学任务和学习者水平，选择合适的问题类型，构建恰当的提问话轮。

课堂互动教师话语研究中的另一热点问题，对于如何纠正学习者错误，学者们总结了各种策略，如显性纠错、重述、要求澄清、引导、重复、详述、评论及元语言反馈，等等(Lyster & Ranta，1997；Cullen，2002；Verplaetse，2000 等)。学者们对于纠错策略的划分标准不一，混合了意图、方法和具体言语手段。从本研究结果来看，具体言语手段，服务于一定支架方法，如表 6-1 所示。而支架方法的选择有赖于毗邻语对前件学习者的语言表现。学习者的“错误”或“偏差”可能与语言形式直接相关，亦有可能与语言意义的理解相关。当与语言形式相关时，重复、重述、提示、示范和讲解的言语手段使用较为高频；当与语言意义理解相关时，细化提问、追问、讲解逻辑、解释原因、下定义等言语手段使用更为高频。

大学英语教师在具体的教学实践中，可以根据学习者当下的语言认知水平和语言障碍，借鉴对应支架策略使用的高频言语手段，选择合适的语码，完成支架话轮构建。

6.2 教师支架策略序列结构

序列结构是会话分析的核心概念，它反映了一事件导致另一事件发展的一般经验(Sacks，1992a)。教师支架学习者语言学习的话语互动由一个个的序列按照一定的顺序进行，整体构成一个动态调整的过程。每一个序列完成一项具体的语言学习任务，或聚焦语言意义或聚焦语言形式的习得。本研究进行语料处理时，将教师话语划分为一个个支架片段，一个片段对应一个支架序列，完成一个具体的语言意义协商或语言形式习得。每一个序列内部，教师和学习者依次轮流说话，相邻的两个话轮形成毗邻语对。最小的序列可以由两个话轮、一个毗邻语对完成。但在毗邻对的前、中、后都可以插入独立的话轮，形成扩展的序列。

6.2.1 教师支架策略序列拓展

在课堂师生的机构性谈话中，与日常普通场合的人际互动不同的是；师生互动的目的是教师辅助学习者学习。师生之间互动的序列话轮转换有其特殊的模式。Sinclair 和 Coulthard(1975)提出的 IRF 模式，是至今为止最为经典的课堂互动模式。该模式认为课堂上师生互动的一个典型特征是遵循 IRF(Initiation-Response-Feedback)，即“发起—回应—反馈”的步骤进行。由教师发起提问，学生回应作答，再由教师根据作答给出相应的反馈。IRF 模式提供了一种简洁有效的框架，用于考察课堂师生互动，但模式过于简单化和理想化。

在实际的大学英语课堂互动中，教师提问并非全部一次性可以得到学习者的正确回答，也并非学习者在给出错误或不完善答案时，教师通过一个反馈就可以完全解决学习者的认知困难。由三个话轮即可完成一个语言点习得的情况少之又少。真实的课堂互动复杂多变，教师需要实施多种支架策略辅助语言学习者的认知活动，表现出多种形态的扩展支架序列。Schegloff(1968)根据扩展序列相对毗邻语对的位置，定义了三种不同的扩展。在毗邻语对第一部分之前插入的拓展序列被称为前扩展；在毗邻语对第一部分和第二部分之间插入的扩展序列被称为中扩展；而位于毗邻语对第二部分之后的扩展序列被称为后扩展。对本研究语料中的支架序列做核心和扩展序列的细致考察后，发现三种扩展序列在大学英语听说课堂中均普遍存在，分类讨论如下。

6.2.1.1 前扩展支架序列

在核心的IRF序列之前，教师利用前扩展支架序列先进行一系列铺垫，激发学习者对于语言现象的思考，在序列末尾得出目标答案。下例为前扩展支架序列的示例。

【例6-23】

［T：教师Z　S：某个学生　Ss：数个学生］

T1：Eh, so on this lovely day, we are going to talk about some lovely things, although I'm going to make it a little more interesting, like last time. Remember what we talked about as a warming-up?

Ss：Smoking =

T2：= Smoking is wonderful, right?

Ss：Yeah.

T3：So today we are going to talk about something that you actually like, but I'm going to make you talk about why it is awful. So what do you like the most?

S：Football.

T4：How many of you, how many of you like football. Hands up, by showing hands. One, two, not so many. How about basketball?

Ss：(raising their hands)

T5：One, two, (1.0) Oh, wow, obviously, we have a majority number of us who are fans of basketball. So, let's talk about basketball. Okay, now here, like I said make it interesting, right. <u>So we are going to talk about "why basketball is an awful sport", alright?</u>

Ss：<u>(laughing)</u>

T6： Now you love it, you love it so much.

在上例支架互动片段中，教师Z需要实施的是元认知支架策略，需要与学习者商讨制定具体的演讲话题。教师没有直接将话题抛出，来询问学习者意见，然后反馈确认。而是先利用前扩展支架序列，将学习者带入话题情境，了解学习者的话题熟悉程度和感兴趣程度，在协商确定学习者兴趣点之后，落脚在末尾的核心序列上。教师Z先通过T1和T2话轮让学习者回顾了上一次课的话题内容"Smoking is wonderful.（抽烟感觉很棒。）"，然后通过T3和T4话轮了解学习者对于足球和篮球的喜爱程度。最后在T5话轮提出话题"So we are going to talk about ‘why basketball is an awful sport’, alright?（那么我们今天就讨论‘为什么篮球是一项糟糕的运动’，好吗？）"，T6话轮得到学习者用笑声表示的肯定回答，在T7话轮反馈确定该话题"Now you love it, you love it so much.（大家很喜欢这个话题，非常喜欢。）"。

大学英语听说课堂中的前扩展支架序列，相当于一个认知铺垫，教师在序列起始并不点明学习任务，利用前拓展序列充分地与学习者进行意义协商，最后揭示答案。一方面利于调动和保持学习者兴趣，另一方面充分保证了语言学习任务话题对于学习者的适契度。前拓展的支架序列较适合完成教师辅助学习者语言习得的元认知支架策略。

6.2.1.2 中扩展支架序列

中扩展支架序列是大学英语听说课堂中较为常见的序列拓展，通常出现在IRF核心序列的中间。在教师提出问题，但学习者回答遇到困难时，教师在最终反馈答案之前，插入一系列支架话轮，帮助学习者自身一步步构建目标答案，如例6-24所示：

【例6-24】

［T：教师Z　S：某个学生　Ss：数个学生］

T1： Question, just now from the reading, what did you get?

Ss： (2.0)

T2：First of all, what is the change?

Ss：=Sculpture course=

T3：=A sculpture course will be eliminated, right, okay. And the reason for that, two reasons, the first?

Ss：=Not enough students=

T4：=Not enough students interested, right, so although more and more art students are are：：：

S：Admitted=

T5：=Admitted, but er right, fewer and fewer students are interested in sculpture, that is one reason, right, so not enough students are interested. The second?

Ss：Professor, all the professors are retired

T6：Right, the only sculpture professor is retiring, right, and due to the limited students' demand, right, so they think about the budget, and eliminate the sculpture course.

教师Z在该序列中需要学习者完成的任务是汇报一则短篇阅读材料的主要内容，学习者后续要求根据材料主要内容口头发表自己的看法。教师在序列起始启动提问"Question, just now from the reading, what did you get?（问题，从阅读材料中，大家得到了什么?)"，在紧接着的学习者毗邻语对中，学习者出现了两秒的沉默。沉默显示学习者没有准备好回答该提问，可能的原因有二：一是没有成功提取阅读材料的内容，认知出现困难；二是正在处理认知信息，将阅读输入的信息变为二语的合适表达进行输出。由于教师的提问是一个概括性的问题，学习者需要提供全部的语言信息点，难度相对较高。从学习者的沉默话轮意识到其困难之后，教师Z在随后的支架序列中，采用T2的"First of all, what is the change?（首先，有什么变化?)"，T3的"And the reason for that, two reasons, the first?（变化的原因，有两个，第一个?)"和T5的"The second?（第二个原因?)"，实施了提问方法的简化任务认知支架策略，引导学习者分步骤拼图式地找到所有答案。最终在序列末尾的话轮中，给出完整的答案"Right, the only sculpture professor is retiring, right, and due to the limited students' demand, right, so they think about the budget, and eliminate the sculpture course.（好的，唯一的一位雕塑课教授要退休了，学生需求也有限，所以他们考虑到预算要砍掉雕塑课程。）”。

中扩展支架序列将语言学习的机会和责任最大限度地转移到学习者上，重视学习者从问题得到答案之间的认知过程，由教师根据学习者在 ZPD 中已经到达的位置，实施实时的支架策略。教师在实际的课堂教学中，尤其是在重意义协商、附带语言形式习得的英语听说课堂中，可以充分利用中扩展支架序列，让学习者得到更加丰富、立体的语言体验以及更多的语言输出表达机会，充分地使用语言工具完成目标任务。

6.2.1.3　后扩展支架序列

后扩展支架序列是在教师与学习者完成核心互动序列之后的支架序列，教师不止步于得到一个简单的答案，而是通过后续的互动，支架学习者完成更深层的意义构建或巩固、加强语言形式的习得。例 6-25 是教师利用后扩展支架序列辅助学习者构建意义和进行话题互动的代表性实例。

【例 6-25】

［T：教师 R　　S：某个学生］

T1：So, what are your ambitions in these majors? What do you want to do?

S：I just want to get a job in university.

T2：Good, and what do you want to lecture about?

S：Things in this major.

T3：What?

S：Though I have studied this major for a long time, I think there's still a lot of things that I don't know. I need to study further.

T4：You want to be a university teacher or researcher?

S：Researcher.

T5：Wow, that's amazing.

S：I think I am not the only one.

T6：You mean your friends also want to do research in universities?

S: Not all of them. Some of them do.

T7: Some of them do. It's the life you like?

S: Yes. Maybe the life in college is a little plain, but I think it's comfortable. In the universities, you may just do researches every day. In this way, your life may not be so colorful. But, for me, that's good.

T8: I'm thinking about the opportunities. (T laughing) I'm thinking about other jobs, whether they're colorful or not?

S: Maybe the jobs are all very colorful. But for me, staying in the university is not bad. The other jobs may drive you to travel around the world, other cities. Some people may like that lifestyle, but I prefer to stay at school.

T9: You prefer staying in the same place. Living on campus, walking from class to class... Okay, for me, too. I love it. In the United States we have what you can call tenure at the university. Tenure is a category. You can really be a bad teacher, a bad researcher. You get tenure. You get stability.

S: I don't know what the "ten years" exactly means.

T10: Oh, it's "tenure", it's not "ten years". It's an interesting concept established early in America to protect teachers, who may say things that are not to the liking of others in the community or the government. So, universities protect them. If you have a course where there's an expected level of performance before you go on to the next level, you know, stepping up, if the students are prepared to go to the next level, after they've been through the program, then what's going on? They got a lot of pressure. I know a lot of teachers don't get tenure. They don't have a career. What direction would your research go to?

S: Maybe the famous technology.

T11: The famous technology? What do you mean?

S: The technology that is used to save people from death? Maybe it's hard to get clear of the things about death and it can be hard to go down.

教师R在与该学习者的互动中，询问到学习者未来的职业打算。这并不是简单的一问一答一评，而是教师在不断追问，虽然教师在序列的第一个话轮“what are your ambitions in these majors? What do you want to do?（你在专业上的追求是什么？你将来想做什么？）”中就已经得到了学习者的准确回答“I just want to get a job in university.（我只想在大学里找份工作。）”，并给予肯定反馈“Good（很好）”。教师在后扩展支架序列中继续提出了与核心序列相关的一系列问题“what do you want to lecture about?（那你在大学想教什么呢？）”“You want to be a university teacher or researcher?（你在大学想做教学工作还是科研工作呢？）”“You mean your friends also want to do research in universities?（你是说你的朋友们都想在大学作研究吗？）”，等等，继续细化深挖学习者对于未来的职业构想；同时给予“Good.（很棒。）”“Wow，that's amazing.（噢，太棒了。）”“I'm thinking about the opportunities.（我在想是不是还有其他可能性。）”等反馈。在此过程之中，教师 R 还向学习者介绍了美国大学教职的“tenure（终身教职）”体系，用到了传授方法的认知支架策略，讲授相关的文化知识点，拓展了学习者的知识图谱。

后拓展支架序列同时用于支架学习者对于语言形式的巩固练习，在大学英语听说课堂中的使用也十分普遍，如下例所示。

【例 6-26】

［T：教师 M　　S：某个学生］

T1：This one is a little bit more confusing. It seems like, Tom, can you finish that sentence for us? It's not my idea of::: this one is a little bit funny. It's not my idea of::: What would make that make sense? <u>What could we put there? It's not my idea of::: Vinson.</u>

S：<u>It's not my idea of en(::), en(::), it's not my idea of make fun of her.</u>

T2：<u>Good, OK, so now we would say, we would say *to*, it's not my idea *to* make fun of her, right?</u> It wasn't my idea to make fun of her. Somebody's making fun of her, that wasn't my idea. Now it's not my idea of:::

S：Making fun of her.

T3：Yeah, yeah, of making fun of her. So making fun of her was, maybe you guys you think it's a good idea right? You think we should make fun of this girl right?

But how should we make fun of her, right? Should we poke her? Should we throw things at her? Should we call on the phone in the middle of the class, what should we do to make fun of her. You'll be like, that's not my idea of making fun of her. You see what I mean there? So it's not my idea of::: William, try to throw one in there.

S: It's not my idea of plan for today, I would like to go shopping the whole day.

T4: Good, this is not my idea of plan for today, I would like to go shopping for the whole day. Good, now can we find a compromise? Right. He wants to go walking in the hills, you want to go shopping, can we find a compromise? Where can you go together? How about, how about to the Guanggu? Walking street, you can walk up and down the street for hours. (T laughing)

S: We can.

T5: That's good, that's good, that's good.

教师 M 在该序列中辅助学习者完成"this is not my idea of...(我并不想……)"的句型学习。首先在 T1 话轮中提问名叫 Vinson 的学生"What could we put there? It's not my idea of::: Vinson.(这里我们怎么表达？我并不想……Vinson。)"。学习者造句之后，教师在 T2 中给予反馈并纠正了学习者的一个介词使用错误。在完成该核心支架序列之后，为了确保其他学习者也已掌握该句型的用法，又点了另外一名学生循环一遍核心序列。该序列的第二次进行更加顺利，学习者在语言表达上没有错误。但是需要看到，该序列在第一次核心序列的基础上进行，学习者的认知基于刚刚形成的对于"this is not my idea of..."语言形式的认知。虽然看似是一个新的序列，但实际是上一序列的后续拓展。在此基础上，教师还可以进行后扩展，给更多的学习者创造练习机会。

在大学英语听说课堂，教师支架序列与其他的课堂师生互动一样，具有核心的 IRF 序列结构。但由于其学科的特殊性及语言任务的复杂性，不同于其他学科课程或中小学语言课堂，大学英语听说课堂的教师支架序列有其自身的显著特点。

首先，支架序列在核心序列的基础上进行扩展，分为前扩展、中扩展和后扩展三种情况。在扩展的序列中教师综合采用多种支架策略辅助学习者的语言认知及表达。该结果与部分学者主张扩展 IRF 结构主张一致(Hall & Walsh, 2002; van Lier, 1996)，即教师在反馈完成之后，鼓励学习者作出进一步反应，扩展出新一回合的交互，从而增加学习者的学习机会，使其有更多的机会来实践意义协商。

其次，不同的扩展发挥的语言支架作用不尽相同。前扩展序列主要用于激发学习者兴趣或铺垫认知内容；中扩展主要用于学习者表现出习得困难时，教师从元认知、认知和情感多方位进行支架；而后扩展主要用于学习者完成没有太大困难的语言任务，教师辅助其对于互动话题进行深挖以及确保更多学习者对于语言形式进行巩固练习。大学英语教师需要根据不同的任务类型及学习者的即时表现，构建不同的扩展支架序列，在与学习者的互动中共同完成语言学习任务。

最后，需要指出的是，从支架序列的角度来看，本研究的外籍教师和中国教师均使用了 IRF 的核心序列与类似研究结果一致(Inan, 2012)，同时本研究发现中外教师都采用了扩展支架序列。不同于前人研究所显示的本族语教师对学习者错误具有更高容忍度的发现(Inan, 2012; Rahimi & Zhang, 2015)，本研究中的外籍教师 M 对学习者表达中的语言形式错误，包括重点练习的语音语调及语法中的小词如介词，都给予了即时纠正。因而不能一概而论，本族语教师对于学习者的语言错误就具有更高容忍度。当外籍教师课程任务设计本身重语言形式习得时，课堂互动中的教师纠错话语就更为普遍。

6.2.2 教师支架策略序列优先结构

在会话分析的序列研究中，序列结构包括相似序列的往复出现，体现了社会生活人际互动的规则。在谈话中某些话轮总具有优先权出现，这一优先序列被称为优先结构，如电话谈话中接听电话方的应答。优先结构显示了直接、不被拖延执行的话语行为，而非优先结构则是被谈话人拖延执行的话语行为。“优先”体现了会话中社会规则的要求和限制，与交际者个人的愿望、心理倾向等无关(Heritage, 1984)。从社会交往效果来看，优先结构有助于建立和维持会话者之间的友好和谐。

大学英语听说课堂师生互动属于典型的机构性谈话，教师辅助学习者语言习得的互动不同于日常闲聊，具有其特有的序列结构。教师支架学习者学习的过程亦遵循一定的规律，各支架策略在支架序列及扩展序列中出现的顺序并非杂乱无章，而是存在优先和非优先的序列特征。

例 6-27 是一个完整的支架序列，在该序列中教师 Z 辅助学习者完成一则听力材料主要内容及细节的梳理，教师在支架策略的选择反映了优先和非优先的序列结构。

【例 6-27】

［T：教师 Z　S：某个学生　Ss：数个学生］

T1：En now that er task number five and six are the most challenging one, so it's quite necessary for me to come through the details with everybody. Okay, what did you hear, normally for a discussion like this, ask you to state her problem first, right, what's her problem?

Ss：His arm injured and then:::

T2：She:::

Ss：(2.0)

T3：Her what, hhehh, she sprained (1.0) something, (1.0) her:::

Ss：=Arms

T4：=Arm or her:::

Ss：=Wrist

T5：=Wrist, right, okay. So, (T is writing) (2.0) sprained her wrist, (2.0) right. We are going to listen to this all over again later, okay. But to come through every thing first, so that's her problem, and then so what are the possible solutions? This is a part of her problem, right, so based on this, due to this fact, she is worried that:::

Ss：(2.0)

T6：She probably won't be:::

Ss：=Able to

T7：=Able to play her:::

Ss：=Violin

T8: = Violin at the concert, when, next week, right. So, what and when very important, those are major details, you know. So she is worried that she probably won't be able to play her violin, so violin (T is writing) (1.0) next week, concert, right. Violin, concert, next week, (1.0) did you write these down, 大家这些都写了吗? Okay. Alright then solutions. What are the solutions?

Ss: Have a try.

T9: Hhehh, wait for her wrist to heal, right, to become better, so that she could be playing on the concert. For that one, what's her possible problem, if she does, (2.0) then she's worried about:::

Ss: She (3.0).

T10: She's er what?

Ss: (1.0)

T11: Anybody got this bit of information?

Ss: (2.0)

T12: Okay, don't worry. So er, so solution number one, is to wait for, just wait, and heal or become better, right, and then play. But then in this case then what problem will happen that worried her? Fill in the blanks while you are listening to this for the second time, okay? But then there comes to a second solution?

Ss: =Jim

T13: =Right, okay, ask Jim, right, to take her place, alright and then?

Ss: But Jim is not reliable.

T14: En, right, okay, so he is not reliable, right, not reliable. and there are some supporting details, say for example::

Ss: =Always late

T15: =Always late, right, shows up late for what, rehearsals, right, always late for rehearsals, but this concert needs her to be::

Ss: On time

T16: =Right, on time in every rehearsal, right, every rehearsal. Okay and then so, now we are going to listen to this again, fill in the blanks, find more supporting details, major and minor, okay.

可以看到，在整个师生互动的支架序列中，教师共有十六个话轮。这十六个支架话轮在序列中出现的顺序是有优先级别的。教师最开始采用传授的元认知支架策略介绍当下语言任务："En now that er task number five and six are the most challenging one, so it's quite necessary for me to come through the details with everybody.（任务五和六挑战最大，我必须跟大家一起过一下细节。）"。随后通过提问完成认知构成的支架策略"what's her problem?（她的麻烦是什么?）"，提出了本序列需要学习者回答解决的总问题。在学习者出现沉默表现出回答困难时，教师采用了细化提问、简化任务的认知支架策略，以及提示方法构建认知的策略帮助学习者得到部分答案：说话人下周不能参加音乐会拉小提琴。紧接着使用传授的认知构建支架策略告知学习者"what and when very important, those are major details.（事件和时间非常重要，这些都是主要细节。）"。然后接着提出细化问题及继续使用提示等认知构成支架策略，在学习者认知失败时提供情感支架。最后回到传授方法的元认知支架策略"now we are going to listen to this again, fill in the blanks, find more supporting details, major and minor, okay.（现在我们再听一遍，填空，找出更多的支撑细节，包括重要和不重要的，好吧。）"。

大学英语课堂教师支架策略序列优先结构为：教师在一个支架片段序列开始时优先采用保持目标的元认知支架策略，然后使用各种认知支架策略辅助学习者语言任务的开展。中间出现偏差及最后序列完成时，回到保持目标的元认知支架策略，对语言学习任务从头到尾进行监控。而在使用各种认知支架策略时，各支架方法的选用同样具有优先性。教师优先采用对学习者支持性低的支架方法，如宽泛地提问，根据学习者的任务完成情况，逐级转入对学习者支持性较高的支架方法，如反馈中的细化提问、提示、搭桥等，并通过传授和解释讲解语言点，非优先采用的对学习者支持性最高的支架方法为示范。

6.2.3 讨论

首先，支架序列的分析，一方面印证了扩展序列理论在课堂支架互动中的应用，课堂支架互动符合核心序列和扩展序列的会话规律；另一方面，对于EFL课堂互动经典的IRF模式来说，是有益补充。大学英语课堂不同于中小学学科课堂，在课堂任务的目标和复杂度上都有其自身特点，序列结构更复杂，需要教师建立扩展序列的意识，针对不同任务目标，采用合宜序列。

其次，对于课堂互动教师话语研究中另一热点问题，学习者错误是否需要纠正，何时纠正，本研究结果结合本土大学英语课堂教学进行讨论。Krashen(1982)和Ur(1996)分别从重意义的教学和人文主义视角认为不应对学习者进行纠错，而Schmidt和Frota(1986)却认为放任错误不管，会让一个学习者的错误对全体学习者产生误导。另外对于纠错的时机，学者们认为可以在不影响意义表达的基础上延迟纠错(Harmer，1983；Hedge，2000)。通过教师支架策略序列结构的会话分析，本研究认为，并不应该割裂即时反馈和延时反馈，支架过程在一个更大序列范围内，通过一段时间而不是一个时间点对学习者错误进行纠正。教师通过支架话轮多种言语手段一步步构建正确形式和意义，完成对学习者语言的修正、纠偏。

最后，大学英语听说课堂教师支架策略的实施序列呈现出优先结构的特点。在支架意图上由保持目标开始，紧接着辅助认知，中间穿插情感控制，最后回到保持目标结束序列。在支架方法上，从对于学习者支持性低的方法开始，根据学习者困难和障碍程度，逐步增加支架的支持性，采用如提问、解释、提示、搭桥等支架方法，在学习者障碍最大时，才采用支持性最大的支架方法示范。优先结构显示并发挥了支架的瞬时、一致、渐隐性特点(van Lier，1996；van de Pol et al.，2010)。支架意图和方法的使用均不可预先设定，必须与当下师生互动的情境结合，在一个支架序列中保持连贯性，根据各学习者话轮随时灵活调整，并在学习者能力逐步提高时渐渐退去。

优先序列结构的发现对于EFL课堂教师支架策略研究补充了新内容。Pentimonti et al.(2017)在探讨支架策略时仅区分了低支持策略和高支持策略，作静态的归类描述。但优先序列结构的发现，让教师将支架策略置于动态的教学互动中，用发展的眼光来观察、评估、反思支架策略在课堂教学中的实施。另外，该发现也支持了支架的适度性原则相关研究(李丹丽，2017)。教师给学习者提供的支架需适度，当学习者需要低支持性支架时，教师的高支持性支架会给学习者带来冗余信息和负担；当学习者需要高支持性支架时，教师的低支持性支架给学习者提供的信息和帮助又不足，使其仍不能独立完成相关语言任务。

优先序列结构在大学英语课堂互动机构性谈话中的发现，对于英语教学实践有着实际指导意义。教师对于学习者支架策略的实施并非杂乱无章，而是有章可循，教师可以事先根据具体的语言学习任务，提前有意识、有步骤地依照一定顺序进行教学监控和言语控制，让辅助学习者语言习得的活动更加科学、高效地展开。

6.3 本章小结

本章严格按照会话分析研究范式，分析在课堂互动这种特殊类别的机构性谈话中，教师对学习者实施支架策略与学习者互动会话过程中，表现出的话语规律，包括教师支架话轮构建的语码选择和具体言语手段，以及支架序列的核心、扩展结构和优先结构。教师语码选择在不排除具体语境下的一语使用，显示出二语语码的特殊优势。高频支架策略的实现表现出突出的教师言语手段。支架序列结构在IRF核心序列的基础上，具有丰富的前扩展、中扩展和后扩展。支架意图和支架方法在支架序列中亦表现出各自的优先结构，尤其在支架方法上，教师从低支持性的支架向高支持性的支架逐步过渡，并进行采用。

7 结论和展望

基于本研究对于大学英语听说课堂教师支架策略实证语料的分析，本章总结主要发现，理论贡献和对实际教学实践的启迪，指出研究局限，并展望未来可进行的相关研究。

7.1 研究发现

本研究基于国内外教师支架策略研究文献，综合得出包括支架意图和支架方法在内的 EFL 课堂教师支架策略二维分析框架。通过采集我国中部某“985 高校”大学英语听说课堂真实课堂录音，转写建立小型语料库，并使用 UAM CorpusTool 软件进行教师支架话语的二维标注。基于标注结果，对教师支架策略中的两维度分布特征及两维度相关关系进行了统计分析。同时，采用会话分析研究方法对教师支架片段中的教师话轮构建和序列结构进行了微观、动态考察。研究结果如下：

第一，教师单一支架意图的使用远高于组合支架意图。单一支架意图使用频率从高到低分别为认知、情感和元认知意图。大学英语听说课堂互动中，教师绝大部分的支架活动用于辅助学习者的认知活动，同时兼顾到学习者积极的情绪，仅在语言任务开始、结束及学习者偏离交际主题时才采用元认知支架意图策略。七种组合支架意图中使用较多的是“构成认知+引起兴趣”及“构成认知+简化任务”，仍旧围绕认知及情感支架进行。支架意图的分布整体没有显著差异，教师对于支架的选择使用趋同。但外籍教师比中国教师采用了更多引起兴趣的情感支架，表现出使用更多制造课堂活跃氛围的支架策略倾向。

第二，教师对于各支架方法的使用不平衡。教师频繁使用反馈、提问和传授的支架方法与学习者互动，其次进行解释，非言语、提示和搭桥使用略少，示范使用频率最低。在各支架方法的分布上，教师之间使用支架方法相关系数高，教师之间对于支架方法的选择偏好趋同，不同国籍和风格的教师对于支架方法的采用没有显著差异。

第三，教师支架策略的二维度支架意图和支架方法呈显著相关关系。实现特定教师支架策略意图或意图组合对应高频支架方法：保持目标的元认知策略对应传授、提问和反馈；构成认知的认知策略多采用反馈、传授和解释，简化任务的认知策略多采用提问和提示；引起兴趣的情感策略对应高频的非言语、提问和反馈，控制挫败的情感策略多采用反馈；而同时实现构成认知和简化任务意图，多采用提问、传授和提示，同时实现构成认知和引起兴趣意图，解释、搭桥和传授使用最为高频。

第四，一语语码在教师支架策略的实施中有一定使用。对于教师支架话轮构建的语码，在使用目的语进行语言认知加工和理解过于困难、耗时过多或没有必要时，尤其是用目的语构建中国语言文化特有现象时，中国教师会同时辅助使用一语进行支架教学。其次，教师在传授语言技巧时，中国教师会适当辅助使用一语，确保学习者对重要听说技巧的理解构建。外籍教师偶尔在互动中采用简单的学习者一语，辅助提升学习者兴趣。

同时，教师采用特定话语构建话轮，完成对应的支架策略。如使用提问支架学习者认知时，教师使用三种常见话轮构建言语手段：一是先采用宽泛提问，后采用具体、细化提问；二是将答案与类似选项并列，进行选择性提问；三是使用更简易、平实语言改变提问措辞。如使用正面反馈支架认知时，教师一般使用简短赞许，或简短赞许加上对学习者回答语言形式或内容的点评，或简短赞许加上对学习者回答的重复或重述。有效的话轮构建话语在教师支架话轮中高频出现。

第五，教师支架策略的序列构建存在对核心序列“提问—回答—反馈”的前扩展、中扩展和后扩展序列。前扩展多用于支架话题协商，由教师支架学习者共同完成对于话题的选择，而不是由教师在序列开始直接给出。中扩展多用于语言意义及形式协商，在学习者出现认知和表达困难时，由教师在序列中部调动各种支架策略积极提供帮助。而后扩展通常用于互动话题深挖和语言形式的巩固练习，在学习者基本认知没有太大困难时，进一步拓展和巩固认知。

并且，教师支架策略序列存在优先结构，教师在一个支架片段序列优先采用保持目标的元认知支架策略，然后使用各种认知支架策略，中间出现偏差及最后完成序列时，回到保持目标的元认知支架策略。同时，教师优先采用对学习者支持性低的支架方法，如宽泛提问，逐级转入对学习者支持性较高的支架方法，如反馈中的细化提问、提示、搭桥等，并通过传授和解释讲解语言点，优先级最低支持性最大的方法为示范。

7.2 研究贡献和教学启迪

本研究在理论和实践上都具有一定的积极贡献。

首先，本研究对于 EFL 课堂教师支架策略的理论发展进行了积极的探索。目前学者们对于教师支架策略的考察多采用单一维度标准，大多数为具体支架方法技巧在课堂教学中与学习者互动时的应用。本研究尊重真实外语课堂师生互动复杂灵活的事实，支架策略的组合实施具有多维性的特点，采用二维的而非单维的理论框架进行教师支架策略分析，推进教师支架策略的理论发展。

其次，丰富了 EFL 课堂互动和教师话语的本土化实证研究。听说课堂师生互动依赖口头进行，不像书面互动反馈语料相对易于获得，课堂真实互动语料的获得及转写耗时费力。本研究关注真实的中国大学 EFL 课堂互动活动和教师支架话语，深入一线对课堂过程进行忠实的记录及分析，关注其本质特征，探索了相关社会文化理论的本土化应用。

再次，丰富会话分析的研究成果。二语课堂互动属于机构性谈话，本研究有助于丰富该特定类型机构谈话的特征和规律探索。教师支架策略话语的话轮构建，以及支架策略实施互动过程中师生话轮序列展开所遵循的特定规律，将极大丰富会话分析本土研究的成果。

最后，对于研究方法而言，一方面结合语料库统计避免分析的主观性、片面性，科学系统量化展示及分析教师 EFL 课堂互动特征，将看似杂乱无章的教师支架互动话语进行系统全面的标记及展示分析；另一方面，研究方法观照了教师支架策略实施的动态特征，采用会话分析研究范式，在微观层面上，定性考察师生互动中教师实施各支架策略采用的具体话语形式，较好观照了教师支架策略实施的动态特征。

本研究对于中国大学英语相关课程教学设计和教学改革具有实际启迪。

首先，研究结果来源于一线课堂，可以反哺课堂，为大学英语教师提供教学指导，并帮助其进行教学反思。二维的支架策略框架和实践有助于教师对照自身课堂教学互动行为和过程，结合特定教学目的和教学手段，反思与学习者互动中对其提供支架策略的话语，有效提升课堂互动效率，最终改善学习者语言习得效果。

其次，本研究结果可供大学英语教学改革及相关教师培训提供参考。教师的教学理念更新、教学方法改进是除了教育教学政策、教材改革之外，中国大学英语教学改革的重要内容。教师支架策略的相关成果可以为提升教师的话语使用意识及师生互动中的方法更新提供一定的参考。另外，考虑到绝大部分高校都不同程度地引进了外籍教师，中外教师课堂互动支架策略实施特点可以帮助决策者合理安排中国教师与外籍教师授课课型、课时及具体课程大纲，以达到更合理的课程设置。同时，在相关教师培训项目中，本研究成果对于梳理教师支架策略实施的师生互动过程，重点培训高频支架策略提供参考。

7.3 研究局限和展望

本研究主要遵循会话分析的研究范式并辅以语料库统计，对我国大学英语听说课堂的教师支架策略使用情况进行了描述性的实证研究。研究结果对于 EFL 课堂互动和教师话语研究有一定的启示作用。但囿于研究的时间及质性研究自身的缺陷，本研究具有以下三方面局限：

首先，采样的班级及学生层次有限。考虑到采样的方便性、可得性及学习者动机对研究可能产生的影响，本研究采集的大学英语听说课堂仅涉及“英语口语”和“英语听说”两门课程；考虑到大学英语课程在学习者学制上的设置安排，学生仅涉及大学一年级下学期本科生。采样的课程和学习者的选择局限在一定范围内，更多样的听说课程及学习者层次或可进一步丰富本研究的成果。

其次，课堂追踪的时间有限。囿于研究的时间，本研究对每个教师课堂追踪的时间为一个月，记录 3~4 次。语料可以充分地反映教师对于学习者当下语言水平的支架策略表现。但是教师支架策略是否会随着时间的推移，随着学习者水平的提升而发生变化，需要更长时间的历时性研究来观测证实。

最后，本研究采取会话分析范式的定性为主、定量为辅的研究方法，对微观课堂教学环境内部进行了细致的观察和描画，受研究范式的制约，不对外部环境影响因素进行调查分析。外部语言政策、二语在社会生活中的使用环境、教学大纲设计是否会对微观环境下教师支架策略实施产生影响，需要不同研究路径的实证研究进行进一步探索。

基于以上研究局限，未来的研究可以扩大采样的课型及学生层次，开展历时性研究，并采用其他视角和工具对课堂支架策略开展后续研究。

就研究内容而言，后续研究可以开展支架策略的有效性研究，如采用实验设计方法研究不同策略对学习者具体语言形式的辅助作用，同时结合问卷及访谈，开展多角度、多层面的实证研究。还可开展教师支架策略选择的影响因素模型开发研究，教师支架策略的选择受到诸多因素的影响，密切相关的因素有哪些，解释力强度如何，各因素之间如何相互作用，等等。

从会话分析视角来看，亦可针对某一高频支架策略的实施进行深挖，进一步探索其话轮和序列结构特征。或者从学习者角度选取某一认知或语言表达障碍，专门针对该障碍探索教师支架策略的构建。

总之，EFL 教师支架策略的话语研究为课堂互动和教师话语研究开辟了一条可行的道路，提供了新的思路，也提出了新的挑战。为了更好地组织课堂教学，为学习者创造更多的学习机会，提升教学效果，实施合理的教师支架策略，广大外语研究者和实践者任重而道远。

参考文献

[1]ABDELSHAHEED B S M. Using instructional scaffolding strategies to support oral productive language skills among English majors at Majmaah University[J]. *Arab World English Journal*, 2019, 10(2): 88-101.

[2]ADAIR-HAUCK B, DONATO R. Foreign language explanations within the Zone of Proximal Development[J]. *Canadian Modern Language Review*, 1994, 50(3): 532-557.

[3]ALCÓN-SOLER E. Relationship between teacher-led versus learners' interaction and the development of pragmatics in the EFL classroom[J].*International Journal of Educational Research*, 2002, 37(3-4): 359-377.

[4]ALCÓN-SOLER E. Focus on form, learner uptake and subsequent lexical gains in learners' oral production[J]. *International Review of Applied Linguistics in Language Teaching*, 2009, 47(3-4): 347-365.

[5]ALRAWILI K S, OSMAN K, ALMUNTASHERI S. Effect of scaffolding strategies on higher-order thinking skills in science classroom[J]. *Journal of Baltic Science Education*, 2020, 19(5): 718-729.

[6]ALJAAFREH A, LANTOLF J P. Negative feedback as regulation and second language learning in the Zone of Proximal Development[J]. *The Modern Language Journal*, 2011, 78(4): 465-483.

[7]ALLWRIGHT R. L. The importance of interaction in classroom language learning [J]. *Applied Linguistics*, 1984, 5(2): 156-171.

[8]ALLWRIGHT D, BAILEY K M. Focus on the language classroom: An introduction to classroom research for language teachers[M]. Cambridge:

Cambridge University Press, 1991.

[9] ANKRUM J W, GENEST M T, BELCASTRO E G. The power of verbal scaffolding: "Showing" beginning readers how to use reading strategies[J]. *Early childhood education journal*, 2014, 42: 39-47.

[10] ANTON M. The discourse of a learner-centered classroom: Sociocultural perspectives on teacher-learner interaction in the second language classroom[J]. *The Modern Language Journal*, 1999, 83(3): 303-318.

[11] ANTON M, DICAMILLA F J. Socio-cognitive functions of L1 collaborative interaction in the L2 classroom[J]. *The Modern Language Journal*, 1999, 83(2): 233-247.

[12] ATKINSON D. The mother tongue in the classroom: A neglected resource? [J]. *ELT Journal*, 1987, 41(4): 241-247.

[13] ATKINSON J M, DREW P. Order in court: The organisation of verbal interaction in judicial settings[M]. New Jersey: Humanities Press, 1979.

[14] ATKINSON J M, HERITAGE J. Structures of social action: Studies in conversation analysis[M]. Cambridge: Cambridge University Press, 1984.

[15] BASTURKMEN H, LOEWEN S, ELLIS R. Metalanguage in focus on form in the communicative classroom[J]. *Language Awareness*, 2002, 11(1): 1-13.

[16] BLISS J, ASKEW M, MACRAE S. Effective teaching and learning: Scaffolding revisited[J]. *Oxford Review of Education*, 1996, 22(1): 37-61.

[17] BLUMER H. Social psychology[M]//SCHMIDT E P (Ed.). Man and society: A substantive introduction to the social sciences. New York: Prentice-Hall, 1937: 144-198.

[18] BLUMER H. Symbolic interactionism: Perspective and method[M]. Englewood Cliffs: Prentice-Hall, 1969.

[19] BOAS F. Race, language, and culture[M]. Chicago: University of Chicago Press. 1995.

[20] BREZINA V. Statistical choices in corpus-based discourse analysis [M]// TAYLOR C, MARCHI A (Eds.). Corpus approaches to discourse: A critical

review. London and New York: Routledge, 2018:258-280.

[21] BROCK C, CROOKES G, DAYR R, et al.. Differential effects of corrective feedback in native speaker-nonnative speaker conversation [M]//DAY R R (Ed.). Talking to learn: Conversation in second language acquisition. Rowley, Massachusetts: Newbury House, 1986:229-236.

[22] BROPHY J. Toward a model of the value aspects of motivation in education: Developing appreciation for particular learning domains and activities [J]. *Educational Psychologist*, 1999, 34(2): 75-85.

[23] BROZA O, KOLIKANTY B D. Contingent teaching to low-achieving students in mathematics: Challenges and potential for scaffolding meaningful learning [J]. *ZDM: The International Journal on Mathematics Education*, 2015, 47(7): 1093-1105.

[24] BRUNER J S. From communication to language—a psychological perspective [J]. *Cognition*, 1974-1975, 3(3): 255-287.

[25] BRUNER J S. Child's talk: Learning to use language [M]. Oxford: Oxford University Press, 1983.

[26] BRUNER J S. Actual minds, possible worlds [M]. Cambridge: Harvard University Press, 1987.

[27] BRUNER J S, JOLLY A, SYLVA K. Play: Its role in development and evolution [M]. New York: Penguin Books, 1976.

[28] BYRNE P S, LONG B E. Doctors talking to patients: A study of the verbal behaviour of general practitioners consulting in their surgeries [M]. London: Her Majesty's Stationery Office, 1976.

[29] CAO Y, PHILP J. Interactional context and willingness to communicate: A comparison of behavior in whole class, group and dyadic interaction [J]. *System*, 2006, 34(4): 480-493.

[30] CAZDEN C B. Whole language plus: Essays on literacy in the United States and New Zealand [M]. 1992. New York: Teachers College Press.

[31] CHAUDRON C. Second language classrooms: Research on teaching and learning

[M]. Cambridge: Cambridge University Press, 1988.

[32] CHAUDRON C. Progress in language classroom research: Evidence from the Modern Language Journal, 1916-2000 [J]. *The Modern Language Journal*, 2001, 85(1): 57-76.

[33] CHEW S W, JHU J, CHEN N. The effect of learning English idioms using scaffolding strategy through situated learning supported by augmented reality [C]//Proceedings of 2018 IEEE 18th International Conference on Advanced Learning Technologies (ICALT), 2018:390-394.

[34] CLAYMAN S E, WHALEN J. When the medium become the message: The case of the rather-bush encounter [J]. *Research on Language and Social Interaction*, 1988, 22: 241-272.

[35] COLE M, COLE S R. The development of children (4th Ed) [M]. New York: Worth Publishers, 2001.

[36] COOK V. Second language learning and language teaching (2nd Ed) [M]. New York: Hodder Education Publishers, 1996.

[37] COOK V. Going beyond the native speaker in language teaching [J]. *TESOL Quarterly*, 1999, 33(2): 185-209.

[38] COOK V. Using the first language in the classroom [J]. *The Canadian Modern Language Review*, 2001, 57(3): 402-423.

[39] COOK-GUMPERZ J. Communicating with young children in the home [J]. *Theory into Practice*, 1979, 18(4): 207-212.

[40] CULLEN R. Teacher talk and the classroom context [J]. *ELT Journal*, 1998, 52 (3): 179-187.

[41] CULLEN R. Supportive teacher talk: The importance of the F-move [J]. *ELT Journal*, 2002, 56(2): 117-127.

[42] DANIELS H. Vygotsky and pedagogy [M]. London: Routledge, 2001.

[43] DIXON-KRAUSS L. Vygotsky in the classroom: Mediated literacy instruction and assessment [M]. New York: Longman, 1996.

[44] DONATO R. Collective scaffolding in second language learning [M]//

LANTOLF J P, APPEL G (Eds.). Vygotskian approaches to second language learning research. New Jersey: Ablex, 1994:33-56.

[45] DONATO R. Sociocultural contributions to understanding the foreign and second language classroom [M]//LANTOLF J P (Ed.). Sociocultural theory and second language learning. Oxford: Oxford University Press, 2000:27-50.

[46] DOOLITTLE P E. Vygotsky's Zone of Proximal Development as a theoretical foundation for cooperative learning [J]. *Journal on Excellence in College Teaching*, 1997, 8(1): 83-103.

[47] DOUGHTY C, VARELA E. Communicative focus on form[M]//DOUGHTY C, WILLIAMS J (Eds.). Focus on form in classroom second language acquisition. Cambridge: Cambridge University Press, 1998:114-138.

[48] DREW P, COUPER-KUHLEN E. Requesting in social interaction [M]. Amsterdam: John Benjamins Publishing Company, 2014.

[49] DREW P, HERITAGE J. Talk at work: Interaction in institutional settings[M]. Cambridge & New York: Cambridge University Press, 1992.

[50] EDMONDSON W J. Discourse worlds in the classroom and in foreign language learning[J]. *Studies in Second Language Acquisition*, 1985, 7(2): 159-168.

[51] EDWARDS J A, LAMPERT M D. Talking data: Transcription and coding in discourse research[M]. New Jersey: Lawrence Erlbaum Associates, 1993.

[52] ELLIS R, SHINTANI N. Exploring language pedagogy through second language acquisition research[M]. London: Routledge, 2014.

[53] ELLIS R. Instructed second language acquisition: Learning in the classroom [M]. Oxford: Blackwell, 1990.

[54] ELLIS R. SLA research and language teaching[M]. Oxford: Oxford University Press, 1997.

[55] ELLIS R. Language teaching research and language pedagogy[M]. New Jersey: Wiley-Blackwell, 2012.

[56] ELLIS R. Focus on form: A critical review[J]. *Language Teaching Research*, 2016, 20(3): 405-428.

[57] ELLIS R, BASTURKMEN H, LOEWEN S. Doing focus-on-form[J]. *System*, 2002, 30(4): 419-432.

[58] ENYEW C, YIGZAW A. Effects of teacher scaffolding on students' reading comprehension[J]. *Science, Technology and Arts Research Journal*, 2016, 4(2): 263-271.

[59] FERRIS D. The case for grammar correction in L2 writing classes: A response to Truscott (1996)[J]. *Journal of Second Language Writing*, 1999, 8(1): 1-11.

[60] FIRTH A, WAGNER J. On discourse, communication, and (some) fundamental concepts in SLA research[J]. *The Modern Language Journal*, 1997, 81(3): 285-300.

[61] GAGNE N, PARKS S. Cooperative learning tasks in a Grade 6 intensive ESL class: Role of scaffolding[J]. *Language Teaching Research*, 2013, 17(2): 188-209.

[62] GARFINKEL H. Studies in ethnomethodology[M]. Englewood Cliffs: Prentice-Hall, 1967.

[63] GASS S M. Input and interaction[M]//DOUGHTY C, LONG M (Eds.). The handbook of second language acquisition. Wiley-Blackwell, 2003:224-255.

[64] GIDDENS A. The third way: The renewal of social democracy [M]. Cambridge: Polity Press, 1998.

[65] GOFFMAN E. The presentation of self in everyday life [M]. New York: Anchor Books Collection, 1959.

[66] GOODWIN C. Transparent vision [M]//OCHS E, SCHEGLOFF E A, THOMPSON S A (Eds.). Interaction and grammar. Cambridge: Cambridge University Press, 1996:370-404.

[67] GOODWIN C. Action and embodiment within situated human interaction[J]. *Journal of Pragmatics*, 2000, 32(10):1489-1522.

[68] GRANOTT N. Scaffolding dynamically toward change: Previous and new perspectives[J]. *New Ideas in Psychology*, 2005, 23(3): 140-151.

[69] GRIGORENKO E L. Dynamic assessment and response to intervention: Two sides of one coin[J]. *Journal of Learning Disabilities*, 2009, 42(2): 111-132.

[70] GUK I, KELLOGG D. The ZPD and whole class teaching: Teacher-led and student-led interactional mediation of tasks[J]. *Language Teaching Research*, 2007, 11(3): 281-299.

[71] HACKER D J, TENENT A. Implementing reciprocal teaching in the classroom: Overcoming obstacles and making modifications[J]. *Journal of Educational Psychology*, 2002, 94(4): 699-718.

[72] HAKANSSON G. Quantitative aspects of teacher talk[M]//KASPER G (Ed.). Learning, teaching and communication in the foreign language classroom. Aarhus: Aarhus University Press, 1986:83-98.

[73] HALL J K. Methods for teaching foreign languages: Creating a community of learners in the classroom[M]. Upper Saddle River, NJ: Merrill Prentice-Hall, 2001.

[74] HALL J K, WALSH M. Teacher-student interaction and language learning[J]. *Annual Review of Applied Linguistics*, 2002, 22: 186-203.

[75] HALL J K. Redressing the roles of correction and repair in research on second and foreign language learning[J]. *The Modern Language Journal*, 2007, 91(4): 511-526.

[76] HAMMETT L A, VAN KLEECK A, HUBERTY C J. Patterns of parents' extratextual interactions during book sharing with preschool children: A cluster analysis study[J]. *Reading Research Quarterly*, 2003, 38(4): 442-468.

[77] HARMER J. The practice of English language teaching[M]. New York: Longman, 1983.

[78] HARMER J. How to teach English[M]. Beijing: Foreign Language Teaching and Research Press, 2000.

[79] HATCH E M. Second language acquisition: A book of readings[M]. Rowley, MA: Newbury House, 1978.

[80] HEAP J L. Understanding classroom events: A critique of Durkin, with an

alternative[J]. *Journal of Reading Behavior*, 1982, 14(4): 391-411.

[81] HEATH C. Body movement and speech in medical interaction[M]. Cambridge: Cambridge University Press, 1986.

[82] HEATH C, KNOBLAUCH H, LUFF P. Technology and social interaction: the emergence of 'workplace studies'[J]. *British Journal of Sociology*, 2000, 51(2): 299-320.

[83] HEDGE T. Teaching and learning in the language classroom[M]. Oxford: Oxford University Press, 2000.

[84] HERITAGE J, GREATBATCH D. On the institutional character of institutional talk: The case of news interviews[M]//BODEN D, ZIMMERMAN D H (Eds.). Talk and social structure. Oxford: Polity, 1991:93-137.

[85] HERITAGE J. A change-of-state token and aspects of its sequential placement [M]//ATKINSON J M, HERITAGE J (Eds.). Structures of social action studies in conversation analysis. Cambridge: Cambridge University Press, 1984, 299-345.

[86] INAN B. A comparison of classroom interaction patterns of native and non-native EFL teachers[J]. *Procedia-Social and Behavioral Sciences*, 2012, 46: 2419-2423.

[87] IWASHITA N. Negative feedback and positive evidence in task-based interaction: differential effects on L2 development[J]. *Studies in Second Language Acquisition*, 2003, 25(1): 1-36.

[88] JEFFERSON G. Side sequences[M]//SUDNOW D (Ed.). Studies in social interaction. New York: Free Press, 1972:294-338.

[89] JOHNSON M. A philosophy of second language acquisition[M]. New Haven: Yale University Press, 2003.

[90] JUNG I, SUZUKI Y. Scaffolding strategies for wiki-based collaboration: Action research in a multicultural Japanese language program[J]. *British Journal of Education Technology*, 2015, 46(4): 829-838.

[91] KENDON A. Some functions of gaze-direction in social interaction[J]. *Acta*

Psychologica, 1967, 26: 22-63.

[92] KHALILIAQDAM S. ZPD, scaffolding and basic speech development in EFL context[J]. *Procedia-Social and Behavioral Sciences*, 2014, 98(2): 891-897.

[93] KIM S, CHO S. How a tutor uses gesture for scaffolding: A case study on L2 tutee's writing[J]. *Discourse Processes: A Multidisciplinary Journal*, 2017, 54 (2): 105-123.

[94] KOVALAINEN M, KUMPULAINEN K, VASAMA S. Orchestrating classroom interaction in a community of inquiry: Modes of teacher participation[J]. *The Journal of Classroom Interaction*, 2001, 36(2): 17-28.

[95] KRASHEN S D. Principles and practice in second language acquisition[M]. Oxford: Pergamon Press, 1982.

[96] KRASHEN S D. The input hypothesis: Issues and implications[M]. Oxford: Pergamon Press, 1985.

[97] KRAUSE K-L, BOCHNER S, DUCHESNE S. Educational psychology for learning and teaching[M]. Melbourne: Cengage Learning Australia, 2006.

[98] LANTOLF J P. Sociocultural theory and second language learning[J]. *The Modern Language Journal*, 1994, 78(4): 418-420.

[99] LANTOLF J P, ALJAAFREH A. Second language learning in the Zone of Proximal Development: A revolutionary experience[J]. *International Journal of Educational Research*, 1995, 23(7): 619-632.

[100] LANTOLF J P, APPEL G E. Vygotskian approaches to second language research[M]. New Jersey: Ablex, 1994.

[101] LANTOLF J P. Sociocultural theory and second language learning. Oxford: Oxford University Press, 2000.

[102] LANTOLF J P, THORNE S L. Sociocultural theory and the genesis of second language development[M]. Oxford: Oxford University Press, 2006.

[103] LAUFER B. Comparing focus on Form and focus on FormS in second-language vocabulary learning[J]. *Canadian Modern Language Review*, 2006, 63(1): 149-166.

[104] LEVINSON S C. Pragmatics[M]. Cambridge: Cambridge University Press, 1983.

[105] LERNER G H, KITZINGER C. Well-prefacing in the organization of self-initiated repair[J]. *Research on Language and Social Interaction*, 2019, 52(1):1-19.

[106] LI C, DEWAELE J, JIANG G. The complex relationship between classroom emotions and EFL achievement in China[J]. *Applied Linguistics Review*, 2020, 11(3): 485-510.

[107] LOEWEN S, SATO M. Interaction and instructed second language acquisition [J]. *Language Teaching*, 2018, 51(3): 285-329.

[108] LOEWEN S. Incidental focus on form and second language learning[J].*Studies in Second Language Acquisition*, 2005, 27(3): 361-386.

[109] LONG M H, ROBINSON P. Focus on form: Theory, research, and practice [M]//DOUGHTY C, WILLIAMS J (Eds.). Focus on form in classroom second language acquisition. Cambridge: Cambridge University Press, 1998: 15-42.

[110] LONG M H, SATO C. Classroom foreigner talk discourse: Forms and functions of teachers' questions [C]//SELINGER H, LONG M (Eds.). Classroom-oriented research in second language acquisition. Rowley, MA: Newbury House, 1983:268-286.

[111] LONG M H. Native speaker/non-native speaker conversation and the negotiation of comprehensible input[J].*Applied Linguistics*, 1983, 4(2): 126-141.

[112] LONG M H. A role for instruction in second language acquisition: task-based language teaching [M]//HYLTENSTAM K, PIENEMANN M (Eds.). Modeling and assessing second language development. Bristol: Multilingual Matters, 1985:77-99.

[113] LONG M H. The role of the linguistic environment in second language acquisition[M]//RITCHIE W C, BHATIA T K (Eds.). Handbook of second

language acquisition. New York: Academic Press, 1996:413-468.

[114]LYSTER R, RANTA L. Corrective feedback and learner uptake: Negotiation of form in communicative classrooms [J]. *Studies in Second Language Acquisition*, 1997, 19(1): 37-66.

[115]LYSTER R. Differential effects of prompts and recasts in form-focused instruction[J]. *Studies in Second Language Acquisition*, 2004, 26(3): 399-432.

[116]MACKEY A, OLIVER R. Interactional feedback and children's L2 development[J]. *System*, 2002, 30(4): 459-477.

[117] MALOCH B. Scaffolding student talk: One teacher's role in literature discussion groups[J]. *Reading Research Quarterly*, 2002, 37(1):94-112.

[118]MANY J E. An exhibition and analysis of verbal tapestries: understanding how scaffolding is woven into the fabric of instructional conversations[J]. *Reading Research Quarterly*, 2002, 37(4): 376-407.

[119]MARGUTTI P, TAINIO L, DREW P, TRAVERSO V. Invitations and responses across different languages: Observations on the feasibility and relevance of a cross-linguistic comparative perspective on the study of actions [J]. *Journal of Pragmatics*, 2018, 125(3): 52-61.

[120]MAYBIN J, MERCER N, STIERER B. "Scaffolding": Learning in the classroom [M]//NORMAN K (Ed.). Thinking voices: The work of the National Oracy Project. London: Hodder Arnold H&S, 1992:186-195.

[121]MAYNARD D W. Bad news, good news: Conversational order in everyday talk and clinical settings[M]. Chicago & London: The University of Chicago Press, 2003.

[122]MARKEE N. Curricular innovation: Issues and problems [J]. *Applied Language Learning*, 1994, 5: 1-30.

[123]MAZELAND H, TEN HAVE P. Essential tensions in (semi-) open research interviews[M]//MASO I, WESTER F (Eds.). The deliberate dialogue: Qualitative perspectives in the interview. Brussels: VUB University Press,

1996:87-113.

[124] MCDEVITT T M, ORMROD J E. Child development and education[M]. Upper Saddle River, NJ: Merrill/Prentice Hall, 2002.

[125] MCHOUL A. The organization of turns at formal talk in the classroom[J]. *Language in Society*, 1978, 7(2): 183-213.

[126] MCHOUL A. The organization of repair in classroom talk[J]. *Language in Society*, 1990, 19 (3): 349-377.

[127] MEHAN H. "What time is it, Denise?": Asking known information questions in classroom discourse[J]. *Theory into Practice*, 1979, 18(4): 285-294.

[128] MERCER N. The quality of talk in children's joint activity at the computer[J]. *Journal of Computer Assisted Learning*, 1994, 10(1): 24-32.

[129] MERCER N. The analysis of classroom talk:Methods and methodologies[J]. *British Journal of Educational Psychology*, 2010, 80(1): 1-14.

[130] MERTZMAN T. Individualising scaffolding:Teachers' literacy interruptions of ethnic minority students and students from low socioeconomic backgrounds[J]. *Journal of Research in Reading*, 2008, 31(2): 183-202.

[131] MESKILL C. Infusing English language learner issues throughout professional educator curricula: The training all teachers project[J]. *Teachers College Record*, 2005, 107(4): 739-756.

[132] MEUNIER F. Review of "Classroom discourse and teacher development"[J]. *English Text Construction*, 2015, 8(1): 153-158.

[133] MEYER D K, TURNER J C. Using instructional discourse analysis to study the scaffolding of student self-regulation[J]. *Educational Psychologist*, 2002, 37 (1): 17-25.

[134] MORI J. Border crossings? Exploring the intersection of second language acquisition, conversation analysis, and foreign language pedagogy[J]. *The Modern Language Journal*, 2007, 91(1): 849-862.

[135] MYHILL D, WARREN P. Scaffolds or straitjackets? Critical moments in classroom discourse[J]. *Educational Review*, 2005, 57(1): 55-69.

[136]NAKATSUKASA K, LOEWEN S. A teacher's first language use in form-focused episodes in Spanish as a foreign language classroom[J]. *Language Teaching Research*, 2015, 19(2): 133-149.

[137]NASSAJI H, SWAIN M. A Vygotskian perspective on corrective feedback in L2: The effect of random versus negotiated help on the learning of English articles[J]. *Language Awareness*, 2000, 9(1): 34-51.

[138]NASSAJI H, WELLS G. What's the use of "triadic dialogue"?: An investigation of teacher-student interaction[J]. *Applied Linguistics*, 2000, 21(3):376-406.

[139]NORRIS J M, ORTEGA L. Effectiveness of L2 instruction: A research synthesis and quantitative meta-analysis[J]. *Language Learning*, 2000, 50(3): 417-528.

[140]NUNAN D. Communicative language teaching: Making it work[J]. *ELT Journal*, 1987, 41(2): 136-145.

[141]NUNAN D. Communicative tasks and the language curriculum[J]. *TESOL Quarterly*, 1991, 25(2): 279-295.

[142]O'CONNOR R E, NOTARI-SYVERSON A, VADASY P. First-grade effects of teacher-led phonological activities in kindergarten for children with mild disabilities: A follow-up study[J]. *Learning Disabilities Research & Practice*, 1998, 13(1): 43-52.

[143]O'DONNELL M. How often has CorpusTool been downloaded? (since 1st Feb 2007)[EB/OL]. (2019-04-20)[2021-01-05]. http://www.corpustool.com/download.html.

[144]O'MALLEY J M, CHAMOT A U. Learning strategies in second language acquisition[M]. Cambridge: Cambridge University Press, 1990.

[145]O'MALLEY J M, CHAMOT A U, STEWNER-MANZARES G, et al. Learning strategies used by beginning and intermediate ESL students[J]. *Language Learning*. 1985, 35(1): 21-46.

[146]OHTA A S. Applying sociocultural theory to an analysis of learner discourse:

learner-learner collaborative interaction in the Zone of Proximal Development [J]. *Issues in Applied Linguistics*, 1995, 6(2): 93-121.

[147] OHTA A S. Rethinking interaction in SLA: Developmentally appropriate assistance in the Zone of Proximal Development and the acquisition of L2 grammar [M]//LANTOLF J P (Ed.). Sociocultural theory and second language learning. Oxford: Oxford University Press, 2000:51-78.

[148] OHTA A S. Interlanguage pragmatics in the Zone of Proximal Development [J]. *System*, 2005, 33(3): 503-517.

[149] OXFORD R L. Cooperative learning, collaborative learning, and interaction: Three communicative strands in the language classroom [J]. *The Modern Language Journal*, 1997, 81(4): 443-456.

[150] OXFORD R L. Language learning strategies: What every teacher should know [M]. New York: Newbury House, 1990.

[151] PALINSCAR A S, BROWN A L. Reciprocal teaching of comprehension-fostering and comprehension-monitoring activities [J]. *Cognition and Instruction*, 1984, 1(2): 117-175.

[152] PENTIMONTI J M, JUSTICE L M, YEOMANS-MALDONADO G, et al.. Teachers' use of high- and low-support scaffolding strategies to differentiate language instruction in high-risk/economically disadvantaged settings [J]. *Journal of Early Intervention*, 2017, 39(2): 125-146.

[153] PERAKYLA A, ANTAKI C, VEHVILAINEN S, et al.. Conversation analysis and psychotherapy [M]. Cambridge: Cambridge University Press, 2008.

[154] PÉREZ B C, ALEIXANDRE M P J. Influence of different scaffolding strategies for engaging secondary students in scientific practices [J]. *Education of the Science*, 2018, 36(2): 23-42.

[155] PHILP J, TOGNINI R. Language acquisition in foreign language contexts and the differential benefits of interaction [J]. *International Review of Applied Linguistics in Language Teaching*, 2009, 47(3-4): 245-266.

[156] PICA T, LONG M. The linguistic and conversational performance of

experienced and inexperienced teachers[M]//DAY R R (Ed.). Talking to learn: Conversation in second language acquisition. Rowley, MA: Newbury House, 1986:85-98.

[157]PIKE K L. Language in relation to a unified theory of the structure of human behavior[M]. The Hague, Paris: Mouton & Co., 1967.

[158]PSATHAS G. "Talk and social structure" and "studies of work"[J]. *Human Studies*, 1995, 18(2/3): 139-155.

[159]RAGIN C C. Redesigning social inquiry:Fuzzy sets and beyond[M]. Chicago: University of Chicago Press, 2008.

[160]RAHIMI M, ZHANG L J. Exploring non-native English-speaking teachers' cognitions about corrective feedback in teaching English oral communication [J]. *System*, 2015, 55: 111-122.

[161]RENNINGER K A, GRANOTT N. The process of scaffolding in learning and development[J]. *New Ideas in Psychology*, 2005, 23(3):111-114.

[162]RICHARDS J C, SCHMIDT R W. Longman dictionary of language teaching & applied linguistics (4th Ed)[M]. Harlow: Pearson Education Limited, 2011.

[163]ROEHLER L R, CANTLON D J. Scaffolding: A powerful tool in social constructivist classroom[M]//HOGAN K, PRESSLEY M (Eds.). Scaffolding student learning: Instructional approaches and issues. Cambridge, MA: Brookline Books, 1997:6-42.

[164]SACKS H. Lecture one:Rules of conversational sequence[J]. *Human Studies*, 1989, 12: 217-227.

[165]SACKS H. Lectures on conversation[M]. Oxford: Wiley-Blackwell, 1995.

[166]SACKS H, SCHEGLOFF E A, JEFFERSON G. A simplest systematics for the organization of turn-taking for conversation[J]. *Language*, 1974, 50(4): 696-735.

[167]SAITO K, LYSTER R. Effects of form-focused instruction and corrective feedback on L2 pronunciation development of /ɹ/ by Japanese learners of English[J]. *Language Learning*, 2012, 62(2): 595-633.

[168] SCHEGLOFF E A, SACKS H. Opening up closings[J]. *Semiotica*, 1973, 8(4): 289-327.

[169] SCHEGLOFF E A. Sequencing in conversational openings [J]. *American Anthropologist*, 1968, 70(6): 1075-1095.

[170] SCHEGLOFF E A. Reflections on quantification in the study of conversation [J]. *Research on Language and Social Interaction*, 1993, 26(1): 99-128.

[171] SCHEGLOFF E A. Reflections on studying prosody in talk-in-interaction[J]. *Language and Speech*, 1998, 41(3-4): 235-263.

[172] SCHINKE-LLANO L. Linguistic accommodation with LEP and LD children [M]//LANTOLF J P, APPEL G (Eds.). Vygotsky approaches to second language learning research. Norwood, NJ: Ablex, 1994:57-68.

[173] SCHMIDT R, FROTAS. Developing basic conversation ability in second language: A case study of an adult learner of Portuguese [M]//DAY R R (Ed.). Talking to learn: Conversation in second language acquisition. Rowley, MA: Newbury House, 1986:237-326.

[174] SCOLLON R. Conversations with a one-year-old [M]. Honolulu: The University of Hawaii Press, 1976.

[175] SEARLE D. Scaffolding: Who's building whose building? [J]. *Language Arts*, 1984, 61(5): 480-483.

[176] SEEDHOUSE P. Classroom interaction: Possibilities and impossibilities[J]. *ELT Journal*, 1996, 50(1): 16-24.

[177] SEEDHOUSE P. The interactional architecture of the language classroom: A conversation analysis perspective[M]. Oxford, UK: Blackwell, 2004.

[178] SEEDHOUSE P. Conversation analysis and language learning[J]. *Language Teaching*, 2005, 38(4): 165-187.

[179] SHOOMOSSI N. The effect of teachers' questioning behavior on EFL classroom interaction: A classroom research study [J]. *The Reading Matrix*, 2004, 4(2): 96-104.

[180] SILLIMAN E, BAHR R, BEASMAN J, et al.. Scaffolds for learning to read in

an inclusion classroom [J]. *Language, Speech, and Hearing Services in Schools*, 2000, 31(3): 265-279.

[181] SINCLAIR J M, COULTHARD R M. Towards an analysis of discourse: The English used by teachers and pupils [M]. London: Oxford University Press, 1975.

[182] SWAIN M. Communicative competence: Some roles of comprehensible input and comprehensible output in its development [M]//GASS S M, MADDEN C G (Eds.). Input in second language acquisition. New York: Newbury House Publishers, 1985: 235-253.

[183] SWAIN M. The output hypothesis and beyond: Mediating acquisition through collaborative dialogue [M]//LANTOLF J P (Ed.). Sociocultural theory and second language learning. Oxford: Oxford University Press, 2000: 97-114.

[184] TALEBINEJAD M R, AKHGAR F. The impact of teacher scaffolding on Iranian intermediate EFL learner's listening comprehension achievement [J]. *Theory & Practice in Language Studies*, 2015, 5(5): 1101-1105.

[185] TARONE E. On the variability of interlanguage systems [J]. *Applied Linguistics*, 1983, 4(2): 142-163.

[186] TEN HAVE P, PSATHAS G. Situated order: Studies in the social organization of talk and embodied activities [M]. Washington: University Press of America, 1995.

[187] TEN HAVE P. Doing conversation analysis: A practical guide [M]. London: Sage Publications, 1999.

[188] THARP R, GALLIMORE R. Rousing minds to life: Teaching, learning and schooling in social context [M]. Cambridge: Cambridge University Press, 1988.

[189] THOMPSON G. Training teachers to ask questions [J]. *ELT Journal*, 1997, 51(2): 99-105.

[190] THORNBURY S. Teachers research teacher talk [J]. *ELT Journal*, 1996, 50(4): 279-289.

[191] TOTH P D. Teacher- and learner-led discourse in task-based grammar instruction: Providing procedural assistance for L2 morphosyntactic development [J]. *Language Learning*, 2008, 58(2): 237-283.

[192] TRUSCOTT J. The case against grammar correction in L2 writing classes [J]. *Language learning*, 1996, 46(2): 327-369.

[193] TRUSCOTT J. The case for "The case against grammar correction in L2 writing classes": A response to Ferris [J]. *Journal of Second Language Writing*, 1999, 8(2): 111-122.

[194] TRUSCOTT J. Evidence and conjecture on the effects of correction: A response to Chandler [J]. *Journal of Second Language Writing*, 2004, 13(4): 337-343.

[195] TURNBULL M, ARNETT K. Teachers' uses of the target and first languages in second and foreign language classrooms [J]. *Annual Review of Applied Linguistics*, 2002, 22: 204-218.

[196] TURNBULL M. There is a role for the L1 in second and foreign language teaching, but... [J]. *Canadian Modern Language Review*, 2001, 57(4): 531-540.

[197] UR P. A course in language teaching: Practice and theory [M]. Cambridge: Cambridge University Press, 1996.

[198] VALSINER J. Scaffolding within the structure of dialogical self: Hierarchical dynamics of semiotic mediation [J]. *New Ideas in Psychology*, 2005, 23(3): 197-206.

[199] VAN DE POL J, VOLMAN M, BEISHUIZEN J. Scaffolding in teacher-student interaction: A decade of research [J]. *Educational Psychology Review*, 2010, 22(3): 271-296.

[200] VAN LIER L. The classroom and the language learner [M]. London: Longman, 1988.

[201] VAN LIER L. Interaction in the language curriculum: Awareness, autonomy, and authenticity [M]. London & New York: Routledge, 1996.

[202] VAN LIER L. The ecology and semiotics of language learning: A sociocultural perspective[M]. Boston: Kluwer Academic Press, 2004.

[203] VERENIKINA I. Scaffolding and learning: Its role in nurturing new learners [M]//KELL P, VIALLE W, KONZA D et al. (Eds.). Learning and the learner: Exploring learning for new times. Wollongong: University of Wollongong, 2008:161-180.

[204] VERPLAETSE L S. How content teachers allocate turns to limited English proficient students[J]. *Journal of Education*, 2000, 182(3): 19-35.

[205] VYGOTSKY L S. Thought and language[M]. Cambridge, MA: MIT Press, 1962.

[206] VYGOTSKY L S. Mind in society: The development of higher psychological processes[M]. Harvard: Harvard University Press, 1978.

[207] WALQUI A. Scaffolding instruction for English language learners: A conceptual framework [J]. *International Journal of Bilingual Education and Bilingualism*, 2006, 9(2): 159-180.

[208] WALQUI A, VAN LIER L. Scaffolding the academic success of adolescent English language learners: A pedagogy of promise [M]. San Francisco: WestEd, 2010.

[209] WALSH S. Investigating classroom discourse[M]. London: Routledge, 2006.

[210] WALSH S. Classroom discourse and teacher development [M]. Edinburgh: Edinburgh University Press, 2013.

[211] WATANABE Y, SWAIN M. Effects of proficiency differences and patterns of pair interaction on second language learning: Collaborative dialogue between adult ESL learners[J]. *Language Teaching Research*, 2007, 11(2): 121-142.

[212] WELLS G. Dialogic inquiry: Towards a sociocultural practice and theory of education[M]. New York: Cambridge University Press, 1999.

[213] WELLS G. From action to writing: Modes of representing and knowing[M]// ASTINGTON J W (Ed.). Minds in the making. Oxford: Blackwell Publishers, 2000.

[214] WISCHGOLL A, PAULI C, REUSSER K. Scaffolding—How can contingency lead to successful learning when dealing with errors? [J]. *ZDM Mathematics Education*, 2015, 47(7): 1147-1159.

[215] WOLF M K, GUZMAN-ORTH D, LOPEZ A, et al.. Integrating scaffolding strategies into technology-enhanced assessments of English learners: Task types and measurement models[J]. *Educational Assessment*, 2016, 21(3): 157-175.

[216] WONG B Y L. Analyses of intrinsic and extrinsic problems in the use of scaffolding metaphor in learning disabilities intervention research: An introduction[J]. *Journal of Learning Disabilities*, 1998, 31(4): 340-343.

[217] WOOD D, BRUNER J S, ROSS G. The role of tutoring in problem solving [J]. *Journal of Child Psychology and Psychiatry*, 1976, 17(2): 89-100.

[218] WOOTTON A J. Interaction and the development of mind[M]. New York: Cambridge University Press, 1997.

[219] WOOTTON A J. Interactional and sequential configurations informing request format selection in children's speech [M]//HAKULINEN A, SELTING M (Eds.). Syntax and lexis in conversation: Studies on the use of linguistic resources in talk-in-interaction. Amsterdam: John Benjamins Publishing Company, 2005:185-207.

[220] WU H-K, KRAJCIK J S. Inscriptional practices in two inquiry-based classrooms: A case study of seventh graders' use of data tables and graphs[J]. *Journal of Research in Science Teaching*, 2006, 43(1): 63-95.

[221] YAROSHEVSKY M. Lev Vygotsky[M]. Moscow: Progress Publishers, 1989.

[222] YELLAND N, MASTERS J. Rethinking scaffolding in the information age[J]. *Computers & Education*, 2007, 48(3): 362-382.

[223] ZAMBRANO G. Teacher talk at three Colombian higher education institutions [J]. *Profile: Issues in Teachers' Professional Development*, 2003, 4: 9-16.

[224] 北青网. 最新数据:我国在校大学生总数超过4000万[EB/OL]. (2020-05-20)[2021-01-08].https://www.sohu.com/a/396454588_255783,2020.

[225] 陈晓湘，张薇. 修正后输出对目标语发展的作用[J]. 外语教学与研究，

2008(4)：279-286.

[226]程熙旭．打破大学英语课堂中的沉默——提高课堂互动的行动研究[J]. 中国外语教育，2011，4(1)：25-30+67.

[227]邓晓明，周学恒．国内 EFL 课堂语境下中外教师课堂话语实证研究[J]. 长江大学学报(社会科学版)，2012，35(10)：88-90.

[228]邓秀娥，郑新民．关于大学英语课堂小组活动有效性的研究[J]. 外语电化教学，2008(4)：41-46.

[229]冯江鸿．课堂话语研究方法述评[J]. 外语研究，2012(5)：49-55.

[230]冯晓英，张伟远，陈丽．远程校际协作学习中支架教学策略的应用研究[J]. 北京广播电视大学学报，2008(1)：26-30.

[231]国家中长期教育改革和发展规划纲要工作小组办公室.《国家中长期教育改革和发展规划纲要(2010—2020 年)》[R]. 北京：人民出版社，2010.

[232]韩琴，周宗奎，胡卫平．课堂互动的影响因素及教学启示[J]. 教育理论与实践，2008(16)：42-45.

[233]何辉英．话轮转换技巧与大学英语听力教学[J]. 上海师范大学学报(哲学社会科学·教育版)，2001，30(4)：24-27.

[234]何宁，王守仁．高校外语专业学生外语运用能力的培养[J]. 外语教学，2021，42(1)：1-4.

[235]何兆熊．新编语用学概要[M]. 上海：上海外语教育出版社，2000.

[236]胡青球，埃德·尼可森，陈炜．大学英语教师课堂提问模式调查分析[J]. 外语界，2004(6)：22-27.

[237]黄小苹．课堂话语微观分析：理论，方法与实践[J]. 外语研究，2006(5)：53-57.

[238]贾光茂，方宗祥．激活最近发展区：大学英语课堂交际活动中教师及同伴支架作用研究[J]. 西安外国语大学学报，2009，17(3)：84-87+91.

[239]姜楠．大学英语口语课堂互动中支架教学模式研究[J]. 荆楚学术，2017(7)：41-47.

[240]蒋琴，张莉渺．教学支架的动态分析[J]. 黑龙江教育学院学报，2012，31(2)：49-51.

[241]教育部高等学校大学外语教学指导委员会．大学英语教学指南[R]．北京：高等教育出版社，2020.

[242]阚维．连接绿色课堂理念与小学英语课堂教学实践的桥梁——支架教学策略的个案研究[J]．中国教师，2012(9)：9-12.

[243]康艳，程晓堂．外语教师课堂话语功能新框架[J]．外语教学理论与实践，2011(3)：7-14.

[244]寇金南．我国大学英语课堂不同小组互动模式的特征研究[J]．外语与外语教学，2016(1)：24-32+146.

[245]李丹丽．二语课堂互动话语中教师"支架"的构建[J]．外语教学与研究，2012a，44(4)：572-584+641.

[246]李丹丽．英语课堂话语分析与"支架"式教学[M]．武汉：武汉大学出版社，2012b.

[247]李丹丽．高校外语课堂师生协商意义时支架式学习中自主性研究(英文)[J]．*Chinese Journal of Applied Linguistics*，2017，40(4)：410-430+471.

[248]李丽华，谭素群，吴新华．新手教师与专家教师课堂话语比较分析[J]．中国教育学刊，2010(11)：76-79.

[249]李梅．大学基础英语课堂教师话语支架的作用与构建[J]．海外英语，2017(16)：67-68.

[250]李庆生，孙志勇．课堂提问：是获取信息还是挑战？——对大学英语课堂中教师提问功能的会话分析[J]．中国外语，2011，8(1)：58-64.

[251]李少锋，Rod Ellis，束定芳．纠错反馈时机对不同二语水平学习者的教学效果研究(英文)[J]．外语与外语教学，2016(1)：1-14+146.

[252]李素枝．中外教师英语课堂互动模式对比研究[J]．解放军外国语学院学报，2007(2)：34-39.

[253]李霞，兰英．基于社会文化学派理论的第二语言学习观及其述评[J]．国外外语教学，2007(2)：54-61.

[254]李向明．论教学语言的特征[J]．山西师大学报(社会科学版)，1990(4)：86-90.

[255]李秀莲，全红．教师话语策略与学生交际能力的培养[J]．南昌大学学报

（人文社会科学版），2004(4)：158-160.
[256]李友良．“支架理论”在大学英语口语教学“零课时”中的应用研究[J]．外国语文，2010，26(2)：127-129.
[257]李战子．从会话分析看英语口语课课堂活动[J]．外语界，1996(2)：18-25.
[258]林琼．教师话语与第二语言习得[J]．四川外语学院学报，2001(5)：109-110.
[259]刘家荣，蒋宇红．英语口语课堂话语的调查与分析——个案研究[J]．外语教学与研究，2004(4)：285-291.
[260]刘萍，张雪梅．国外课堂互动中教师支架研究述评(1984—2017)[J]．外语界，2018(6)：53-60+86.
[261]刘意涛．英语课堂互动教学策略初探[J]．教学与管理，2010(36)：133-134.
[262]刘运同．会话分析学派的研究方法及理论基础[J]．同济大学学报(社会科学版)，2002(4)：111-117.
[263]刘运同．会话分析概要[M]．上海：学林出版社，2007.
[264]马博森．研究随意性会话的语言学框架[J]．外国语，2001(5)：32-38.
[265]苗兴伟．话轮转换及其对外语会话教学的启示[J]．外语教学，1995(3)：6-11.
[266]牛瑞英．《社会文化理论和第二语言发展的起源》述介[J]．外语教学与研究，2007(4)：314-316.
[267]欧楚莹．社会文化视域下的外语课堂教师支架话语研究[J]．基础外语教育，2019，21(1)：21-29+108.
[268]欧阳鹿，秦晓晴，王建洋．用二语学习真实案例介绍社会文化理论——评《第二语言教育中的社会文化理论导论：叙事视角》[J]．高教探索，2018(12)：135.
[269]邵敏．大学英语课堂师生互动的会话分析——以武汉科技大学城市学院为例[D]．武汉：华中师范大学，2014.
[270]沈蔚．会话修正研究在国外[J]．外语学刊，2005(4)：38-42.
[271]沈小涛．试论英语教学的课堂互动策略[J]．西南民族大学学报(人文社科

版)，2004(11)：292-293.

[272]束定芳．外语课堂教学中的问题与若干研究课题[J]．外语教学与研究，2014，46(3)：446-455.

[273]王百鸿．学前英语阅读理解中支架策略的应用[J]．校园英语，2018(51)：105.

[274]王勃然，解冰雪，朱艳红．基于学习者视角的大学英语外教教学研究[J]．海外英语，2015(11)：6-7+13.

[275]王娜．会话分析与各邻近学科间的相互关系[J]．浙江外国语学院学报，2018(3)：12-17.

[276]王银泉．第33届国际英语教师协会(IATEFL)年会侧记[J]．外语界，1999(2)：54-55.

[277]王宇．影响外语课堂言语互动的隐性因素——面子[J]．外语学刊，2005(6)：76-78.

[278]吴亚欣，于国栋．为会话分析正名[J]．山西大学学报(哲学社会科学版)，2017，40(1)：85-90.

[279]胥国红．大学英语教师课堂反馈的功能研究[J]．西安外国语学院学报，2006(4)：63-67.

[280]徐锦芬，曹忠凯．国内外外语/二语课堂互动研究[J]．外语界，2010(3)：51-59.

[281]徐锦芬，寇金南．基于词频的国内课堂互动研究热点及趋势分析[J]．解放军外国语学院学报，2014，37(3)：1-9+160.

[282]徐锦芬，雷鹏飞．社会文化视角下的外语课堂研究[J]．现代外语，2018，41(4)：563-573.

[283]徐锦芬．纠正性反馈与外语教学[J]．第二语言学习研究，2015a(1)：21-33+132.

[284]徐锦芬．课堂互动与外语教学[J]．中国外语教育，2015b，8(4)：18-25+105.

[285]徐锦芬．大学英语课堂小组互动中的同伴支架研究[J]．外语与外语教学，2016(1)：15-23+146.

[286]徐英．外语课堂教师礼貌情况调查分析[J]．外语教学与研究，2003(1)：62-68+81.

[287]许红．大学英语课堂教学模式现状、弊端及对策[J]．新商务周刊，2017(14)：186-186.

[288]杨华、文秋芳．目标在外语课堂即时形成性评估中的动态变化特征及方式[J]．外语教学与研究，2014，46(3)：389-400+480.

[289]杨晓琼．自然言语及其伴随手势的多模态性研究方法——以“教师手势在英语口语课堂新词教学中的支架作用”为例[J]．四川教育学院学报，2010，26(6)：110-113.

[290]尹青梅．“支架”理论在 CAI 英语写作教学中的应用[J]．外语电化教学，2007(1)：28-31.

[291]于国栋．会话分析[M]．上海：上海外语教育出版社，2008.

[292]张国荣．“支架”理论在英语写作教学中的应用[J]．外语与外语教学，2004(9)：37-39.

[293]张会平，刘永兵．基于语料库的中学英语教师课堂话语标记语研究[J]．外语教学与研究，2010，42(5)：356-363+400.

[294]张晓勤．运用“支架”理论实现英语阅读教学监控的转移[J]．山东外语教学，2008(3)：83-88.

[295]张奕．中外教师言语反馈的会话分析[J]．郑州大学学报(哲学社会科学版)，2010，43(2)：125-127.

[296]赵妮莎．基于“支架”视角的英语专业课堂中教师提问的探讨[J]．外国语文，2012，28(5)：133-139.

[297]赵晓红．大学英语阅读课教师话语的调查与分析[J]．外语界，1998(2)：18-23.

[298]周钦．大学计算机课程中的支架教学策略应用[J]．软件导刊(教育技术)，2014，13(7)：11-12.

[299]周星，周韵．大学英语课堂教师话语的调查与分析[J]．外语教学与研究，2002(1)：59-68.

[300]朱金花．发挥中外教师特长提升外语综合素质——上海大学中外教师合作外语教学模式理论与实践探索[J]．外语界，2006(5)：52-56.

附录1　转写符号及释义

转写符号	释　　义
(2.0)	间隔/沉默，单括号中的数字表示大致秒数
=	闭锁，一个话轮紧接另一话轮，之间没有空隙，用“=”标记于一个话轮结束和另一话轮起始位置
:::	拖音，用冒号“:”在拖长的音节、字母或声音后表示，冒号的数量表示拖音的长度
stress	重读，用斜体表示
(非言语)	非言语，在单括号内记录非言语声音信息
……	听不见或听不清的话，用省略号表示
((　　))	会话参与人之外的其他声响，在双括号内陈述
[	前后两个话轮说话人重叠的部分，用“[”在重叠开始处标示

附录 2　各课堂转写字数统计

	教师 R	教师 M	教师 P	教师 Z
第一次采集	9,942	10,564	15,990	16,585
第二次采集	10,360	4,983	6,391	19,114
第三次采集	6,127	11,291	10,210	16,842
第四次采集	10,997	16,924	/	/
合计	37,426	43,762	32,591	52,541
总计	166,320			

附录3　标注工作指南

标注工作遵循以下指南进行。

1. 标注范围：课堂转写材料中的教师支架话语

1)学生的话语不标注；

2)非教师支架话语不标注，如课程开始和结束时的课堂管理、点名、布置作业等，与教学内容不相关的话语不标注。

2. 标注流程

1)研究者将原始语料的word及txt格式文档发送至标注员。

2)通读，划分支架片段(scaffolding episode)，一个片段的操作定义是针对一个语言任务的对话序列(conversation sequence)，有开始和结束的界限(initial boundary and terminal boundary)，由教师或学习者(大多数情况下由老师)启动任务开始，由解决任务(完成了该语言形式或/和语言内容的学习)结束。

3)标注支架方法(九选一)

每一句教师话语仅选中一种支架方法。

关于鼠标划选的范围，如果连续几句为同一支架方法，就一次性选中，不分开一句句标注同一方法。直到出现了新的其他方法，再接着标注。

4)标注支架意图(五选一或二)

因同一支架方法可能会完成一到两个支架意图，需要单选或多选。软件编码，会将五个意图都用"yes/no"的方式提供，具有该意图就选"yes"，没有就选"no"。最多标选两个"yes"、三个"no"，一般一个"yes"、四个"no"。

鼠标一次性划选的标准同上。

5)2)~4)均由研究者与标注员共同试标，达成一致后，再由标注员单独标注。

6)结果反馈两项：

①划分了支架片段后的语料 Word 文档；

②标注了支架策略后由 UAM Corpus Tool 软件导出的格式为“. xml”的标注结果文件。

附录4　标注员间一致性(IAA)数据提取程序脚本

```
import os. path
import re
import xml. dom. minidom
A=input("请输入语料库本地地址,分割号为\:")
corpus_root=A
files = os. listdir(corpus_root)
B=input("请输入 intention output 文件的文件名:")
C=input("请输入 means output 文件的文件名:")
Var1=B+". txt" #create a file that records anno results about intentions
SGinfo=open(Var1, "w") #read the file into a variable
Var2=C+". txt" #create a file that records anno results about means
Mninfo=open(Var2,"w")
counts=0
temp=0
FileNo=""
word=""
for myfile in files:
    dom = xml. dom. minidom. parse(os. path. join(corpus_root,myfile))
    root=dom. documentElement
     list1 = root. getElementsByTagName ('segment') # all segments and their
annotations within a file
```

```
    temp = len( list1 )
    FileNo = myfile
    temp1 = " "
    temp2 = " "
    temp4 = " "
    feature = " NA"
    tFeature = " "
    temp3 = " "
    counts = counts+1
    print( FileNo )
    for i in range(0, temp):
        temp1 = list1[ i ] #temp1 is an " element" variable
        temp2 = temp1. getAttribute( " features" )
        print( temp2)
        try:
            word = temp1. firstChild. data #retrieving the segment if it's the terminal
node
        except AttributeError: #if it include another segment
            x = temp1. getElementsByTagName( 'segment' ) #get the imbedded
segment
            word = x[ -1 ]. firstChild. data #get the content of the segment
        print( word) #print the segment content
        temp3 = str( word)
        if " intentions" in temp2: #the segment is about intentions
            feature = temp2. split( " ;" ) #split by " ;" to get labels
            tFeature = " "
            for i in feature:
                if " yes" in i:
                    temp4 = i. split( " -" )
```

```
                tFeature=tFeature+" +" +temp4[0]
            SGinfo.write(FileNo+" * "+ temp3+" * " +tFeature+" \n" )
        if " means" in temp2:
            feature=temp2.split(" ;" )
            tFeature=feature[-1] #include the terminal only
            Mninfo.write(FileNo+" * "+ temp3+" * " +tFeature+" \n" )

print(counts)
SGinfo.close()
Mninfo.close()
```

附录 5　支架辅助失败片段

[T：教师 M　S：某学生]

T1：Good, er just the opposite down here, just the opposite, does that make sense, Ann? Just the opposite.

S：Er：

T2：Yeah, yeah, does that make sense? What is the opposite, what we talk about?

S：Er：

T3：=What does she mean by just the opposite, (4.0) it's not okay, it's not okay to take it all out on you, right, that's what she means, it's just ↓ the opposite, it's not okay to take it all out on you, right, yeah, right. It's not okay at all, it's just the opposite, use that for me in an example, just the opposite.

S：Just the opposite, er it is just the opposite er may maybe er (2.0) when：(2.0)

T4：How about, how about the road workers in school, fix the roads very fast(2.0) now Ann.

S：Haha, it's：：

T5：Go ahead, it's just the opposite. So I said the roads in in school are being fixed very fast. (3.0)

S：Er：it's the opposite that the (2.0)

T6：Yeah, you can say it's just the opposite, give me that.

S：It's just the opposite. =

T7：=Now give me the next sentence, right, next sentence, what's, what's this real situation, what's the real story, right. They are not being fixed fast, right we still, yeah, what's the real story? (2.0)

S：　Er：：the traffic：：

T8：　Er？what do you want to say？Let's so so if we say the roads are not being fixed fast, we would say they are being, what would you say, did you say did you say traffic？

S：　Yeah, I said the the traffic the traffic is is being is J A M, J A M.

T9：　Jam.

S：　Jam. =

T10：　=Traffic jams, yeah, now what I mean now I'm not talking about traffic jams, I'm talking about the fixing, 修路 right, fixing on the roads, the changing of the roads, right. So if we if we if we change the traffic or try to change the topic, right, we're gonna switch the topic from fixing the roads to how many cars there are, right, stay with fixing the roads, you would say it's just the opposite, what's the real, so they are not being fixed fast, you can say the roads are being fixed very slowly or the workers are not moving very quickly, right, or it's taking such a long time, right, you understand what I mean？

S：　Er：it's opposite the road the road is (1.0) is jam.

T11：　Is being, well what let's stick with the fixing of the, yeah, you wanna use jam, you wanna use the jam and the traffic here, but er stick with the with one, with one topic there, right, stick with one topic, instead of moving to the traffic and cars, stick with the the roads. Are they being fixed or not, right, after the fix then cars can move. But I know right now what being fixed we have the cars but er do you understand what I mean？Do you know what I mean, you look at me kind of confused, okay, alright.